U0534856

华中科技大学自主创新基金项目"人工智能时代的知识产权法学教育改革研究"(2022WKYXZD012)结项成果

数字知识产权立法研究

滕锐 ◎ 著

Research on Legislation of Digital Intellectual Property Rights

中国社会科学出版社

图书在版编目(CIP)数据

数字知识产权立法研究／滕锐著. -- 北京：中国社会科学出版社，2024.12. -- ISBN 978-7-5227-4536-7

Ⅰ. D923.494

中国国家版本馆 CIP 数据核字第 20243K8Q61 号

出 版 人	赵剑英
责任编辑	许　琳
责任校对	李　硕
责任印制	郝美娜

出　　版	中国社会科学出版社
社　　址	北京鼓楼西大街甲 158 号
邮　　编	100720
网　　址	http://www.csspw.cn
发 行 部	010-84083685
门 市 部	010-84029450
经　　销	新华书店及其他书店
印　　刷	北京君升印刷有限公司
装　　订	廊坊市广阳区广增装订厂
版　　次	2024 年 12 月第 1 版
印　　次	2024 年 12 月第 1 次印刷
开　　本	710×1000　1/16
印　　张	15.5
字　　数	239 千字
定　　价	88.00 元

凡购买中国社会科学出版社图书，如有质量问题请与本社营销中心联系调换
电话：010-84083683
版权所有　侵权必究

前　言

数字知识产权是指以数字信号为媒介的特定智力成果、商誉和其他可产权化的信息。数字信号的特性使得信息能够以极低成本、高效率地传递至全球范围。为了适应数字时代的知识产权特征和规则，我们需要将数据信息整合到传统知识产权范畴中，或者将其视为一种新型的知识产权形式。因此，在制定数字知识产权的立法时，需要考虑其理论基础、关键结构和实践问题。

首先，确定数字知识产权立法的理论基础。国内外学界主要从财产权、劳动权、人权理论、社会权理论等视角来论证数字知识产权立法的正当性。[①] 例如，信息社会的指数级增长是当前社会结构的一个重要特征，其中交际架构是关键要素。开放代码与专有代码软件的争论与构建身份密切相关。软件工程师可以通过拥有工具在数字世界中构建话语和身份战线。影响我们生命价值的重大选择隐藏在私法修辞之下。软件的角色和功能将通过知识产权法、合同法、竞争法和隐私法混合调解，信息法与软件关系的发展将决定我们未来的生活方式。但是数字知识产权立法的关键理论到底包含哪些以及这些理论基础之间的逻辑为何？并未得到解答，这实际反映了数字知识产权立法在本体论和价值论上的不足。

---

① ［美］亚伦·普赞诺斯基、杰森·舒尔茨：《所有权的终结：数字时代的财产保护》，赵精武译，北京大学出版社 2022 年版；邵则宪：《昭隆传统之大美：中国文化如何成为全球治理的建构者》，清华大学出版社 2019 年版；［澳］彼得·德霍斯：《知识财产法哲学》，周林译，商务印书馆 2008 年版；［美］罗伯特·P. 莫杰思：《知识产权正当性解释》，金海军、史兆欢、寇海侠译，商务印书馆 2019 年版。

其次，把握数字知识产权立法的确权、交易以及监管三大环节。学者们普遍关注数字确权的知识产权方式，因此数字知识产权确权的研究视角也由此展开，同时学界还普遍关注AI创造的数字知识产权问题。[①]例如，人工智能技术的进步给知识产权法带来了复杂性，需要调整和澄清现有的法律框架，以规范人工智能生成的作品。解决与人工智能原创性、创作和协作作品相关的问题需要仔细考虑和法律调整。同时，还需要解决人工智能领域与数据库和专利保护相关的挑战，以确保全面的知识产权保护。欧盟委员会强调"基于欧洲价值观的人工智能"，甚至呼吁欧盟"将其价值观输出到世界各地"。这些价值观念背后的规范基础，包括《欧洲绿色协议》《欧盟基本权利宪章》以及《欧盟通用数据保护条例》（GDPR）规定的某些隐私保护措施。马来西亚等发展中国家也普遍加强了对AI创造知识产权的监管。尽管直接涉及数字知识产权确权的文献较少，但在数字交易中，已经涉及与数字知识产权相关的交易模式，特别是在源代码、数字版权、数字虚拟人等技术交易方面的问题比较集中，同时镶嵌于全球数字贸易、区域贸易以及全球知识产权贸易的三重框架之中[②]。虽然直接涉及数字知识产权确权的监管文献较少，但是已有的数字监管模式研究普遍适用于数字知识产权的监管，同时国外研究还关注土著文化和传统文化遗产数字知识产权化的问题。但是目前关于数字知识产权的具体结构，还没有一个清晰的系统框架。

最后，在各国和各地区数字知识产权的立法实践中寻求立法共识。主要发达经济体都在积极实现数据确权和主体认定的基础上，促进数据分类分层管理，进而规范数据交易渠道，面向市场分配数据要素及其收益。[③] 数据在数字时代的重要性就像土地在农业时代一样，是不可或缺的标志性资产，特别是具有商业价值的数据更是各大科技巨头追求的生

---

① 曲三强：《论人工智能与知识产权》，《知识产权》2023年第8期；陈杰：《AI表演的知识产权问题研究》，《知识产权》2023年第7期。

② 赵学庆：《对标国际高标准经贸规则 强化知识产权保护与运用》，《协商论坛》2023年第11期；周念利、王达、吴希贤：《RTAs框架下的数字知识产权规则能否促进数字内容贸易？》，《世界经济研究》2023年第10期。

③ 孔祥俊：《商业数据权：数字时代的新型工业产权——工业产权的归入与权属界定三原则》，《比较法研究》2022年第1期。

产资料。然而，数据产权的法律保护仍然存在争议，数据的产生者与收集者、处理者之间的权属划分仍然存在争议。① 对于与知识产权制度类似以非物质性的智力成果和工商业标记为调整对象的知识产权制度与以非物质形态存在的数据财产，在客体存在的形式特征上，两者天然地相近。因此，对于数据信息的保护，知识产权法学界的主要观点有：以著作权保护衍生数据、邻接权保护数据财产②，以及将商业数据权纳入知识产权的版图，类比当初的商标权③。然而，相比之下，欧美国家更倾向于在原有知识产权体系之外设立特别的数据法案来保护数据。这实际上反映了数字知识产权立法在未来发展方向上的混乱。

综上所述，各国和地区在推动数字知识产权立法时百花齐放，而建立一套符合本国政治、经济、文化等国情的数字知识产权法律体系是各国积极追求的目标。各国和地区的立法也形成了一种"默契性"共识。例如，各国在制定有关的数字知识产权规则时需要与TRIPs规则区分开来，同时兼顾南北知识产权贸易发展的平衡。这些共识已经在一些国家和地区的数字知识产权立法中得以体现。具体而言，首先，全球知识产权法已经超越了保护人类创造力和创造力的下游产品。④ 下游产品包括基础和应用研究的上游输入过程的商业和非商业的最终产品最终都会出现。其次，在世界各地，特别是在发展中国家正在努力详细阐述和编纂知识产权法所规定的专有权的例外情况和限制。最后，发达国家和发展中国家都越来越关注最大限度地提高分享研究成果和总体开放获取目标的利益。基于这些共识，本书将进一步按照数字知识产权立法的本体论、价值论、冲突论、规则论以及发展论的五个维度来进行阐释。

---

① 《中华人民共和国民法典》第一百二十七条：法律对数据、网络虚拟财产的保护有规定的，依照其规定。

② 郝思洋：《知识产权视角下数据财产的制度选项》，《知识产权》2019年第9期。

③ 孔祥俊：《商业数据权：数字时代的新型工业产权——工业产权的归入与权属界定三原则》，《比较法研究》2022年第1期。

④ 其中之一是1992年的《生物多样性公约》，其中明确承认发展中国家对来自其领土的遗传资源和传统知识的主权。另一项是欧盟委员会在1996年通过的关于数据库法律保护的指令。这两项举措都创造了下游终端产品上游投入的独家产权，这些产品迄今为止被视为"人类共同遗产"。这也表明全球知识产权立法多元化和包容性的发展趋势。

目　录

第一章　数字知识产权立法的本体论 ……………………… (1)
　第一节　数字知识产权的含义与特征界定 ………………… (1)
　　一　数字知识产权的含义 ………………………………… (1)
　　二　数字知识产权的特征 ………………………………… (7)
　第二节　数字知识产权的渊源、规则以及原则设定 ……… (14)
　　一　数字知识产权的渊源 ………………………………… (14)
　　二　数字知识产权的规则体系 …………………………… (16)
　　三　数字知识产权的原则 ………………………………… (23)
　第三节　数字知识产权立法的权利方法基础 ……………… (26)
　　一　杰里米·边沁的功利主义权利方法论 ……………… (26)
　　二　约翰·罗尔斯关于正义论的权利方法论 …………… (28)
　　三　迈克尔·桑德尔的仁爱方法论 ……………………… (30)
　　四　阿马蒂亚·森的比较正义方法论 …………………… (32)
　　五　亚当·斯密的重商主义方法 ………………………… (33)

第二章　数字知识产权立法的价值论 ……………………… (39)
　第一节　数字知识产权立法的权利规范设置 ……………… (39)
　　一　数字知识产权的确权规范 …………………………… (39)
　　二　数字知识产权的限权规范 …………………………… (40)
　　三　数字知识产权的侵权规范 …………………………… (42)
　第二节　数字知识产权立法的人权价值拓展 ……………… (45)
　　一　数字人权的诞生 ……………………………………… (45)

二　发展权的共识…………………………………………(48)
　　三　知识产权发展权的进阶………………………………(50)
第三节　数字知识产权立法的利益平衡……………………(52)
　　一　规制与激励价值的平衡………………………………(52)
　　二　发展与公平价值的平衡………………………………(61)
　　三　效率与安全价值的平衡………………………………(69)

第三章　数字知识产权立法的冲突论………………………(77)
第一节　知识产权文明冲突的规则基础……………………(77)
　　一　关于《保护工业产权巴黎公约》……………………(77)
　　二　《巴黎公约》中有关保护产业财产权的特定条款………(80)
　　三　PCT《专利合作条约》………………………………(82)
　　四　关于《商标国际注册马德里协定》…………………(84)
第二节　TRIPs 协议下知识产权发展的制度冲突…………(85)
　　一　TRIPs 协议制订的历史与过程………………………(85)
　　二　TRIPs 协议的目标、一般规定和基本原理…………(86)
　　三　TRIPs 的理论基础……………………………………(87)
　　四　TRIPs 协议中关于知识产权的基本保障……………(88)
　　五　TRIPs 协议中有关对知识产权实施的规定…………(90)
　　六　后 TRIPs 时代数字知识产权贸易博弈………………(91)
第三节　数字知识产权立法中的权利冲突…………………(116)
　　一　数字知识产权与社会权的冲突维度…………………(116)
　　二　数字知识产权与自然权的冲突角度…………………(120)
　　三　数字知识产权与发展权的冲突视角…………………(122)
　　四　数字知识产权立法的权利冲突分析…………………(136)

第四章　数字知识产权立法的规则论………………………(142)
第一节　数字知识产权竞争的全球格局……………………(142)
　　一　数字知识产权竞争的三足鼎立之势…………………(142)
　　二　中美欧之间的数字技术交易矛盾……………………(143)

第二节　数字知识产权相关地域的立法模式 ……………… (147)
　　一　以 GDPR 等欧盟主导的基本权利立法模式 ………… (147)
　　二　CCPA 等美国主导的强监管立法模式 ……………… (158)
　　三　RCEP 协议相关国家主导的混合立法模式 ………… (164)
第三节　借鉴相关数字知识产权的立法经验 ……………… (170)
　　一　加拿大的立法经验 …………………………………… (170)
　　二　澳大利亚的立法经验 ………………………………… (173)
　　三　俄罗斯的立法经验 …………………………………… (175)
　　四　欧洲的立法经验 ……………………………………… (178)
　　五　美国的立法经验 ……………………………………… (180)

第五章　数字知识产权立法的发展论 …………………… (188)

第一节　协调政产学研金用的立法要素关系 ……………… (188)
　　一　数字知识产权立法中的要素关系阐释 ……………… (188)
　　二　数字知识产权立法中的 AI 问题应对 ……………… (194)
　　三　数字知识产权立法中的循证决策介入 ……………… (197)
第二节　贯通国内外产学研的软法与硬法规范体系 ……… (198)
　　一　引入软法与硬法融贯的理念 ………………………… (198)
　　二　提升产学研融合中的创新能力 ……………………… (203)
　　三　构建产学研法治体系 ………………………………… (204)
第三节　铸牢数字知识产权贸易的人类命运共同体 ……… (206)
　　一　拥抱全球知识产权贸易中的"知识平权" ………… (207)
　　二　推动全球知识产权证据制度的一体化 ……………… (209)
　　三　借鉴 RECP 条款经验促进知识产权贸易公平 ……… (213)
　　四　增强发展中国家参与知识产权贸易的维权能力 …… (214)

结　语 ……………………………………………………… (217)

参考文献 ………………………………………………… (222)

第一章

数字知识产权立法的本体论

数字知识产权到底是什么？这是一个需要首先要明确的问题。基于此，本章将主要探讨数字知识产权的定义和特征、起源和规则，以及权利保护的方法基础等方面的内容。

第一节 数字知识产权的含义与特征界定

一 数字知识产权的含义

(一) 数字知识产权立法表达的概况

定义何为数字知识产权，首先需要明确知识产权的含义。知识产权（Intellectual Property）其原意为"知识（财产）所有权"或"智慧（财产）所有权"，它最初被用来描述来自智力创造活动领域的所有权利，后来逐渐扩展至商标、商业秘密等有特定价值的信息。明确知识产权具体含义的方法，目前有"列举主义"和"概括主义"两种。前者通过系统但有限地列举权项，以圈定具体的权项种类范围来界定何为知识产权；后者则是通过对保护对象的概括抽象的描述，即简明扼要说明这一权利的属性、特征和种类差异对保护对象进行界定。立法上，出于方便适用和统一司法裁判的目的，多采用列举主义，比如《中华人民共和国民法典》以列举客体的形式界定知识产权的内涵和外延,① 在确定的7种客体之外,新增了"(八)法律规定的其他客体",一定程度上开放了知识产权的客体类型。又比如《成立世界知识产权组织公约》第2条(8)款规定知识产权由下列权利构成:著作权与邻接权、专利权或(和)发明权、发现权、外观设计权、商标权及其他标记权、反不正当竞争权以及其他由于智力活动产生的权利。以列举方法描述知识产权含义,表述清楚、明确但较为烦琐且难免疏漏。由现行法律规定可知,知识产权立法还处于一种空白状态。

(二)数字知识产权立法表达的方法

在学界,则主要采取"概括主义"的方法以界定知识产权的含义。在这一过程中,我国学者认识知识产权历经"人们对其创造性的智力成果所依法享有的专有权利"到知识产权并非全是"智力成果之权",还包括"识别性标记权利"。这一阶段学界对于知识产权的定义虽然表述不一,主要有(1)"知识产权是基于创造性智力成果和工商业标记依法产生的权利的统称。"② (2)"知识产权是人们对于自己的智力活动创造的成果和经营管理活动中的标记、信誉依法享有的权利。"③ (3)"知识产权是民事主体依据法律规定,支配其与智力有关的信息,享受其利益并排斥他人干涉的权利。"④ 但无一例外均为对知识产权的属性及对象进行的抽象概括,反映知识产权当时的经济社会特征。用概括方法定义知识产权,表述凝练,但是否恰如其分且涵盖准确值得斟酌。因此,直至目前,关于知识产权的概括性定义在学界尚未形成共识。⑤

在方法论上,列举主义和概括主义方法在界定传统知识产权时各有

---

① 《中华人民共和国民法典》第一百二十三条:民事主体依法享有知识产权。知识产权是权利人依法就下列客体享有的专有的权利:(一)作品;(二)发明、实用新型、外观设计;(三)商标;(四)地理标志;(五)商业秘密;(六)集成电路布图设计;(七)植物新品种;(八)法律规定的其他客体。
② 刘春田主编:《知识产权法》(第三版),高等教育出版社、北京大学出版社2000年版,第3页。
③ 吴汉东等:《知识产权法学》,北京大学出版社2000年版,第1页。
④ 张玉敏主编:《知识产权法教程》,西南政法大学出版社2001年版,第1页。
⑤ 吴汉东主编:《知识产权总论》,中国人民大学出版社2020年版,第5—6页。

其长处与缺憾，如能将两者结合，综合列举主义列举客体的准确与概括主义抽象本质的简明，采折中之法，界定知识产权内涵与外延，或可两全其美。同时，在形式上，一项权利的定义应包含以下基本要素：主体、客体、权能、性质。在知识产权的具体规范之中，《与贸易有关的知识产权协定》（Agreement on Trade-related Aspects of Intellectual Property Rights，TRIPs）在其序言中宣示"知识产权为私权"，知识产权私有的法律性质以私有权的名义凸显。知识产权的私权属性表明，其权利主体为处于平等地位的民事法律关系自然人或组织。在某种情况下，公权力机关也可成为知识产权的主体，但以与其他民事主体形成平等民事关系为基础。如前所述，知识产权的客体是广义上的知识产品。例如，我国《民法典》中规定的作品、发明、实用新型、外观设计、商标以及地理标志等，随着科技发展、社会进步和保护某些特定利益的公共政策的需要，知识产权的客体类型绝不限于现有的几类。同时，基于并非所有智力活动成果都可以成为知识产权的客体以及一些知识产权客体与智力创造并无直接关系的两大基本事实，以创造性高低进一步归纳知识产权客体类型并不实际。又由于只有符合知识产权法规定的特定形态和特征的知识形态才有可能成为知识产权的客体即法定性，以及知识产权客体的非物质性特征，考虑到未来纳入新客体类型的可能性，知识产权客体可以粗略归纳为智力成果、商业标志以及其他受知识产权法保护的非物质成果。

就权能表现而言，知识产权如所有权一样，两者都是绝对权（对世权），即排他性权利。"作为权利人对客体享有的专有权利，其权能不在于确认权利人有使用该客体的自由，而在于排斥权利人以外的任何人未经授权的利他行为。"[①] 一旦他人私自使用知识产权客体，便踏入了知识产权人的专有权利范围，如同侵占所有权人的所有物，需要承担侵权责任。也只有凭借法律赋予知识产权人对客体的排他性控制，才能真正体现由信息构成的知识产权客体的财产属性。

综上所述，根据权利定义的四项形式要素，综合运用列举主义和概

---

① 王迁：《知识产权法教程》（第七版），中国人民大学出版社2021年版，第9页。

括主义法并结合知识产权客体法定性和非物质性特征，可将知识产权定义为：民事主体依法对自己的特定智力成果、商业标志以及其他受知识产权法保护的非物质成果所享有的专有权利。

（三）数字知识产权立法表达的边界

从立法表达的边界来看，由数字网络发展引起或与其相关的各种知识产权可笼统称为数字知识产权，但范围仍需进一步界定。数字网络技术以其无限的复制性、全球的传播性和变幻莫测的交互性使知识产权客体和传播方式发生了前所未有的变化，有别于传统知识产权客体的数字化和权利行使的网络化是数字知识产权的主要特征。例如，随着数字技术的不断迭代，不同传统知识产权对象的新事物成为数字知识产权的标志性对象。基于《服务贸易总协定》（GATS）所界定的服务提供模式——"数字游戏""数字图书"和"数字视听"不断发展。[①]

比较来看，传统知识产权内容通常分为著作权和工业产权。著作权包括版权和邻接权，主要适用于文学、艺术和科学领域的能给人们带来美感和精神享受的文艺作品；专利权和商标权合称为工业产权，包括工农业生产和商业流通领域的发明、实用新型、外观设计、商标、商号等。而数字知识产权对象除了包含传统知识产权对象的数字化形式外，同时也包括数字化形式诞生的新对象，如数据库、多媒体、网络域名等。这些对象通过计算机等数字化设备直接以数字形式诞生，并通过相关软件读取代码进行运算处理，转换成人们可以识别的信息，再由显示器、打印机等输出设备显示或打印。为应对新变化，数字知识产权立法需要将可以知识产权化的新兴事物纳入对象保护范围。同时，由于互联网的出现，信息传播和使用的网络化已经成为现代社会生产力的一部分，并且在数字环境下的复制和传播不仅更为便捷，还实现了"交互式传播"，任何用户都可以在任意地点、任意时刻通过任一联网的设备从网络上获取和上传自己选择的信息。因此，创设数字知识产权在一定程

[①] 周念利、王达、吴希贤：《RTAs框架下的数字知识产权规则能否促进数字内容贸易？》，《世界经济研究》2023年第10期。

度上满足了数字化生产方式的客观要求。①

将注册商标中的文字作为域名注册是商标权人顺应网络时代需求的一种经营策略，便于消费者记忆和在网络中搜寻。包含商标文字的域名已经发挥着与商标一样的标识功能，也是商品商誉的体现。信息的交互式传播和商标文字的域名注册都是数字时代知识产权行使网络化的产物。因此，知识产权需要补充新的权利类型或对已有的权利内涵进行扩大解释，以保护权利人的合法权益。例如，我国《著作权法》中规定信息网络传播权来控制"以有线或者无线的方式向公众提供，使公众可以在其选定的时间和地点获得作品的行为"，即上文中提到的交互式网络传播行为。还有施华洛世奇域名侵权案②中，某公司使用了施华洛世奇的英文商标文字"SWAROVSKI"注册了四个域名，并在网站中宣称销售施华洛世奇品牌的商品。法官认为该行为足以引起相关消费者的混淆和误认，构成对施华洛世奇公司注册商标专用权的侵犯。该判决是对混淆认定合理的扩大解释，满足了商标保护在数字网络时代的需要。

值得注意的是，在2023年出现了一种新的区块链域名，它很好地结合了区块链技术和知识产权制度。区块链和相关的分布式账本技术为知识产权的保护和注册提供了明显的可能性，并且可以在注册阶段或法庭上作为证据。这种区块链证据潜在的使用案例包括：创作者和来源认证、注册和结算知识产权的证据；控制和跟踪已注册或未注册的知识产权的分布情况；提供在贸易和商业中真实和首次使用的证据；数字版权管理（例如在线音乐网站）；通过智能合同确立和执行知识产权协议、许可证或独家经销网络，并向知识产权所有人实时汇款。区块链还可用于检测和检索假冒、被盗商品和水货的鉴定和来源目的。

另外，使用区块链技术来管理知识产权具有极大潜力。在分布式账本中而不是传统数据库记录知识产权，可将知识产权有效地转成"智能知识产权"。与此相关的是知识产权局利用分布式账本技术来创建"智

---

① 闫鸿斐、袁少恺：《历史唯物主义视域下的数字知识产权保护》，《品位·经典》2023年第12期。

② 上海市黄浦区人民法院（2009）黄民三（知）初第283号民事判决书，上海市第二中级法院（2011）沪二中民五（知）终第4号民事判决书。

能知识产权注册处"的设想，采取的形式是作为问责机构的知识产权局运行的集中式解决方案，该机构可在注册的知识产权的有效期内创建不可更改的项目记录。它可包括商标首次申请、注册和首次在贸易中使用；外观设计、商标或专利获得许可、分配等。它还将解决有关核对、存储和提供此类证据的实用性问题。追踪权利的整个有效期的能力将有许多益处，包括更为顺利的知识产权审计。它还可简化知识产权交易所需的尽职调查工作，例如在兼并和收购方面，可通过选择加入计划来解决知识产权所有人方面的保密问题。

此外，区块链的应用也可能生成相应的知识产权证据。分类账明确列明了谁拥有什么，为品牌所有人提供了权利以及这些权利在市场中的使用范围的潜在参考点。这对于那些要求出示首次使用或真正使用证明或使用范围的司法管辖区特别有用，例如在涉及承认驰名商标的争议或其他诉讼程序中，或用于停用撤销行为的辩护。举例来说，通过基于区块链的官方商标注册簿收集在贸易或商业中使用商标的信息，将能够几乎立即通知相关的知识产权局。这将为商标的实际使用和使用频率提供可靠且有时间戳的证据，这两种证据都与证明商标的首次使用、真正使用、取得显著特征/次要含义或商誉有关。同样，分布式账本技术可用于发布防守型公告，作为现有技术的一种方式，以防止他人获得这些技术的专利。

综上所述，数字知识产权并不是传统知识产权的简单客体数字化，而是知识财产保护制度从现实世界向虚拟网络世界延伸的产物，客体数字化和权利行使的网络化即数字知识产权概念的关键。当前人工智能（AI）是否能成为知识产权主体已然成为学界探讨的热点，但基于现有法律规定和以人为本的立法原则，本书不认可人工智能成为知识产权主体的理论。而在性质和权能上，数字知识产权承继于传统知识产权，其私权属性并没有改变，绝对权的权能也不会限缩，但因为客体的数字化，权利人对于客体的使用控制的削弱，数字知识产权侵权风险增加，其绝对权能受到事实上的限缩。故而，参考知识产权的定义，可将数字知识产权定义为："民事主体依法对自己的以数字化形式存在、主要通过计算机网络使用的智力成果、商业标志以及其他受知识产权法保护的非物质成果所享有的专有权利。"

二 数字知识产权的特征

特征，是一"物"① 区别于另一"物"的标识，是一"物"何以成为一"物"的依据。传统知识产权的特征以物权为参照而显现，由此具有了客体的非物质性，特定的专有性、地域性、时间性四大特征，这些特征进一步阐释了知识产权自身独特的法律品格。② 对于数字知识产权而言，其具备什么样的特征，同样取决于以什么为参照。如前文所述，数字知识产权是数字时代的产物，它起源于传统知识产权。因此，在具备传统知识产权四大特征的基础上，数字知识产权还应具备与传统知识产权相比所体现的独特之处。只有这样，我们才能准确地阐释数字时代诞生的数字知识产权所具备的法律品格和时代特性，并绘制完整的数字知识产权谱系。与物权相比，数字知识产权和物权都是财产权，并且都是绝对权利。但是，两者的客体形态存在本质差异，知识产权和数字知识产权的非物质性是其与物权的本质区别之一，同时也是相对于物权的其他特征所衍生出来的。

（一）非物质性

物权的客体为物，是不管有无实体的物质。知识产权是近代商品经济与科学技术发展的产物，也是私法领域财产"非物质化革命"的结果。③ 但数字知识产权的客体是信息，是没有形态的精神财富。如果说传统知识产权客体还存在纸张、光盘等实体物，通过一定的客观物质表现出来。进入数字时代后，数字知识产权客体的数字化，乃至数字组成的数字库本身成为数字知识产权的客体，客体的非物质性特征在数字知识产权上更为具现。

客体的非物质性使得权利人对于客体不发生切实而具体的占有，对

---

① 此处的"物"为广义上的物，为指代一切的代词，包括权利。
② 吴汉东主编：《知识产权总论》，中国人民大学出版社2020年版，第25页。
③ 吴汉东：《科技、经济、法律协调机制中的知识产权法》，《法学研究》2001年第6期。

于客体的有效控制只能依靠事先采取技术措施，防止他人未经授权接触客体，以及事后运用法律手段向未经授权使用客体的行为追究侵权责任，要求损害赔偿。

此外，数字知识产权客体的非物质性也意味着对客体不发生有形损耗的使用。同时，以"公开换保护"是知识产权制度的内在运行逻辑，① 数字知识产权人从公开信息为社会公众获取中受益并获得法律保护的专有权，而社会公众在支付许可使用费后可在同一时空条件下，共同使用同一数字知识产权客体。

（二）专有性

我国民事立法和理论研究将知识产权简单概括为"专有性权利"②。无论在理论层面抑或在规范层面，我们均未对知识产权的专有性特质作出具体阐释并形成广泛共识。③ 专有性亦称排他性，禁止一切未经数字知识产权人许可或在法律特别规定的限制与例外内的接触、使用数字知识产权客体的行为，否则即构成侵权。物权中的所有权同样具有排他性，而数字知识产权之所以仍能以专有性为特征，主要有三个方面的区别。

一是数字知识产权专有性的来源与所有权专有性的来源不同。所有权人能够直接以实体占有的方式实现对物的现实控制，这既是人们的生活经验和习惯也是长期经济交易活动中所形成的共识，而后以法律的形式确定下来。但人们对数字知识产权的客体无法实现实际的占有控制，这在传统知识产权时代既是如此，知识产权客体数字化后，更是如此。

---

① 商业秘密等客体另有其特殊性，此处仅指一般情况下。
② 针对一度存在的有关传统文化不可能作为专有财产而纳入知识产权保护体系中的说法，研究发现，知识产权的专有性本身并没有排斥传统文化的知识产权保护，传统文化具有相对专有性，传统文化权利主体即便是国家也应属于私主体，具有财产权利。虽然现存知识产权法律框架，以美国为例，并不利于对以新技术欠发达国家为主的传统文化之私权保护，但是知识产权私权社会化的全球趋势，正加速以各类群体为私权人的传统文化知识产权保护的竞争需求。建议作为对现有知识产权立法框架的补充，传统文化应当适用于知识产权体系下的一种独立的特别保护路径，以期实现竞争利益的平衡发展。张冬：《传统文化知识产权专有性认定的几个基本问题》，《知识产权》2013年第3期。
③ 杨涛：《知识产权专有性特质的理论阐释》，《法制与社会发展》2020年第3期。

以至于在知识产权发展的三百多年里，人们还是难以形成知识产权专有的观念。因此，数字知识产权的专有性直接来源于法律强制性规定，以此倒逼社会成员形成尊重知识产权的共识。

二是侵犯数字知识产权专有性与侵犯所有权专有性的表现形式不同。侵犯所有权的专有性直接作用于其客体，剥夺了权利人对于客体的现实控制或直接在事实层面将客体消灭，比如盗窃、侵占、损毁等。但对于数字知识产权的非物质性客体和数字化客体，既无法使客体脱离权人的控制[①]，也无法在事实层面抹除数字知识产权客体。因此，侵犯数字知识产权专有性只能表现为未获得数字知识产权人授权或未基于法律的特别规定而对客体实施了只有权利人有权实施的行为。比如擅自将他人作品的电子版上传至网络使公众可以任意获取；擅自使用他人注册商标文字作为域名注册网站，并在网站内售卖相关假冒产品。

三是保护数字知识产权专有性和保护所有权专有性的方法不同。对于所有权的专有性，可以由所有权人对物的直接现实控制进行自力保护，对物的占有本身即一种对所有权专有性的维护。但因为数字知识产权人从未对客体有过直接现实控制，且一般而言，为了实现客体的经济价值，必须对客体加以一定程度的公开，天然地增加了他人私用数字知识产权客体的风险。因此保护数字知识产权，事先的技术措施和事后的法律救济理论上而言最为有效。但与此同时，所谓有需求就会有市场，基于各种原因，盗版需求在数字时代并没有减少，规避技术措施的手段也在与时俱进，并不落后于技术措施。因此，最终也只能依靠法律强制力为技术措施提供保障，制定专门的法律条款禁止规避技术措施。[②]

（三）地域性

如前所述，基于所有权人对其客体的直接现实控制和长期经济活动

---

① 事实上，数字知识产权人从未实现过对客体的直接现实控制。
② 《中华人民共和国著作权法》（2020年修正）第四十九条：为保护著作权和与著作权有关的权利，权利人可以采取技术措施。未经权利人许可，任何组织或者个人不得故意避开或者破坏技术措施，不得以避开或者破坏技术措施为目的制造、进口或者向公众提供有关装置或者部件，不得故意为他人避开或者破坏技术措施提供技术服务。但是，法律、行政法规规定可以避开的情形除外。

中所形成的社会观念，保护所有权已是人类社会的共识，世界各国法律均承认且保护个人对于物的所有权。但因为数字知识产权本质为一国公共政策的产物，何种知识产品能得到法律保护，取决于该国的公共政策规定，所以数字知识产权是法定权利，只能通过法律规定而得以存在。所以，一般而言，一个国家的公民对于自己的数字知识产品是否拥有专有权及权利范围只限于一国境内。

目前，对于知识产权地域性的理解在理论界和实务界并不清晰，但这对于知识产权法在涉外纠纷中的适用和实施有着重要影响。因此，有必要明确知识产权地域性的内涵和外延。地域性，也称为属地性，不是一个绝对的概念，它并不排斥域外效力在某些情况下的存在。随着全球化的发展，地域性的作用逐渐削弱。域外效力作为地域性的对立概念，可以分为两个层面：积极域外效力和消极域外效力。积极域外效力体现在本国规范管辖权的主动扩张，而消极域外效力体现在本国法律被他国被动认可。

知识产权法的地域性相对于其他私法的地域性更为严格，这是因为知识产权是公共政策的产物，但其私权属性也在不断增强。知识产权的地域性特征不再仅体现在权利在域外的非延续性上，而主要体现在各国对知识产权的独立性和保护程度的差异性上。然而，这两种地域性特征也在逐渐削弱。知识产权的积极域外效力可以基于效果原则而存在，其主要目的是防止"竞次"现象，保障权利人的合法利益。而基于国际合作的需要，各国也逐渐接受知识产权的消极域外效力。①

知识产权的国际私法制度将成为重要的国际规则。在处理知识产权的地域性和域外效力问题时，我国应该适当对待，充分考虑国际合作的需要和知识产权的保护。

随着全球经济一体化的不断深化，即使在传统知识产权时代，保护知识产权的代表性国际公约便已订立，比如《伯尔尼公约》要求各成员国保护其他成员国国民的作品，淡化了知识产权的地域性。

进入数字化时代，信息传输空前便捷，国际数字知识产品贸易不断

---

① 阮开欣：《论知识产权的地域性和域外效力》，《河北法学》2018年第3期。

扩大，适应数字化时代的一批国际条约和区域条约相继缔结，比如《世界知识产权组织版权条约》（World Intellectual Organization Copyright Treaty，WCT）和《世界知识产权组织表演和录音制品条约》（World Intellectual Organization Performance and Phonogram Treaty，WPPT），二者虽然只是简单地规定了对技术措施和权利管理信息的保护，但数字知识产权保护的国界限制在一定程度上被打破了。

（四）时间性

对于所有权而言，只要客体在事实上没有消灭，那么针对该物的所有权便可以一直存在。一定程度上说，所有权具有永续性。然而，基于公共政策诞生的知识产权，法律对其保护是有期限的，数字知识产权也不例外。根据我国相关法律规定，著作权的保护期一般是作者生前加死后50年[1]；专利权的保护期一般为20年。[2] 知识产权的客体一般意义上代表了人类文明，本该且可以为全人类共享、促进人类文明发展进步，但基于激励人们发明创造，尊重维护创造者的劳动成果，法律允许创造者在一定时期内独享该发明创造所带来的经济利益。因此，知识产权具有了时间性。

在数字化时代，发明创造迭代更新的频率空前加快、传播的范围空前扩大；数字技术的发展也使得数字知识产权侵权更为隐蔽和便捷。前者导致很大一批被淘汰的发明创造缺乏保护的价值，甚至会因保护阻碍社会发展；后者则将增加预防、发现、规制数字知识产权侵权所要投入

---

[1] 《中华人民共和国著作权法（2020年修正）》第二十三条：自然人的作品，其发表权、本法第十条第一款第五项至第十七项规定的权利的保护期为作者终生及其死亡后五十年，截止于作者死亡后第五十年的12月31日；如果是合作作品，截止于最后死亡的作者死亡后第五十年的12月31日。法人或者非法人组织的作品、著作权（署名权除外）由法人或者非法人组织享有的职务作品，其发表权的保护期为五十年，截止于作品创作完成后第五十年的12月31日；本法第十条第一款第五项至第十七项规定的权利的保护期为五十年，截止于作品首次发表后第五十年的12月31日，但作品自创作完成后五十年内未发表的，本法不再保护。视听作品，其发表权的保护期为五十年，截止于作品创作完成后第五十年的12月31日；本法第十条第一款第五项至第十七项规定的权利的保护期为五十年，截止于作品首次发表后第五十年的12月31日，但作品自创作完成后五十年内未发表的，本法不再保护。

[2] 《中华人民共和国专利法（2020年修正）》第四十二条：发明专利权的期限为二十年，实用新型专利权的期限为十年，外观设计专利权的期限为十五年，均自申请日起计算。

的成本，因此给予数字知识产权法律保护的期限可能缩短，其时间性特征可能将更为明显。数字知识产权相比于物权具备客体非物质性、特定专有性、地域性、时间性，其中，以客体非物质性为其本质特征，尤其在客体数字化时代，更为显著。地域性特征则随着经济全球化的发展和数字贸易的扩大，有逐渐淡化的趋势，但仍将长期存在。而数字知识产权的时间性特征，因为科技的发展则有进一步加强的可能。

在传统所有权制度面临挑战的时代，知识产权制度乃以"用"设权，承"用"的客体的存在形式深刻影响着"用"的选择，进而深刻形塑了知识产权的权利特性。知识产权的排他性权能体现为独占控制作为客体的信息，对信息使用方式的控制是知识产权制度的核心，而信息的使用方式主要取决于信息体的形态。因此，在某种程度上，信息体的特征决定了知识产权的特征。客体的数字化是数字知识产权最为显著的特征，而区别于传统文献信息资源的数字化信息资源其独特性体现在以下几个方面①。

一是数字化和网络化。信息客体数字化是信息使用网络化的基础，信息使用网络化又促进了信息数字化过程中编码、解码的优化。两者相辅相成，这是数字化信息资源的基本特征。

二是信息量大且种类繁多。仅 Internet 上就有 8 亿多个 Web 网页，每天信息流量超过 20BT，尤其进入大数据时代，每个网络用户每时每刻都在生成信息并且每时每刻都在经受着信息流的冲刷。

三是信息更新周期短。数字化信息处理省去了印刷、运输等环节，数据可即时上传、实时更新，尤其随着 5G 通信技术的发展，数据传输的速度呈几何倍数增长。

四是资源分散，开放性强。数字化信息资源不受地域限制，任何联网的计算机都可以上传和下载，信息的使用者和创造者已浑然一体，"资源共享"成为互联网精神最初的精神烙印。

五是组织分散，无统一管理。2022 年 2 月 25 日中国互联网络信息

---

① 贺桂华：《网络知识产权保护体系存在问题及对策研究》，《理论导刊》2007 年第 9 期。

中心（CNNIC）发布的第 49 次《中国互联网络发展状况统计报告》[①]显示，截至 2021 年 12 月，我国网民规模达 10.32 亿，互联网普及率达 73.0%。面对日益庞大的网络用户群体和浩如烟海的网络信息资源，难以组织有效管理。

实质上，客体数字化所带来的客体新特征决定了数字知识产权在继承传统知识产权特征的同时，兼具其独特的时代特点——使用网络化。当信息化以 0 和 1 的二进制数据存在时，网络服务器便成为"蓄积"信息数据的海洋，通过一个个网络接入点，任何人都能从中取用信息——浏览、转发、上传、下载。同时，取用行为所产生的数据记录本身便是信息资源的一部分，甚至成为数字知识产权的客体之一。互联网打破了信息传播在时间和空间上的限制，传统知识产权所控制的复制、发行、表演等行为已可脱离实体，在虚拟网络世界实现。甚至于，实现的门槛更低，因为传统形式的知识产品一般需要通过录音、录像、印刷等方式取得复制件之后方可进行使用，但在网络环境中，"复制"数字信息资源的行为不过是手指轻点鼠标，甚至可以通过链接（LINKS）方式跳转到知识产品所在网页，连"复制"都不需要即可实现对知识产品的使用。内链、超链接、磁力链等互联网技术，将传统知识产品的使用方式在网络上便捷实现，知识产品传播的广度和数量远超人类此前所经历的任何时代。

综上所述，数字知识产权的一系列特征无不显示着数字化知识产品正如工厂流水线上的知识产品一般数量庞大、种类庞杂，源源不断地输入市场。在这种情况下，有限的技术措施和迟缓的法律事后救济面对日益复杂多样的数字侵权方式，使数字知识产权人更容易失控。因此，相比传统知识产权，数字知识产权更具脆弱性，其规则体系建设更需要顺应时代发展需求，给予数字知识产权在数字时代的行使路径规则和保护措施。因此，我们需要探索数字知识产权的渊源，从源头把握数字知识产权的规则，为数字知识产权规则体系正本清源。

[①] 《中国互联网络发展状况统计报告》，中国互联网络信息中心，http：//www.cnnic.net.cn/hlwfzyj/hlwxzbg/hlwtjbg/202202/t20220225_71727.htm，访问日期：2022 年 3 月 17 日。

第二节 数字知识产权的渊源、规则以及原则设定

一 数字知识产权的渊源

从历史角度看,数字知识产权是传统知识产权在数字时代的新发展,所以,谈及数字知识产权的渊源不可避免地需要先对传统知识产权进行梳理。任何法律制度都缘起于现实生活规制的需要,一项法律权利的诞生则是法律对于现实生活现象的确认。但权利的法律确认内容并非一成不变,知识产权制度建立了一个由封建特许权向资本主义财产权的历史性转变。现代意义上的知识产权,其含义是对知识的财产权。但回顾财产权的法律制度发展历程,人类历史上,法律意义的"财产"一直以来都是指"有形财产"。17世纪中叶的法国学者卡普佐卡在其著作中首次将一切来自知识活动领域的权利概括为"知识产权"。[①] 此后经过不断发展,至1967年《成立世界知识产权组织公约》的签订,国际社会才普遍承认了知识产权的概念。但"无形的""非物质性的"知识成为受法律保护的财产毕竟只是最近300年才发生的事情,哪怕时至今日,尊重知识产权的理念还普及度不够。符合人们生活经验和直觉的财产应该满足三个基本条件:一是因有限而具有价值;二是只由某一特定主体所有,具有排他性;三是可以一定条件转让。而知识产品的本质是信息,无形无质,天然可自由传播,人们并不能凭现实控制而将信息独占。同时,直觉上,信息并不会因为被使用而消耗,从某种意义上说,信息可以无限复制、传播使用。按照传统财产理念,知识产品并不符合财产的构成要件,而法律之所以将"自由""无限"的信息转变为专属于创造者的财产是出于推动科技发展、社会进步和保护某些特定利益等特定公共政策的需要。科技推动经济社会的发展在近现代三次工业革命

[①] 吴汉东主编:《知识产权总论》,中国人民大学出版社2020年版,第3页。

中体现得淋漓尽致,因此,为激励本国人才积极创造,同时避免别国剽窃本国科技成果,各国通过法律强制将知识创造成果规定为创造者的私人财产给予保护。可以说,知识产权是先有法律规定而后才形成的公众观念,是近乎纯粹的"法定权利"。

从20世纪50年代开始的技术准备到如今大数据和人工智能蓬勃发展,数字产业化势不可当。进入21世纪,历史和现实在此交汇,当代已是全面数字经济时代,传统产业的转型升级受到数字技术的广泛应用深刻影响,由此催生了许多新产业、新业态和新模式。在当今时代,云计算、大数据、物联网等数字信息技术支撑了数字经济的发展,社交媒体、在线零售、移动通信、流媒体视频、搜索引擎等领域成为数字经济的重要支柱。仅以我国为例,2020年,我国规模以上互联网和相关服务企业收入达1.3万亿元,同比增长12.5%;人工智能产业规模达1606.9亿元,同比增长24.43%。目前,已有人工智能相关企业43.9万家;算力产业规模达2万亿元,直接带动经济产出达1.7万亿元。[①] 从现实经济需要角度看,知识产权则是支撑整个数字经济制度基础设施的重要组成部分。[②] 知识产权范围逐渐向信息产权扩充发展,信息促进经济、技术和社会发展的作用愈加显现,已然成为人类社会发展不可或缺的无形财产,是数字经济时代社会的核心生产要素、企业的重要生产资源。

近年来,学术界关于数据信息通过何种形式确权的争论极其激烈。数据确权是数据利用的法律基础,只有明确数据权益的归属,企业才能合法合理地获取、使用、流通数据,真正利用我国海量的数据资源优势。否则,用于分析事物的特定发展变化趋势和规律的数据既缺少基础的数据资源支持,也难以生成。同时,就不能运用大数据等智能工具探究现实社会中产生的海量数据背后蕴含的真相,更难谈将数据转化为生

---

① 《中国信通院发布〈中国数字经济发展白皮书(2020年)〉全文》,澎湃网,https://m.thepaper.cn/newsDetail_forward_8151951?ivk_sa=1024320u,访问日期:2022年4月7日。
② 徐实:《数字经济背景下知识产权保护比较研究与展望》,《北京航空航天大学学报》(社会科学版)2021年第5期。

产力，形成数据驱动经济发展的新型生产方式。①

为此，信息保护的知识产权路径便在理论界与产业界的一次次互动中逐渐发展起来，这些互动包括以下方面。第一，数据的非物质性与知识产权客体等无形财产的基本特征一致，"数据财产"具备作为无形财产保护的基本要件。② 第二，从诞生至今，知识产权制度始终保持着传统财产权制度所欠缺的灵活性和包容性，其规范范围随着时代发展而不断扩张，最具代表性的是商标权的客体要素从文字、图像扩大到保护声音、三维形状、气味等。将数据信息纳入知识产权保护范围并不会冲击现有知识产权制度。第三，即便是一些衍生数据，当其具备创造性时，也可归为智力成果，受到知识产权制度保护。第四，对新兴事物进行法律保护时，首先要考虑的是纳入现有权利体系是否合适，而不是另起炉灶，从零构建一项崭新的权利制度。对数据信息而言，知识产权的保护框架，比如著作权、专利权等制度已然足以为各类数字知识产品提供保护。③

从历史发展、现实需要以及理论基础等方面探索数字知识产权渊源，不难发现数字知识产权由此已初具雏形，但作为新时代的新兴权利，其规则体系仍不够完善，传统的知识产权制度仍然难以满足保护和发展数字知识产权的需要。

二 数字知识产权的规则体系

数字知识产权根植于数字时代的深厚土壤，脱胎自传统知识产权，其规则体系承继了原有的知识产权规则，同时结合数字知识产权自身的特殊性得到了相应的发展。

（一）国际知识产权制度的规范基础

国际知识产权规则体系始于1883年的《保护工业产权巴黎公约》，此后1个世纪以来，《保护文学艺术作品伯尔尼公约》《商标国际注册

---

① 高富平：《数据经济的制度基础——数据全面开放利用模式的构想》，《广东社会科学》2019年第5期。
② 王卫国：《现代财产法的理论建构》，《中国社会科学》2012年第1期。
③ 俞风雷、张阁：《大数据知识产权法保护路径研究——以商业秘密为视角》，《广西社会科学》2020年第1期。

马德里协定》等多边国际条约相继缔结,用以协调各国之间相距甚远的知识产权制度,调和国际贸易中发生的知识产权矛盾。但仍然没有统一管理这些国际条约和协调各国的国际组织。直至1967年,各国在瑞典斯德哥尔摩签订了《成立世界知识产权组织公约》,并于1970年4月正式成立世界知识产权组织(WIPO),四年后成为联合国下辖的专门机构之一,主管知识产权领域的国际合作。在数字时代,WIPO对于知识产权的国际保护同样发挥着不容忽视的作用,乃至于数字知识产权的国际保护便肇始于WIPO管理下的WCT和WPPT,这两部国际条约最早回应了数字时代、互联网环境下,知识产权客体数字化和权利保护的相关问题。但这两部条约如前所述,仅有限地规定了技术措施和权利管理信息保护两方面的内容,数字知识产权的国际保护仍非常有限。

在2012年,在具体知识产权类型规定上,《视听表演北京条约》[①]确认了表演者对其以视听录制品的表演所享有的提供权,这一权利尤其涵盖通过互联网按要求进行的交互式提供。其附带的议定声明规定,WCT第10条的议定声明[②]同样适用于《北京条约》,也就是说,缔约国根据《伯尔尼公约》建立的著作权限制和例外,在数字环境下可以扩大适用。[③] 在知识产权限制与例外制度上,《关于为盲人、视力障碍者或其他印刷品阅读障碍者获得已出版作品提供便利的马拉喀什条约》(2013年)[④] 专为阅读障碍者创设了一组强制性版权限制与例外制度,被授权实体可以在非营利的基础上制作无障碍格式版,这些版本可以通过非商业性出借或者以电子传播的方式发行。同时,面对数字时代的版权保护技术措施,《马拉喀什条约》允许为制作无障碍格式版作品而进

---

① 以下简称《北京条约》。
② 关于第10条的议定声明:不言而喻的是,第10条的规定允许缔约各方将其国内法中依《伯尔尼公约》被认为可接受的限制与例外继续适用并适当地延伸到数字环境中。同样,这些规定应被理解为允许缔约方制定对数字网络环境适宜的新的例外与限制。另外,不言而喻的是,第10条第(2)款既不缩小也不延伸由《伯尔尼公约》所允许的限制与例外的可适用性范围。
③ 《视听表演北京条约》,WIPO网,https://www.wipo.int/treaties/zh/ip/beijing/summary_beijing.html,访问日期:2022年4月5日。
④ 以下简称《马拉喀什条约》。

行规避技术措施的行为。①

从国际规范基础来看，20世纪80年代以来，"由技术、信息和智能构成的'软技术'，已成为国际贸易中的独立贸易商品"，② 世界贸易中跟知识产权相关的贸易额显著提升。但与此相伴随的是，国际假冒、盗版等知识产权侵权现象同时也激增。因此，数字知识产权国际保护体系必须将国际贸易领域纳入其中。在世界贸易组织管辖的多边贸易协定中，《与贸易有关的知识产权协定》（Agreement on Trade-related Aspects of Intellectual Property Rights，TRIPs）"提出和重申了保护知识产权的基本原则，确立了知识产权协定与其他知识产权国际公约的基本关系"③。为尽可能将条约适用于所有世界贸易组织缔约国，TRIPs的知识产权国际保护规则要求是最低的，且没有涉及数字环境下知识产权的保护。这有利于知识产权保护水平较低的发展中国家在国际贸易中无须支付高额知识产权使用费便能从科技先进的发达国家获取急需先进技术以促进本国经济社会发展。因此，近年来，在双边与多边场合，发达国家不遗余力地拉拢盟友以期提高TRIPs协定的保护标准，被称为TRIPs PLUS趋势。在此趋势下，为打击全球盗版和商品仿冒行为，自2007年以来，包括欧盟和美国在内的11个国家和地区已开始就该议题进行谈判，旨在建立一个关于知识产权执法的专门制度——《反假冒贸易协定》（Anti Counterfeiting Trade Agreement，ACTA）。经过11轮的谈判，于2010年10月正式公布了ACTA最终文本，并于2011年10月1日在日本东京签署。④ ACTA几乎囊括了所有的知识产权执法措施并设

---

① 《〈关于为盲人、视力障碍者或其他印刷品阅读障碍者获得已出版作品提供便利的马拉喀什条约〉（MVT）（2013年）提要》，WIPO网，https：//www.wipo.int/treaties/zh/ip/marrakesh/summary_ marrakesh.html，访问日期：2022年4月5日。

② 薛荣久：《八十年代以来国际贸易发展的重大趋势》，《对外经济贸易大学学报》1991年第2期。

③ "Agreement on Trade-Related Aspects of Intellectual Property Rights（as amended on 23 January 2017）"，世界贸易组织官网，https：//www.wto.org/english/docs_ e/legal_ e/31bis_ TRIPs_ 01_ e.htm，访问日期：2022年4月6日。

④ 张惠彬：《后TRIPS时代国际知识产权保护新趋势——以〈反假冒贸易协定〉为考察中心》，《国际商务》（对外经济贸易大学学报）2013年第6期。

置了较高的执法标准。在世界知识产权贸易制度构建的战略目标上，发达国家将 ACTA 作为推动 TRIPs PLUS 的战略支点。ACTA 总结了 WCT 和 WPPT 和相关国家的立法实践，规定了缔约方在数字环境下的执法措施，并规定了网络服务提供者的信息披露义务。①

美国作为世界头号科技强国，为提高国际贸易中知识产权保护标准，曾以本国《数字千禧年版权法》(Dightal Millennium Copyright Act of 1998, DMCA) 中的规定为基础提出了"避风港"制度 (Safe Harbors)、"通知—删除" (Notice Takedown) 程序、"逐渐断网"规则 (Graduated Response)② 等较严格的制度建议。虽然由于各方对该问题无法达成一致意见，使得 ACTA 的最终文本中并未出现上述制度建议，但其中部分主张仍为《跨太平洋伙伴关系协定》(Trans-Pacific Partnership, TPP) 所吸收。③ TPP 中关于知识产权的国际保护是其重点协议内容，包含几乎所有知识产权类型及其执法措施等九个部分。TPP 再一次将知识产权保护问题与贸易政策挂钩，并集合了众多的知识产权国际条约和双边、区域自由贸易协定中的保护规范以及发达国家的保护实践，强化了执法措施。

其中在立法设计上，TPP 将包含数字环境下的技术措施和权利管理信息的规定安排在版权和相关权利部分里，并对二者加强了保护。TPP 还单独规定了网络服务提供者的"避风港"制度。TPP 一旦生效，其知识产权部分内容将是现行知识产权保护国际条约中的最高标准。④ 如果说 ACTA 是知识产权国际保护"诸边模式" (Plurilateral Agreement)⑤

---

① 尚妍:《〈反假冒贸易协定〉的几个基本问题》，《暨南学报》(哲学社会科学版) 2014 年第 12 期。
② "逐渐断网"规则是指国内法上对反复侵权或构成轻微犯罪的用户，在收到几次警告通知仍不改变侵权行为的，司法机关可以直接命令网络服务提供者或者权利人请求司法机关命令网络服务提供者在一定时期内中断特定用户的账号或网络。
③ 尚妍:《〈反假冒贸易协定〉的几个基本问题》，《暨南学报》(哲学社会科学版) 2014 年第 12 期。
④ 尚妍:《数字知识产权保护的新发展——从〈反假冒贸易协定〉到〈跨太平洋伙伴关系协定〉》，《暨南学报》(哲学社会科学版) 2015 年第 6 期。
⑤ 诸边协议 (plurilateral agreement) 又译作"复边协议"，其接近多边协议 (multilateral agreement)，区别主要在于诸边协议往往是由某一国际组织内部分成员所签订，只对签订的部分成员生效。

的初次践行，TPP 则是该模式的探索前沿。

在 2017 年 1 月，虽然美国正式宣布退出 TPP，该项目进程陷入了短暂停滞，但不久之后由启动 TPP 谈判的 11 个亚太国家共同发布了一份联合声明将协定改名为《跨太平洋伙伴关系全面进展协定》（Comprehensive and Progressive Agreement for Trans-Pacific Partnership，CPTPP），并在 2018 年 12 月 30 日正式生效。CPTPP 保留了 TPP 中超 95%的条款，但仍因美国退出搁置了 20 项条款，其中包含 11 项与知识产权有关的条款，但商标条款几乎被完整保留下来。① CPTPP 要求的知识产权保护水平相较于 TPP 有所下降，但仍远远超过 TRIPs 协议设定的最低标准。而中国基于自身贸易发展和数字知识产权保护事业的需要，于 2021 年 9 月 16 日，正式提出申请加入《全面与进步跨太平洋伙伴关系协定》。

在数字知识产权国际规制体系的建设发展中，WIPO 管理下的 WCT、WPPT、《视听表演北京条约》和《马拉喀什条约》等专门保护知识产权的国际条约以及世界贸易领域中的各类 TRIPs PLUS 多边条约，比如 ACTA、CPTPP 等国际贸易条约中有关数字环境下知识产权保护的规定，共同构建了数字知识产权的国际规则体系的基本框架。此外，还有一些区域性数字知识产权保护协定。例如，欧盟的《单一数字市场版权指令》，这些协定的保护标准因各个区域的经济社会发展水平而有所不同。因此，这些协定与国际数字知识产权保护条约共同构成了一个层次交错的数字知识产权保护国际规制体系。

此外，数字知识产权的国际规范依据还包括世界知识产权组织（WIPO）的《数字知识产权管理》（Digital Rights Management）文件。该文件旨在提供有关数字知识产权管理的准则和最佳实践，包括数字版权管理、数字水印技术、数字许可证等方面的内容。还有欧盟的《数字单一市场战略》该战略旨在促进数字经济的发展，并提出了一系列措施来加强数字知识产权的保护，包括对在线内容的版权保护、打击网络盗

---

① 《日媒：11 国就 TPP 达成框架协议　冻结 20 个项目》，环球网，https://world.huanqiu.com/article/9CaKrnK5ILH，访问日期：2022 年 4 月 6 日。

版等。这些国际规范为各国立法提供了保护数字知识产权的基本原则和框架。

(二) 国内已有的数字知识产权规则体系

我国知识产权领域的三部基本法律——《商标法》(2019年)、《著作权法》(2020年)、《专利法》(2020年) 在近年来都进行了相应的修改，以适应时代发展的需求。其中，《著作权法》的修改最为典型。在2001年的第一次修订中，增设了信息网络传播权；2005年，我国颁布和实施了第一部网络著作权行政管理规章：《互联网著作权行政保护办法》，对信息传播和网络管理做出了一些具体规范，例如规定了互联网单位、接入单位和用户应遵守国家法律和行政法规，不得从事危害国家安全、泄露国家秘密等违法犯罪活动，并承担制作、查阅、复制和传播有害信息的公共责任；2006年，专门颁布了《信息网络传播权保护条例》，对信息网络传播权做出了具体规定，包括避风港规则、通知删除规则和电子形式权利管理信息保护等，并在2013年进行了一次修改；2020年，《著作权法》对广播权进行了合理扩张，明确了广播权和信息网络传播权的范围。修改后的法律完善了对作品在网络环境下的传播行为的规范。同时，《著作权法》的第四十九条和第五十条专门规定了保护著作权和与著作权相关权利的技术措施。①

我国数字知识产权立法也存在其他非知识产权制度规范。例如，

---

① 《中华人民共和国著作权法》(2020年修正) 第四十九条：为保护著作权和与著作权有关的权利，权利人可以采取技术措施。未经权利人许可，任何组织或者个人不得故意避开或者破坏技术措施，不得以避开或者破坏技术措施为目的制造、进口或者向公众提供有关装置或者部件，不得故意为他人避开或者破坏技术措施提供技术服务。但是，法律、行政法规规定可以避开的情形除外。本法所称的技术措施，是指用于防止、限制未经权利人许可浏览、欣赏作品、表演、录音录像制品或者通过信息网络向公众提供作品、表演、录音录像制品的有效技术、装置或者部件。第五十条：下列情形可以避开技术措施，但不得向他人提供避开技术措施的技术、装置或者部件，不得侵犯权利人依法享有的其他权利：(一) 为学校课堂教学或者科学研究，提供少量已经发表的作品，供教学或科研人员使用，而该作品无法通过正常途径获取；(二) 不以营利为目的，以阅读障碍者能够感知的无障碍方式向其提供已经发表的作品，而该作品无法通过正常途径获取；(三) 国家机关依照行政、监察、司法程序执行公务；(四) 对计算机及其系统或者网络的安全性能进行测试；(五) 进行加密研究或者计算机软件反向工程研究。前款规定适用于对与著作权有关的权利的限制。

《电子商务法》明确规定了对数字知识产权的保护，规定了电子商务经营者的责任和义务，以及对侵犯数字知识产权行为的处罚措施等。《反不正当竞争法》规定了禁止侵犯数字知识产权的不正当竞争行为，包括虚假宣传、商业贿赂等。《网络安全法》对网络信息的保护进行了规定，包括个人信息的保护、网络安全事件的处置等。《电子签名法》规定了电子签名的法律效力和认证机构的责任等。《数字版权管理条例》对数字版权管理进行了规定，包括数字版权管理机构的设立和运作、数字版权管理技术的使用等。这些法律和法规的出台和完善为保护数字知识产权提供了法律依据和保障。

在司法实践方面，在2000年，最高人民法院颁布了《关于审理涉及计算机网络著作权纠纷案件适用法律若干问题的解释》，并在2003年、2006年2次进行修订；2002年又颁布了《关于审理著作权民事纠纷案件适用法律若干问题的解释》，其中第二十一条规定了侵权使用计算机软件的责任认定问题。目前，我国仍没有关于数字版权的专门立法，但关于数字时代版权基本制度如："避风港"规则、技术保护措施、电子形式权利管理信息等已有制度规范，已然形成了以《著作权法》为主干、以若干著作权行政法规为补充、辅之以司法解释和部门规章的相对独立且完整的有关数字出版的版权法律体系。

管中窥豹，可见一斑。我国著作权制度在数字时代的建设情况基本体现了我国的数字知识产权制度的面貌——继承传统知识产权制度的同时，吸收国际规则，进行顺应时代的增补，以知识产权三大法律为主干，补充若干行政法规以及司法解释，形成相对完整的数字知识产权法律体系。

从现有的规范体系来看，数字知识产权立法存在以下问题：数字规则与国际标准衔接不紧密，避风港原则存在滥用的问题；数字产权司法保障机制有待完善，内容审查机制不畅且效率较低；缺乏专业化数字交易平台，产权定价机制仍有待完善，知识密集型产业遭遇国外封锁，发展不平衡问题逐渐凸显；数字化专业人才紧缺，高增加值环节受到国外垄断的影响。[①] 这些都亟须通过国内外相关的数字知识产权

---

① 韩永辉、赖嘉豪：《中国数字贸易发展面临的知识产权问题及其对策》，《电子科技大学学报》（社会科学版）2023年第4期。

立法进行回应。

三　数字知识产权的原则

知识产权制度是基于平衡各方利益要求下的社会公共政策产物，肩负着激励创新、繁荣创作、推动社会发展、造福人民大众的使命。为实现这一目标，各国需要坚守数字知识产权的私权本质，明确权利人对其数字知识产品所享有的专有权。而为保障公共利益，各国需要凸显数字知识产权的人权属性，严格限定权利的类型和客体，避免将私权侵占公共领域，做好公共利益与个人合法权利之间的权衡。因此，为实现数字知识产权的人权价值使命，应确立以下原则。

（一）激励创新原则

激励创新，是知识产权制度的基本精神和价值依托，必须把促进创新发展放在首位，鼓励发展新业态、新模式和新技术，有效激发创新动力、积极形成创新合力、全面促进创新活力，将创新发展作为数字知识产权制度的出发点和总体目标。《知识产权强国建设纲要（2021—2035年）》[1] 指出，"进入新发展阶段，推动高质量发展是保持经济持续健康发展的必然要求，创新是引领发展的第一动力，知识产权作为国家发展战略性资源和国际竞争力核心要素的作用更加凸显。"提出"要适应科技进步和经济社会发展形势需要，依法及时推动知识产权法律法规立改废释，适时扩大保护客体范围，提高保护标准。"《中共中央　国务院关于完善产权保护制度依法保护产权的意见》明确提出"坚持平等保护、坚持全面保护、坚持依法保护、坚持共同参与、坚持标本兼治"的基本原则，强调产权保护需对物权等传统产权和以知识产权为代表的非物质性客体财产权一视同仁，进一步完善权属清晰、责权明确、保护严格、流转有序的现代产权制度。数字知识产权制度可以通过构建上述知识产权保护法律框架，充分发挥市场配置创新资源的决定性作用。

---

[1] 《中共中央　国务院印发〈知识产权强国建设纲要（2021—2035年）〉》，中国政府网，http://www.gov.cn/gongbao/content/2021/content_5643253.htm，访问日期：2022年4月8日。

(二) 尊重私权原则

承继自传统知识产权的数字知识产权，其私权本质已毋庸质疑，私权内在逻辑揭示了知识产权规则本质特征。虽然自然法理论为传统知识产权合理性的论证做出了不可磨灭的贡献，但是在发展过程中，知识产权受到了来自多方面的法理论修正，最终转化为法定权利。[①] 并且，知识产权制度从诞生之时起就具有浓重的公权干预色彩，从封建特许到公共政策，知识产权回归私权的历程漫长且坎坷。一度有观点认为，知识产权的确认需要公权力机关的授权，否则知识产权便无从谈起。但私权的产生是否需要国家机关经过法定程序加以认定与私权的性质并无直接联系。知识产品的产生主要是私人脑力劳动创造的产物，知识产品诞生之后所进入的也是平等主体之间等价有偿的商事交易领域，权利的行使主要取决于民事主体之间的意思自治。因此，知识产权规则体现了公平正义的新自然主义法哲学观念与经济效益的新实证主义法哲学观念的博弈与统一，这一法哲学观念并未脱离或者说无法脱离私权内在逻辑[②]。该原则是数字知识产权制度应当予以明确的根本性原则。因此，数字知识产权立法需要以私权为中心轴展开体系，尊重私权，并弘扬私法自治。

(三) 法定原则

在确认数字知识产权的私权属性之外，不容忽视的是数字知识产权的产生和发展过程中国家公权力介入调整的影子。知识产品是人类文明的直观展现，在一代又一代人智慧的积累基础上产生，加之其非物质性特征，只有主体足够多，便可实现多人同时共享同一知识产品，这在前数字时代实现或许尚有难度，但客体数字化后，这只不过是寻常事儿，数字知识产品的公共物品属性由此更为彰显。知识产品的公共物品属性决定了知识产权的主体、客体和权利范围等重要事项的划定客观上都需要由代表公权力的国家法律法规规定。只有制定法能为知识生产者创设

---

① 李扬：《重塑以民法为核心的整体性知识产权法》，《法商研究》2006 年第 6 期。
② 张鹏、赵炜楠：《〈知识产权基本法〉立法目的与基本原则研究》，《知识产权》2018 年第 12 期。

特定的权利。制定法在确定知识产权主体、客体和权利范围时，不仅是一个确定和创设权利概念的过程，同时也是划定权利内涵与外延的过程。[①] 知识产权法定主义的概念是知识产权的自然权利概念工具主义概念的统一，它不仅坚持劳动在知识产权分配中的抽象和基本作用，而且认识到劳动并不是唯一的直接考虑因素。知识产权的分配必须充分考虑整个社会的效率和社会正义的要素。另外需要明确的是，法定并不等于封闭。法律法规规定了数字知识产权专有权与公共领域的边界，同时国家也会根据发展需要及时调整法律法规，建立知识产权动态立法机制。从最初纳入知识产权法的文学艺术作品、专利，到如今的数据库、网络域名，从广播权到信息网络传播权，知识产权的客体和种类不断扩张的历史无不在说明知识产权是法定且开放的。

（四）诚实信用原则

数字知识产品是商事交易活动的重要对象。如前文所述，数字知识产权的产生和发展离不开国际数字贸易发展的需要。因此，作为具有浓重财产权本色的数字知识产权，其制度设计和权利行使必须秉持民商事领域的帝王原则——诚实信用原则。诚实信用原则在数字知识产权领域的基本内涵是：数字知识产权的创设、保护、行使、管理和服务应当遵循诚实信用原则，秉持诚实，恪守承诺。知识产权的取得和行使应当遵守法律，尊重社会公德，不得损害国家利益、社会公共利益和他人合法权益。同时，诚实信用原则不仅对数字知识产权人有要求，也对权利相对人有要求。维护一项权利和权利领域内产业生态的良好运转需要权利人和权利相对人共同努力。尤其在数字时代，知识产权侵权更加便捷低廉，导致盗版手段层出不穷、假冒商品横行市场，诚实信用原则在培育消费者正版意识和营造良好的行业生态方面更加不可或缺。面对纷繁复杂、不断"推陈出新"的数字知识产权侵权行为，法定的知识产权难免出现保护"时滞"，存在具体规则的不完善，此时就需要以诚实信用原则进行兜底，从而来有效弥合数字知识产权法定与社会发展之间的

[①] 李扬：《知识产权法定主义及其适用——兼与梁慧星、易继明教授商榷》，《法学研究》2006年第2期。

差距。

综上所述,知识产权是具有显著公权力背书的私权。数字知识产权因为客体的数字化,要维护稳定、良好的知识产品贸易环境更依赖公权力提供的强力保护。权利类型和客体法定是保护的一部分,也是保护的代价。公权力为数字知识产权提供强力保护的首要目的是激励创新,保障每个人的智慧创造都得到尊重,即公权力尊重创造者对其知识产品的专有权利,权利相对人秉持诚信,尊重智慧创造的成果。由此自公而私、从国家到个人,前述四项原则为数字知识产权制度构建和权利保护提供了规范基础与立法指引。

第三节 数字知识产权立法的权利方法基础

一 杰里米·边沁的功利主义权利方法论

长期以来,学界对知识产权理论研究从未停止,这些方法论包括了法学在内的哲学、经济学、政治学等交叉学科。其中,西方功利主义理论为权利冲突提供了经典的解读。在不同的社会发展阶段、知识、经济和社会发展的语境下,人们对科学、技术、资本、人的存在方式和尊严价值等问题的质疑和反思都必然投射到了知识产权的法理构建和制度构造之中。[①]

在谈论知识产权的利益问题时,我们常常借助功利主义的理论,其主要代表人物有杰里米·边沁和约翰·斯图尔特·穆勒。在论证财产权的合法性和正当性时,功利主义主张人们需要获取、占有和使用物品来实现一定程度的幸福和满足。而实现这种幸福的前提是个人财产需要得到保障,因此对财产进行占有、使用和控制具有重要意义。边沁和穆勒等其他功利主义哲学家认为,在社会发展的进程中,财产权将以激发人们生产社会经济利益的价值目标为导向,同时保障个人权利,从而推动

---

① 刘威、翟青:《关于权利冲突的理论思考》,《黑龙江省政法管理干部学院学报》2005年第2期。

整个社会的发展。

尽管功利主义的这种观点是为私人财产制度进行的辩护，但该观点与知识产权制度有着相似的理论逻辑。知识产权制度的设立初衷蕴含着鼓励创作，促进社会发展的制度机制。但是知识产权制度有着自身独特的性质，客体的无形性一定程度上给创造者的权利保护带来阻碍。假如创作者对于自身的智力成果没有得到适当的报酬，缺少了制度的激励就会导致越来越少的人去创造有价值和意义的成果，社会的发展也会因此而受到影响。[1] 而创作者们拥有了可以控制智力成果转化为经济利益的权利时，他们就得到了激励从而不断创造出各种优秀作品。这对于创作者们是有利的，对社会总体利益也是有利的。例如，中国部分法院在知识产权领域利用民法或其他法律的原则条款扩充知识产权的保护范围，破坏了知识产权法的利益平衡机制，应重新确立知识产权法定原则在中国司法活动中的统治地位。法院在司法活动中应该放弃个人本位的自然权学说，坚持社会本位的功利主义思想。[2]

功利主义方法论的基本观点可以表述为："最大多数人的最大幸福。"以边沁为代表的功利主义认为，社会是单个个体的总和，社会利益是个体利益的简单相加。在这种方法理论指导下，功利主义对于法律制度和政府政策的评判标准即表现为是否能够满足大多数人的需求，是否使得社会利益得到最大化。如果一项法律制度或者政策能够实现"最大多数人的最大幸福"标准，那么这项制度或者政策就是合法的、正当的。功利主义的这种方法论实际上追求的是社会福利的最大化。由于社会的发展以及人的局限性，立法者们无法制定出完美的法律，一项法律制度或者政策在保护一部分人的利益时一定会损害另一部分人的利益，但功利主义认为，只要满足了大部分人的需求，实现社会利益的最大化，那么这项法律或者政策就具有了合法性。这种方法论在社会发展的某一阶段是具有其价值的，甚至在当今社会在制定某一项法律制度或政策时仍有其价值的体现，但该功利主义理论的弊端是显然可见的。

---

[1] 徐同远：《边沁的功利主义理论与分析法学思想》，《比较法研究》2008年第6期。
[2] 崔国斌：《知识产权法官造法批判》，《中国法学》2006年第1期。

以功利主义的观点进行更深一层的推理存在非常大的风险，因为法律无法满足每个人的利益和需求。一项法律制度和政策满足一部分人的利益的同时，会导致另一部分人的利益得不到实现。根据功利主义观点，如果法律制度和政策对大多数人有利，使得大部分人获得幸福，那么这就被认为是一种好的制度，而少数人的利益则被忽视和牺牲掉。然而，我们每个人都可能属于少数人，当我们自身的权利被牺牲时，我们会感到国家机器的无力。

在数字知识产权立法中，各国需要引入更多元的利益与价值取向，涉及的利益更为多元化。如果以功利主义方法论作为立法方法论的指导理念，仅仅满足最多数人的利益，忽视小部分人的利益甚至直接舍弃，那么不仅不能解决利益价值的冲突，反而会进一步加剧权利冲突的产生。边沁与穆勒的功利主义权利理论强调追求最大多数人的最大幸福，为社会公平问题以及公共利益和个人利益的协调提供了参考因素，但他们面临的困境是如何有效地应对少数人利益的分配问题。因此，边沁的功利主义权利理论值得我们进一步研究，相信未来在法学方法论层面会有更多的研究进展，为我们面临的众多选择困境提供新的思路和启发。

二 约翰·罗尔斯关于正义论的权利方法论

约翰·罗尔斯在《正义论》中对当时盛行的西方功利主义进行了批判。在《正义论》一书中所提及的"无知之幕"和"差别原则"是罗尔斯为构建自己的正义观而提出的关键概念，旨在批判占主导地位的功利主义。正义论与功利主义不同，它追求对最不利群体利益的最大化保障，而不仅仅是追求最多人的幸福保护。罗尔斯认为，正义的社会不应该让运气决定人们的收入和财富，并且他认为性别、种族、家庭出身和社会地位不仅是运气，人们的天赋也是运气。[①] 因此，一个继承了大笔遗产的富二代和一个才华横溢的人在本质上是一样的，都是命运女神的"宠儿"。罗尔斯说，我们每个人好像在出生之前就经历了一次抓

---

① 孙小玲：《论罗尔斯正义理论中权利平等与道德卓越的内在关联》，《复旦学报》（社会科学版）2017年第4期。

阉,被偶然地分配了不同的天赋和家庭,因此有了不同的人生起点。正义的主要作用之一就是纠正这种先天分配不公的影响,试图"公平地对待命运中的偶然因素"。①

为此,罗尔斯设计了一个思想实验,即"无知之幕"。无知之幕假设各方不知道自己在社会中的地位、阶级出身、天生资质、自然能力、理智和力量等一切私人性的信息,那么他们将如何分配社会财富?显然,这些人都会想要更多的财富,但由于他们无法推测自己会处于什么样的境地,所以最好的选择就是最保守的选择:让自己即使不幸落入最糟糕的境地,也能尽可能获得更多的财富。这也即"差别原则":应该平等地分配社会财富,除非不平等的分配能让最不利群体的财富得到最大限度的增加。简而言之,罗尔斯认为正义意味着有差别地对待不同群体,优待最不利的群体,尽可能地改善他们的生活前景。罗尔斯认为这是一种公平地对待人类命运中偶然因素的方式,它使我们共同分享各自的命运。

因此,正义论的方法论对法律制度和政策的评价标准,即是否能够保障少数人的利益。如果一项法律制度或者政策能够使少数人的利益得到保障,那么这项制度就是合法的。但对此应该有更进一步的解读,差别原则不会直接把更多的财富分配给最不利群体,它反而只要求选择那种能让最不利群体利益最大化的制度②。人类的社会生活是由各种各样大大小小的规则构成的,这些规则决定了他们的应得。但罗尔斯认为不存在天然的应得,所有的应得都是由制度来定义的,是制度决定了我们可以凭借什么样的特质要求什么样的回报。然而,制度有好坏之分。坏的制度同样会影响人们的判断,所以,要想真正解决"谁应该得到多少"的问题,我们得先确定什么样的社会制度才是最合理的。正义的首要主题因此是社会制度,不是"谁应该得到什么"。③

社会制度就如同各种体育规则一样,必须先有规则才能判断在比赛

---

① 高景柱:《罗尔斯的代际正义论:一种融贯解释的尝试》,《学海》2020年第1期。
② 谭培文:《罗尔斯〈正义论〉的西方批判的批判》,《社会科学家》2018年第1期。
③ 张卫明:《论罗尔斯纯粹程序正义的方法论意义及其启示》,《西北大学学报》(哲学社会科学版)2010年第6期。

中哪些是允许的哪些是被禁止的。① 知识产权制度也同样如此，如果没有知识产权制度，那么盗版就不是盗版，就只是复制和传播。数字知识产权的立法即是在设立一种正义的制度，虽然我们总是不得不生活在某种社会制度之下，但我们至少可以选择更公平地对待人类各种特征的制度。正义论为我们提供了这样一种方法论，即尽可能地设计出能够满足所有人的正义的法律，尽可能拓宽赛道，让更多元化的利益和价值得到承认，尽可能在让有利群体利益得到满足的同时最大限度地增加不利群体收益的社会制度。

三 迈克尔·桑德尔的仁爱方法论

迈克尔·桑德尔作为共同体主义（也被称为社群主义）的代表人物，以仁爱道德主体为核心对罗尔斯的纯粹正义理论提出了批判，重构了自己独特的正义观。罗尔斯的《正义论》一经发表便获得了人们巨大的赞誉，成为经典之作，人们在以这样的正义观去评判社会制度思考社会问题的同时，又在不断反思和批判罗尔斯的方法和主张。其中，作为社群主义代表人物的桑德尔对罗尔斯正义论的批判最为深刻和彻底。

桑德尔对罗尔斯的正义论批判主要有三点：首先，桑德尔对罗尔斯假设的"无知之幕"的原始状态模型质疑，认为该理想模型的建构只是为了满足罗尔斯预定的正义原则而刻意建构出来的②，缺乏一定的事实经验；其次，桑德尔认为在"无知之幕"中，人们被设定为彼此之间没有情感联结的陌生人，是过于理想也不现实的；最后，桑德尔提出在社会制度构建中最重要的是仁爱道德，而不是罗尔斯主张的正义。正义与仁爱孰先孰后的问题成为自由主义与社群主义的主要分歧所在。③罗尔斯的正义论认为社会制度中首要是保证公平正义，这个正义是从个

---

① 龚群：《正义之首：罗尔斯的社会制度正义》，《湖北大学学报》（哲学社会科学版）2021年第6期。
② 陈路、刘化军：《论桑德尔对罗尔斯正义理论的批判》，《马克思主义与现实》2007年第4期。
③ 欧洋：《以桑德尔为代表的社群主义国家认同研究》，《人民论坛》2014年第34期。

人中心出发的,以个人本位为基础,强调个人的行动自由不受他人的干涉,在这种以正义为先的政治体制中通常是以保障个人权利为主要目的。与之相反,桑德尔的仁爱观以"善"为先,更准确一点桑德尔认为正义与善是相关的,人们对于正义和权利的追求不能脱离善,不能脱离人类社会的美德。桑德尔的观点是社群主义的重要理论,强调联系环境、社区、公共利益,遏制自由主义带来的个人权利的无限扩张①。

桑德尔基于对罗尔斯正义理论的批判构建的社群主义理论对当今崇尚追求个人权利与价值的社会具有启发意义。我们讨论数字产权中权利冲突产生的原因之一是个人利益与公共利益的冲突。面对这种冲突,罗尔斯正义论正确地批判了功利主义过度强调社会整体利益而忽视社会成员多样性的问题,但又走向了个人主义的极端,未能充分重视社会的公共性。在数字时代,面对数字霸权、数字鸿沟等问题,一味追求个人权利将进一步加剧冲突。但同时我们也应该看到,虽然桑德尔对于罗尔斯的正义论提出了各种挑战,但实际上桑德尔并不否定正义的重要性,在他看来正义与仁爱相联系,正义与具体的历史环境、道德理念是分不开的。一项法律制度的建立不能只关注权利,也应当有仁爱的体现,因为制度总有缺陷,当出现制度漏洞的时候,需要有体现善的原则进行弥补,这是桑德尔仁爱社群主义方法论对数字产权立法工作的重要启发。

在数字时代,各国在参与全球知识产权贸易的资源再分配时,应考虑到不同国家的知识经济发展能力差异,这体现了一种基本善的理念。这种基本善的理念可追溯到罗尔斯的正义理论。② 即起初,罗尔斯将基本善的范围拓展到包括"权利与自由、权力与机会、收入和财富"。阿玛·蒂亚森则进一步将人类的能力纳入"基本善"的扩展清单之中。各国在制定数字知识产权立法时,必须从最受益者的角度来考虑平等补偿,提升发展中国家参与知识产权贸易法治的能力,这也是弥补现有知

---

① 韩震、李伟:《桑德尔对罗尔斯"自我"概念的批判》,《国外社会科学》1998年第2期。

② [美]罗伯特·P. 莫杰思:《知识产权正当性解释》,金海军、史兆欢、寇海侠译,商务印书馆2019年版,第210页。

识产权发展权不足的重要方式。虽然罗尔斯正义原则有力地批判了知识产权贸易的功利主义和效益主义，强调物质资源的实质平等，但是机会平等并没有得到足够的重视。① 这是因为罗尔斯正义原则并未将公平理论国际化，并仍然限定在民族国家范围内。当前，欧美面临亚洲国家的创新挑战，选择回归重商主义，即在推动知识产权贸易逆全球化的同时，也加强了知识产权贸易保护主义。为此，各国需要突破民族狭隘性。

实际上，在数字时代，信息资源本身并不具有天然的民族和国别属性。信息也是一种基本的善，获得信息的权利是基本自由的内容，同时也初步地实现了信息的平等分配。理性人只有获取信息才能制订人生计划，信息是其他善实现的基础，甚至可能是最为重要的基本善。② 有关的国际知识产权立法也反映了"基本的善"。例如，《多哈宣言》澄清了健康权与专利强制许可等制度的关系；《WIPO 发展议程》强调保护公有领域、保护遗传资源及传统知识。

四　阿马蒂亚·森的比较正义方法论

阿马蒂亚·森对罗尔斯的正义理论体系提出了批判。其认为罗尔斯的公正制度的出发点是基于一种先验、绝对理性的方式构建的，而这几乎只对公正制度予以直接的关注，而不那么关心"公正社会"，最大的弊端就是缺乏对现实生活的关注与联系。③ 为了试图解决罗尔斯的这一问题，阿马蒂亚·森提出了比较正义理论。阿马蒂亚·森理论体系则同时依赖于有效的制度和实际的行为方式，他通过对正义的实质进行讨论，探讨了生活、幸福、资源与可行能力之间的关系，说明了正义的实现更关乎于它是否能够实现。④ 基于此，阿马蒂亚·森一生探讨了公共

---

① [美]罗伯特·P.莫杰思：《知识产权正当性解释》，金海军、史兆欢、寇海侠译，商务印书馆 2019 年版，第 209—211 页。
② 胡波：《专利法的伦理基础》，华中科技大学出版社 2011 年版，第 100 页。
③ 丁雪枫：《论阿马蒂亚·森比较的正义对罗尔斯公平的正义的价值颠覆》，《理论探讨》2017 年第 4 期。
④ 邱昭继：《从先验正义到具体正义——阿马蒂亚·森的正义理念及其启示》，《国外理论动态》2015 年第 11 期。

理性与民主的内容，他认为，社会受到非正义的群体会产生公共理性，为实现自己的公平而不懈努力，而社会则通过博弈形成现实正义的理论。①

从阿马蒂亚·森对罗尔斯的批评可以看到，实践正义相比建构主义具有两个方面的优势，即可行性与丰富性。一方面，实践正义更易于实施，因为建构主义的应用必须符合特定的建构背景和条件，并受历史因素的限制，往往这些背景和条件是基于西方欧洲世界的情况而设定的。② 实践正义通过比较现实的制度使得正义的制度符合于所有的国家或地区，且不受限于国家是否稳定、经济是否发达，这使得这种标准能够运用的范围大大增加。另一方面，实践正义丰富了正义的内容，可以称之为生活的正义、现实的正义。这种正义以人们的幸福与否作为正义的检验标准，并不是局限于力求完美的正义。理论的适用范围的增加使得正义更加开放，正义理论变得更加多元化而非绝对化。

对于数字知识产权立法而言，我们追求公平正义的理念是理想的，但理想总有遇到现实的那一天，面对各种权利冲突，一味地要满足所有需求是不现实的。阿马蒂亚·森的实践正义根据不同国家的不同情况提供了更多的选择，对于正义的界定不再局限于一种标准。不同的地区由于各种因素的限制，对正义理念的解读并不完全相同。我国的数字知识产权的立法还需结合我国的具体国情，做出最符合我国正义角度的制度设计。

五 亚当·斯密的重商主义方法

数字知识产权立法还存在一种重商主义的方法。重商主义（Mercantilism）是一种经济理论和经济政策。③ 亚当·斯密在《国富论》指

---

① 汪毅霖：《阿玛蒂亚·森的正义观——对罗尔斯的批判及其公共政策含义》，《学术月刊》2011年第6期。
② 秦子忠：《以可行能力看待不正义：论阿马蒂亚·森的正义理论》，《上海交通大学学报》（哲学社会科学版）2016年第3期。
③ [英] 亚当·斯密：《国民财富的性质和原因的研究》（上卷），郭大力等译，商务印书馆1972年版，第210页。

出:"重商主义提出的富国两大手段,虽是奖励输出和阻抑输入,……其最后目标总是相同,即通过有利的贸易差额,使国家致富。"① 所以,早期的重商主义特征是对外贸易中争取"贸易差额"。虽然重商主义带来了全球经济的繁荣,但是过犹不及就会演变成贸易保护主义。因此,亚当·斯密对"重商主义把金银看作一国财富和主张国家干预的理论"深恶痛绝。② 这种重商主义之弊在全球知识产权贸易中也得以体现。

现行国际知识产权贸易法律制度成为西方资本主义得以延续的重要因素。例如,19 世纪出现的《保护文学和艺术作品伯尔尼公约》(以下简称《伯尔尼公约》)和《保护工业产权巴黎公约》(以下简称《巴黎公约》)标志着知识产权贸易进入国际保护阶段;到 20 世纪,1994 年《与贸易有关的知识产权协定》(Agreement on Trade-Related Aspects of Intellectual Property Rights,TRIPs) 的生效则标志着知识产权贸易进入到了法治全球化阶段。

在 TRIPs 协议生效之后,全球知识产权贸易发展形成了"南南联合"和"南北对抗"的局面。这种局面产生的原因在于"TRIPs 协议所树立的全球知识产权保护高标准对发展中国家的发展不利"。TRIPs 协议是在 12 个私人公司主导下签订的产物,并不符合知识产权公共利益保障的需要。TRIPs 协议过度强调知识产权的私权化模式,便形成了一种有利于西方垄断集团利益的"信息封建主义"秩序。在该秩序下,信息资本家应用著作权和专利权等知识产权权利将"知识产权持有人的权利"置于民主控制所不及的范围,这也被称为"第二次圈地运动"。后期,欧美国家主导的超 TRIPs 规则更是加剧了全球知识产权财富分配的结构性不平衡,甚至引发了知识产权领域的文明冲突,所以,亟待促成全球知识产权贸易法治的共识。

全球知识产权贸易发展大致可分为"贸易差额阶段""贸易结构阶段"和"世界体系形成阶段"三个阶段。在重商主义的影响下,全球知识产权的保护强度呈现出一种由弱到强的发展态势,同时全球知识产

---

① 张晓丽:《论亚当·斯密对"重商主义"的分析》,《社科纵横》2017 年第 4 期。
② 张国昀:《论重商主义》,《西北师大学报》(社会科学版) 2004 年第 5 期。

权贸易法治也呈现出多元共治的发展趋势,这也深刻地影响到了数字知识产权立法。

1995年1月1日,TRIPs协议的生效标志着全球知识产权贸易治理时代的到来,而掌舵者已经从欧洲变为美国。TRIPs协议相对统一了全球知识产权规则,并为此配备了相应的救济规则。例如,TRIPs协议通过贸易制裁加强了知识产权贸易的可靠性。与此同时,TRIPs协议还提供了磋商机制,以尽量减少单边行动和双边协调的弊端。

然而,TRIPs协议塑造了一个更有利于美欧产业集团发展的全球知识产权贸易法治结构。发展中国家只有在签署了TRIPs协定的前提下,才有资格进入全球技术交易体系之中,同时才有资格获得相应的技术和资金援助。而在签订TRIPs协议之后,发展中国家需要被动地接受高水平市场开放标准和知识产权保护高标准。不仅如此,发展中国家所拥有的传统知识资源①得不到TRIPs协议的有效保护。与此同时,TRIPs协定已设定的部分知识产权保护条款也与健康权、发展权等基本权利产生了冲突。②

从全球产业链分工体系来看,西方产业界在廉价或者免费获取发展中国家原始知识产权资源的同时,也将自己制造的产品大量输入发展中国家来争夺市场。例如,欧美国家依靠核心技术与专利以及品牌服务等优势占据了全球产业链利润分配的顶端。实际上,发达国家拥有的关键知识产权,如美欧芯片实质上控制着产业链的顶端。在全球产业链分工下,发展中国家的技术贸易逆差明显,其中中国是最大的技术贸易逆差国。从数据来看,中国知识产权逆差自2009年后一直在100亿美元以上③。2017年知识产权逆差达238亿美元,2018年攀升到302亿美元,同比增长26.9%;2020年进口额更是达到了378亿美元,这占到了我

---

① 按照WIPO对传统知识的界定,传统知识是指基于传统所产生的文学、艺术或科学作品,表演,发明,科学发现,外观设计,标记、名称及符号,未公开的信息,以及一切来自产业、科学、文学艺术领域内的智力活动所产生的基于传统的创新和创造。
② 吴汉东:《知识产权国际保护制度的变革与发展》,《法学研究》2005年第3期。
③ 《理性看待我国的知识产权贸易逆差》,人民网,http://ip.people.com.cn/n/2015/0604/c136655-27102815.html,访问日期:2022年11月1日。

国同期服务贸易进口额的 10%①。而美国以贸易逆差为由对中国发动贸易制裁,实际上是减去了技术贸易额和服务业的额度,这并非公正的贸易制裁决策。

当前全球创新中心逐步向亚洲转移,其中中国、日本、韩国以及新加坡等国家的创新经济发展势头迅猛。以中国为例,在 2019 年底,我国通过《专利合作条约》申请的国际专利申请量首次排名世界第一,而通过《商标国际注册马德里协定》申请的商标注册量位居世界第三。据 2021 年产权组织《全球创新指数》报告,在 2020 年,中国人本国专利、商标、外观设计申请量占到全球总申请量的 45.7%、54% 和 55%。2021 年,中国在 PCT 专利、马德里商标和海牙外观设计申请中排名分别位列第 1、第 3 和第 10。② 随着亚洲创新经济的崛起,以欧美利益为中心的全球知识产权贸易体系面临挑战。

为持续保持全球产业链的优势地位,欧美国家采取了以下措施。(1) 提高知识产权保护标准。欧美国家围绕 TRIPs 协议启动的国际协商以及绕过 TRIPs 协议出现的双边、多边保护机制,使得国际知识产权制度出现了新的变革态势。例如,欧美国家积极推动双边自由贸易协定(FAT)、《反假冒贸易协定》(ACTA) 和《跨太平洋伙伴关系协定》(CPTTPP)的建设。(2) 加大单边制裁。例如,面对部分国家不愿意加入上述协议或者不愿意执行的情况时,美国会绕开 WTO 所规定的争端解决规则与程序(DSU)来单方面制裁他国。这是违背 WTO 贸易规则的,因为,任何 WTO 成员方都被禁止通过单边制裁的方式来解决贸易纠纷。《关于争端解决规则与程序的谅解》(DSU)③ 第 23 条和《建

---

① 国家外汇管理局国际收支分析小组:《知识产权国际合作促进互利共赢》,《中国金融》2021 年第 18 期。

② 世界知识产权组织:《中国国际专利申请量保持全球第一》,世界知识产权组织网,http://www.mofcom.gov.cn/article/zwjg/zwdy/zwdyoz/202106/20210603067438.shtml,访问日期:2022 年 11 月 1 日。

③ DSU (UNDERSTANDING ON RULES AND PROCEDURES GOVERNING THE SETTLEMENT OF DISPUTES) 关于争端解决规则与程序的谅解。DSU 系关于争端解决规则与程序的谅解的英文缩写。它是在关贸总协定 1979 年通过的《关于通知、磋商、争端解决和监督的谅解》的基础上修改的,DSU 总共包含有 27 条和 4 个附件。

立世界贸易组织协定》第 16 条第 4 款也都明确禁止成员国采用单边措施。(3) 强化数据本地化战略。欧美国家不断强化"数据的本地化""研发的本地化"和"制造的本地化"的发展。甚至，欧美国家会以国家安全、个人隐私和数据本地化的要求附加某种措施限制，这种限制会阻碍其他国家获得有关数字技术、人才以及基础原材料。①

由上述论证可知，重商主义和反重商主义的立场形成了鲜明的对比。欧美为回归重商主义继续提高知识产权保护标准，加强单边制裁，或者强化制造业、数据以及技术研发的本土化。而发展中国家在努力提升本国知识产权制度的适应性和执法水平的同时，也在不断强调知识产权贸易的多边主义。例如，我国的粤港澳大湾区建设以及海南自由贸易港建设中的相关知识产权保护条例的制定与改革，都有向 CPTPP 等高标准国际经贸协定所设定的知识产权保护高标准靠近的意思。又如，在部分发展中国家和部分发达国家一起构建的 RECP 协议，就刻画了一个体现全球知识产权贸易实际需求的小多边贸易机制，旨在塑造更为公平的知识产权贸易环境，这体现了一种反重商主义的立场。

实质上，全球知识产权贸易法治体系构建的目的是，在知识产权发展和国家竞争之间建立适当的利益平衡机制。比如《2030 年可持续发展议程》就重新构建和重新解释了发展方法，该议程平衡了国际贸易、可持续发展和工业化。这种新的发展方法认为，知识产权应符合全球可持续发展的目标（促进创新和促进贸易），同时应促进技术的社会和发展利益（获取技术、工业化、技术融资、转让和能力建设）。全球知识产权贸易法治共识存在以下几点。首先，欧美国家的知识产权保护力度也经历了一个从弱到强的过程。由此，大部分欧美国家在多数场合也接受"不同经济发展水平的国家应该有相应程度的知识产权保护"的理念。其次，各国在全球知识产权贸易制度构建中初步形成了证据裁判共识。WTO 和 WIPO 所构建的知识产权贸易救济措施体现了证据裁判精神。任何 WTO 成员都被禁止通过单边制裁来解决贸易纠纷，这也体现了证据裁判的司法文明之理念，这在 WTO 相关规范中都有所体现，如

---

① 董涛：《知识产权数据治理研究》，《管理世界》2022 年第 4 期。

《关于争端解决规则与程序的谅解》（DSU）第 23 条和《建立世界贸易组织协定》第 16 条第 4 款都明确禁止成员国采用单边措施。最后，"求真求善"是各国在知识产权科学证据审查中的共识。各国在制定知识产权科学证据审查规则时都注重保护伦理价值的底线。诸如"生物技术专利即使再强大也不能改变人类生命体征的自然规律，人工智能再强大也不能成为发明主体"等成为各国在制定知识产权法和相关政策时的共识。

全球知识产权贸易法治的规则共识增多。典型的就是 RCEP 协议达成了较多的规则共识。部分双边贸易协定也对全球知识产权贸易法治共识予以体现。据《中美经贸协定》中的知识产权与技术转让章节第 134 条规定，双方应在各自的法律体系和实践中选择适合的方式来履行协议。在必要时，双方应按照国内法定程序向立法机关提出修法建议。该条规定表明中美在技术转让方面达成了部分共识。

综上所述，在重商主义的影响下，发展中国家的传统知识难以得到保护，工业技术学习模仿空间也被压缩，数字技术交易更是面临封锁。另外，虽然发达国家是该体系最大的获益者，但是发达国家之间的知识产权贸易法治也存在博弈。因此，无论是传统知识类和工业产权类的知识产权贸易，还是数字技术类的知识产权贸易，本质上都是一种"知识类的商业性流动"。而当前数字技术类的知识产权贸易所带来的全球不公正问题更加明显。

第二章
数字知识产权立法的价值论

在明确数字知识产权的本体论后,数字知识产权立法还需要解决价值冲突问题,并构建以权利为核心的利益平衡体系。其中,权利规范设置、人权价值拓展以及利益平衡机制的构建成为数字知识产权立法价值论回应的重要方案。

第一节 数字知识产权立法的权利规范设置

一 数字知识产权的确权规范

一项权利的规范层次可分为制度、原理、原则、规则、解释和运用六部分,知识产权的三大基本权利类型——商标权、著作权、专利权各有规范体系,背后原理、原则等也不尽相同。但在数字知识产权与传统知识产权的层次上而言,前者最大的创新集中于制度的不同。而所有的专利制度都可以分为确权、限权、侵权三部分内容,数字知识产权也同样如此。在数字知识产权制度中,因为客体的数字化和权利行使的网络化,在传统知识产权规范之外,也增加了独具数字时代特色的规定,尤其在著作权相关制度中体现得格外明显。此外,在确权制度中增加了信息网络传播权;限权制度所应用的场景扩展到了数字图书馆;在侵权制度中增加了"避风港"制度,并引用"通知—删除"规则。下面从著作权的这些相关制度设计中可一窥数字产权规范的全貌。①

我国《著作权法》规定的信息网络传播权源于 WCT 与 WPPT。该体系关于作品传播权的规定有如下特点。第一，统一"传播权"的权项设置。WCT 统一规定为"向公众传播权"，WPPT 则将"广播权"与"转播权"合并为"向公众提供权"。前者规制所有文学和艺术作品和所有的作品传播状态（传播或转播）以及传播的方式（有线或无线）；后者的权利主体是表演者和录音制品制作者，适用于提供已录制表演和录音制品的过程。第二，增加对网络环境下交互式传播的规定。互联网的出现使得公众可以在其选定的时间和地点获取作品，WCT 与 WPPT 关于网络环境下作品传播权的保护条款，提高了规制作品交互式传播的能力。第三，通过已有权项的扩大解释来应对新的传播方式的变化。但实际上，WCT 与 WPPT 并没有明确提出"信息网络传播权"这一概念，为应对网络环境下作品传播问题，选择了对现有国际条约②已存在的"传播权"与"提供权"进行合理的扩大解释。因此，各国根据 WCT 和 WPPT 所设立的信息网络传播权表述并不一致，内涵也有所差别，但都伴随着对技术措施和权利管理电子信息的相关要求。

二 数字知识产权的限权规范

数字图书馆是数字时代文化公益事业的一大拓展，也是著作权限制与例外制度在数字时代的新应用领域。图书馆作为信息的储存库，建设数字图书馆，最重要的是数字资源的存储，不同的存储方式决定不同的传播方式进而影响触及版权限制的不同情况。当前图书馆数字资源主要可分为本地存储以及异地存储两种方式。其中，本地存储是指图书馆拥有自建或托管的服务器以保存数字资源。用户想要获取图书馆的数字资源仅需要登录图书馆本地服务器或托管服务器，数字资源传播过程为由

---

① 著作权作为知识产权的典型代表，且在数字时代的变化更为显著，相比商标权和专利权更适宜作为研究对象。
② 主要是《伯尔尼公约》和《罗马公约》。

图书馆到用户的直接传播模式。异地存储是指图书馆自身没有数字资源库，只能通过与相应的数字资源提供商签订购买或者使用协议获取、使用数字资源。图书馆用户则通过数字资源商提供的镜像服务从图书馆平台获取数字资源访问入口，从而实现数字资源的获取与下载。此时，数字资源的传播过程是用户经由图书馆入口从数字资源商处获取数字资源的间接传播模式，图书馆在这个过程中扮演"数字资源中介"的角色。[1]

数字资源传播模式的不同影响着图书馆在作品网络传播过程中法律身份的判断并与图书馆可适用的信息网络传播权限制与例外空间的大小直接相关。从实物体到数字体，复制行为一直是作品传播和使用的关键环节。因此，以复制权为中心，我国对图书馆数字作品著作权限制与例外进行了相关制度设计。《信息网络传播权保护条例》将图书馆对于作品信息网络传播权例外表述为"需要以数字化形式复制的作品"的"提供"，[2]且服务对象限制为到馆用户，数字资源须是本馆收藏并且合法出版，利用目的限于陈列或保存版本需要以及需要数字化复制。而欧盟《单一数字市场版权指令》（2019）则较为宽松，其明确了图书馆的两项著作权例外，包括：一、以保存为目的，如有必要，可以将馆藏作品或其他内容使用包括数字格式在内的任何格式或媒介复制；二、以科研为目的，高校图书馆进行数据和文本开发，[3]以保证图书馆保存人类文明成果和研究目的的实现。即使数字图书馆可以作为版权限制与例外制度应用的新情形，但数字图书馆在资源合法性和传播方面仍受到较为

---

[1] 柴会明：《图书馆信息网络传播权限制与例外研究：缘起、现状与走向》，《山东图书馆学刊》2021年第6期。

[2] 《信息网络传播权保护条例（2013年修订）》第七条：图书馆、档案馆、纪念馆、博物馆、美术馆等可以不经著作权人许可，通过信息网络向本馆馆舍内服务对象提供本馆收藏的合法出版的数字作品和依法为陈列或者保存版本的需要以数字化形式复制的作品，不向其支付报酬，但不得直接或者间接获得经济利益。当事人另有约定的除外。前款规定的为陈列或者保存版本需要以数字化形式复制的作品，应当是已经损毁或者濒临损毁、丢失或者失窃，或者其存储格式已经过时，并且在市场上无法购买或者只能以明显高于标定的价格购买的作品。

[3] 柴会明：《图书馆信息网络传播权限制与例外研究：缘起、现状与走向》，《山东图书馆学刊》2021年第6期。

严格的限制，表明各国数字知识产权在权利限制与例外制度中依然秉持着审慎态度。在技术时代的著作权赋权限制更是明显，著作权法将作者之外的其他民事主体拟制为作者，前提是存在自然人创作的作品。可以将人工智能或其研发者、使用者拟制为作者为由，认定人工智能生成的内容为作品的观点不合逻辑。人工智能的研发者和使用者均不能基于自由意志直接决定人工智能生成的内容，因此该内容并非由人类以人工智能为工具创作的内容。由于对人工智能生成的内容的利用有其不同于作品利用的商业模式，不将其认定为作品不会影响对人工智能技术的投资，也不会违反权利与义务相统一的理念。①

三 数字知识产权的侵权规范

在数字时代下，作为网络信息传输重要中介的网络服务提供者，在互联网环境发生版权侵权的过程中通常也扮演了提供间接技术支持作用的角色，网络服务提供者因其中介地位会引起承担间接侵权责任的风险。而根据相关学者研究表明，间接侵权责任一般可分为辅助责任②和替代责任③。针对网络服务提供者的间接侵权责任，各国进行了针对性的规定，包括追责和免责事由。例如，美国1998年《千禧年数字版权法》（DigitaL Millennium Copyright Act）、德国1997年《规定信息与通讯服务一般条件的联邦立法》（Federal Act Establishing The General Conditions for Information and Communication Services）、2000年欧盟《电子商务指令》（Directive on Electronic Commerce，2000/31/EC）等。其中，美国《千禧年数字版权法》在世界范围内第一次纳入了"红旗标准"以及"避风港"制度，为追究网络服务提供者侵权责任或享有免责提供了制度规范。其中包含了网络服务提供者采取规制重复侵权的

---

① 王迁：《再论人工智能生成的内容在著作权法中的定性》，《政法论坛》2023年第4期。

② 辅助责任，是指明知或有理由知道发生侵权，且帮助、促成或对他人的侵权有重大辅助者必须承担责任。

③ 替代责任，是指对于他人的侵权有权利、能力监督和控制，且从中获得了直接经济利益，也应承担责任。

措施、①"通知—删除"规则等一系列的规范和程序。

近年来，面对新的技术形势，如果只应用"红旗标准"对网络服务提供者的过错进行认定，已经无法有效治理一些新型商业模式中显现的侵权问题。其中"红旗标准"是指在知识产权领域中，用于界定侵权行为的标准。通常情况下，红旗标准意味着对于知识产权侵权行为，如果侵权人在明知或者应知的情况下继续从事侵权行为，即使没有直接证据证明其主观恶意，也可被认定为侵权。这种标准通常用于判断是否侵犯知识产权所有者的权利，尤其在版权、专利和商标等领域中常被引用。

因此，美国在司法实践中提出判断网络服务提供者的过错时开始引入"引诱侵权"规则，即在认定被诉网络服务提供者是否构成"引诱侵权"时，应当考量其设置的整体商业模式是否具有过错，或其是否具有引诱、鼓励他人侵权的主观目的，而非考量被诉网络服务提供者是否知晓特定的侵权作品，或者其提供的产品或服务是否具有"实质性非侵权用途"。②

我国的"避风港"制度以 DMCA 的四类"避风港"为基础，辅以"通知—删除"程序和网络服务提供者的信息披露义务。由此形成的相关制度成果主要体现在《信息网络传播权保护条例》中。《信息网络传播权保护条例》规定的四类"避风港"规则以"免责条件"的形式出现。③ 其中前三类"避风港"规则是以免责条件的形式规定，第四类"避风港"规则既规定了"免责条件"也规定了"规责条件"。④ 但针对著作权重复侵权的行为，我国《信息网络传播权保护条例》或其他立法缺少美国 DMCA 类似的规定。⑤《信息网络传播权保护条例》第十

---

① 网络服务提供者应当对用户的重复侵权行为采取并合理实施断开服务等措施，并且应当提前告知其服务对象。

② 袁锋：《新技术环境下信息存储空间服务提供商"避风港规则"完善研究——兼论〈信息网络传播权保护条例〉第二十二条的修订》，《中国出版》2022 年第 5 期。

③ 《信息网络传播权保护条例》第二十条到第二十三条。

④ 王迁：《〈信息网络传播权保护条例〉中"避风港"规则的效力》，《法学》2010 年第 6 期。

⑤ 袁锋：《新技术环境下信息存储空间服务提供商"避风港规则"完善研究——兼论〈信息网络传播权保护条例〉第二十二条的修订》，《中国出版》2022 年第 5 期。

六条规定了网络用户的"反通知"程序,① 被举报侵权的网络用户在提供初步不构成侵权的证明材料后,得以要求网络服务提供者恢复涉嫌侵权作品的链接,充分保障了网络用户的合法权利。并在"通知"与"反通知"程序结束后,网络服务提供者便可从权利人与涉嫌侵权人之间的侵权纠纷中抽身而出,减轻诉累。

相较而言,我国《信息网络传播权保护条例》关于网络服务提供者的侵权责任规制稍显落后,缺乏"引诱侵权"规则和"重复侵权"条款等,需要进一步完善网络服务提供者的"避风港"规则。关于数字知识产权的制度规范目前只是散见于部分国际条约、国内三大知识产权法及其相关行政法规和司法解释,既无统一的数字知识产权法典,也无相关学术著作进行系统归纳整理。因此,对于数字知识产权的规范分析只能以著作权在数字时代的新变化简要分析。

在确立信息网络传播权方面,数字知识产权仍然遵循传统知识产权的原则,即对使用方式进行规范。数字图书馆建设方面,在平衡社会公共利益和版权人专有权的考虑下,允许数字资源的合理使用。对于在数字网络环境中扮演信息传播中介的网络服务提供者,其间接侵权责任规制考虑了作品侵权的便捷性和版权人对作品控制依赖网络服务提供者的技术服务的事实,因此需要对他们加以相应的注意义务。

总结来看,数字知识产权是民事主体依法对自己的以数字化形式存在、主要通过计算机网络使用的智力成果、商业标志以及其他受知识产权法保护的非物质成果所享有的专有权利。作为传统知识产权在数字时代发展的产物,数字知识产权的概念、特征、渊源、原则和规则都承袭自传统知识产权,并为适应时代需求,围绕客体数字化和权利行使网络化的核心变化进行了新的发展——扩张权利种类和客体类型的同时,对

---

① 《信息网络传播权保护条例》(2013年修订)第十六条:服务对象接到网络服务提供者转送的通知书后,认为其提供的作品、表演、录音录像制品未侵犯他人权利的,可以向网络服务提供者提交书面说明,要求恢复被删除的作品、表演、录音录像制品,或者恢复与被断开的作品、表演、录音录像制品的链接。书面说明应当包含下列内容:(一)服务对象的姓名(名称)、联系方式和地址;(二)要求恢复的作品、表演、录音录像制品的名称和网络地址;(三)不构成侵权的初步证明材料。服务对象应当对书面说明的真实性负责。

原有权利类型进行符合新形势的重新解释；针对网络环境下的客体使用以及可能侵权责任承担，也进行了针对性的规定。

第二节 数字知识产权立法的人权价值拓展

一 数字人权的诞生

当今世界正经历百年未有之大变局，随着新一轮数字革命的到来，全球已然从信息化时代全面进入数字化时代。随着区块链、大数据、云计算、人工智能等数字技术的兴起，世界各国纷纷开始在数字时代的背景下开展新一轮技术竞争，中国在这场比赛中也不甘落后，"数字中国"正在成为我们奋斗的目标。在前几轮科技革命和产业革命中，由于社会历史条件限制，我国均没有参与到革命的初创期，所以后来也没有成为革命的带头人。但这一轮数字革命却是我国抢抓机遇的历史最好时机，数字设备、数字技术已经成为我国经济社会发展、人民生产生活的发动机之一。由于数字时代给人民带来的巨大变革，凡事又都有两面性，所以我们必须警惕数字技术可能给人类社会带来的负面影响。此时"数字人权"的概念应运而生，这一概念的提出既丰富了人权理论的新发展，同时又契合社会发展现状，具有重要的理论研究和现实运用价值。

现阶段我国社会的主要矛盾是人民日益增长的美好生活需要和不平衡不充分的发展之间的矛盾。在数字领域，这一矛盾表现为当前的数字技术发展成果远远无法满足人民对数字技术更广泛、更深层次需求的现实。很显然，数字技术已经成为人民生活中必不可少的存在，其重要性可能仅亚于基本生存物质资料，个体对数字技术的需要愈来愈大于对于亲情等情感的需要，人们日常生活中购买消费品、社会交往、学习提升、锻炼身体等都离不开数字技术和数字设备的加持。如果把一个在城市长大的孩子放到农村一段时间，可能这个孩子很快就会出现巨大的不适应。数字技术已经成为人们社会生活的一部分。在这种全新的视角下，"数字人权"这一概念的提出把数字技术与人权保护紧密地结合了起来，既顺应了时代发展的潮流，也抓住了话语权的主动权。

随着数字经济和智慧社会的深入发展，人权形态正在经历深刻的数字化重塑，从而打破了既有的"三代"人权发展格局，开启了以"数字人权"为代表的"第四代"人权。① 实际上，"数字人权"的提出，体现了以人为本在数字技术上的运用，体现了人的基本权利和尊严在一切社会变革和发展中都是首要考虑的因素，也就是一切的发展都是为了人民。② "数字人权"的提出，就是在法律制度层面明确数字技术的发展方向、发展目标，就是在法律制度层面明确一切政府、企业、个人在数字技术方面都必须尊重和保障人权，就是在法律制度层面明确一切数字技术的发展都不能够超越法律、应当受到规制。这种规制体现在数字技术不得侵害公民的基本人权，体现在数字技术和数字设备的发展应当解决数字鸿沟的发展困境，体现在使数字技术成为一种公共资源让所有人平等、便利地享受数字时代的便利，真正实现每个人的数字权。"数字人权"的提出，为政府的职能运用又增添了新的要求，即政府有义务保障公民的"数字人权"，为数字企业增添了新的要求，即企业有义务不得侵害公民的"数字人权"。

数字技术的核心理念仍然应当是以人为本，把人的根本利益和根本需求放在第一位，评价这项技术好坏的最终标准仍然是老百姓认可不认可、喜欢不喜欢、支持不支持。正如习近平总书记强调，"要坚持以人民为中心的发展思想，推动'互联网+'的深度融合发展，不断提升公共服务均等化、普惠化、便捷化水平。要不断以民生需求为导向，重点发展老百姓迫切关注的、迫切需要的民生领域的服务，不断提高便民惠民水平。同时，要把数字技术与乡村振兴、与长江大保护、与粤港澳大湾区、与雄安发展等国家重点战略工程相结合，让数字技术助力国家的发展，助力民生的改善，让更多人分享改革和发展的红利"。③

之所以要提出"数字人权"概念，是要把数字技术和数字设备的发展和开发限制在伦理和法律的约束之下，并且以人权这一根本权利增

---

① 马长山:《智慧社会背景下的"第四代人权"及其保障》，《中国法学》2019年第5期。
② 张文显:《无数字 不人权》，《网络信息法学研究》2020年第1期。
③ 马长山:《数字时代的人权保护境遇及其应对》，《求是学刊》2020年第4期。

强其力量。数字技术给人类社会带来了巨大的便利，使人们享受到数字科技带来的巨大好处，但同时数字技术也带来了许多新的问题。数字技术有利的一面是人民的思想得到了极大的解放、生活得到了极大的便利、经济得到了极大的增长、民主权利得到了极大的改进、文化呈现出了多样化的面貌，但也会面临个人信息由于不受限制的采集和非法使用而导致的权利泄露、算法歧视等问题。在各种新兴数字产业技术方面，数字技术的非法滥用问题需要引起我们高度的重视和警惕，减少并防止数字技术对人权带来的侵害。

当前，数字技术在国家治理和社会管理中得到了普遍应用。因此，在将数字技术应用于法治政府建设时要善用善治，[①] 把数字技术限制在自由、公正和秩序的底线上，这就必须有相关制度进行规范。任何与人权相冲突的数字化技术都应被视为非法技术，并以维护权利为名予以抵制。在数字化技术研发、产业化生产以及在社会上的运用中，政府和有关部门应当认真评估、审查和规范"数字人权"的内涵。数字技术作为一种新型的政府管理手段和方法，应该始终遵循以人为本、为人民服务的基本思想，在维护人类权利的同时，也要把数字技术的使用范围限定在法律允许的范围内。在数字化时代，知识财产的保障应该是每个人最根本的权益，而在数字技术与经济发展中，知识产权和人权之间的矛盾也是一个值得我们重点关注的问题。

"数字人权"理念的提出，能够让中国在世界上的话语权得到极大的提升。[②] 当前，中国的文化软实力与综合国力的硬实力不相匹配，与中国的国际大国的地位呈现出不平衡的状态，话语体系掌握在别人的手中。为应对这种局面，我国要建立属于自己的话语体系，就必须建立自己的哲学、法律、思想、文化体系，将这套体系一以贯之，让更多的国家和人民看到中国的话语体系是行得通的，是能够受到启发的，这样，我们才能够在西方的话语体系中，取得生存的空间。话语权的提出需要

[①] 戴长征、鲍静：《数字政府治理——基于社会形态演变进程的考察》，《中国行政管理》2017 年第 9 期。

[②] 蔡立东：《确证"数字人权"概念创新人权话语体系》，《法制与社会发展》2023 年第 6 期。

简单明了的口号、概念等基本词语,让国际社会都接受我们的新的理念、创造、带动、引导国际学术朝着我们的话题体系研究来开展,那么"数字人权"可以说是该体系中一个很重要的理论概念。

总体而言,"数字人权"的内容十分丰富,我们可以将其理解为"数字时代应该有哪些人权""数字时代的人权新观念""数字科技如何影响人权"等。进入数字时代以来,虽然有不少的国家和地区将人权问题与数字技术的问题紧密结合了起来,但是至今对于数字人权的概念仍莫衷一是,各个国家对于"数字人权"的定义也没有得出较为一致的定义。中国的数字技术现在已经是世界一流,对于数字技术的运用也远远超过西方发达国家,但技术的领先是暂时的,只有观念的领先、文化的领先才是长期的。

总之,"数字人权"概念是一种新的观念和体系,对其的系统阐释和解释,能够带动我国文化和思想的超前发展,从而保持长久的竞争力。

二 发展权的共识

发展权是当前人权研究领域的重要阵地。随着数字技术的快速发展,其对全球科技产业的巨大影响,贸易开放和科技合作已经成为被普遍认可的国际合作项目。发展权作为一项重要人权,其不应该只停留在政治概念和政治口号中,而是必须通过具体的制度性建设来在社会经济生活中落到实处,在全球化新一轮的竞争中发挥更大的作用。①

进一步看,数字知识产权立法的根本落脚点或说出发点应该是发展权,发展权应该为知识产权立法提供方向的指导。所以在数字知识产权保护政策上,发达国家和发展中国家应该摒弃传统的局面,即"发达国家一味地强调对于知识产权的保护,发展中国家一味地强调知识的传播和运用",同时应该以发展权来平衡两大阵营的理念。数字时代的到来更加加大了知识产权水平的差距,那么如果西方国家仍旧占据数字产权

---

① 高一飞:《数字时代的人权何以重要:论作为价值系统的数字人权》,《现代法学》2022年第3期。

第二章 数字知识产权立法的价值论

的领导地位，与发展中国家的数字鸿沟将会越来越大，成为发展中国家不可逾越的天堑。

在数字知识产权上，提出发展权作为出发点和落脚点，最终的目的仍然是要保障人权，保障一切科技创新和技术发展都是为了人的利益和人的发展。所以数字知识产权应该以发展的视角来看待，这种发展权是发展中国家所必需的，同时也是发达国家所必需的，这种发展是一种共同的但不相同的发展的权利。其实，发展权中包含了利益平衡的理念，即在实现自身利益的同时兼顾他人的发展利益，否则这种发展权是畸形的，是不可持续的。所以，当数字知识产权侵害公共利益时，公共利益享有者可以主张其发展权受到了侵害，那么反过来当社会利益的权利要求过大时，权利人可以主张其发展权来防止其权利受到过度让步。所以，发展权不是为了限制一方的利益，而是一个兼顾公平和发展的综合概念。

从历史来看，中国的知识产权立法离不开西方国家的推动或者说强制，但是随着我国知识产权经济和数字经济的发展，我们不是也不应该由国外来进行推动，而是要主动发力，进行主动改革。随着数字时代的到来，知识产权立法就必须作出新的回应。习近平法治思想着眼于中国实际和世界发展趋势，提出了知识产权应当以解决实际需求、问题导向为目标，总结国外国内经验，从而为数字知识产权立法提供理论基础和思想基础。我们应当坚持习近平法治思想，坚持人类命运共同体的理念，瞄准目标、毫不动摇，独立地、合作地、创新地走出中国的数字知识产权立法之路。① 为世界数字知识产权立法提供中国智慧、中国经验，以数字立法为牵引，推动中国知识产权事业不断走向新的高地，为人类文化思想贡献智慧。

现有的 TRIPs 协议并不能够平等地保障发展中国家的知识产权权益，加之，区域自由贸易协定②在立法模式、保护标准和缔约意图上也

---

① 汪习根：《习近平法治思想的人权价值》，《东方法学》2021年第1期。
② 《美国—墨西哥—加拿大协定》（USMCA）、《跨太平洋伙伴关系全面进步协定》（CPTPP）、《日本—欧盟经济伙伴关系协定》（EPA）以及《区域全面经济伙伴关系》等。

存在分歧。因此，发展中国家难以通过上述知识产权制度体系获得公平的知识产权财富分配机会，而将发展权引入国际知识产权制度领域成了修正初次分配不公的契机。

三 知识产权发展权的进阶

从数字人权到发展权再到知识产权发展权的方法，表明权利方法在人权领域的革新。在数字知识产权领域，知识产权发展权保障主要是发展中国家集体对全球知识产权资源分配的要求。而当前创设数字知识产权领域的"知识产权发展权"的必要性，分为以下几点。（1）传统的知识产权是以图纸或实物的形式记录的，其保存和传播相对容易控制。然而，数字知识产权可以无限期地复制，"复制"在数字时代遭遇了法律尴尬，① 容易传播，有不同的形式，而且便于携带，侵权行为难以追踪，因此更难保护。在网上保护知识产权很复杂，对传统出版物的侵权行为是有限的，而对数字内容的侵权行为则不那么明显，而传播速度更快，规模更大，更难追踪。（2）数字产品中的确权。版权人将不得不证明他们是作者，并主张权利。互联网服务供应商必须提供足够的技术支持。当版权作品被几次传输后，最终的权利人很难追踪，版权保障措施也很薄弱。（3）技术与法律的保障还不成熟，云计算、数字版权管理、区块链等技术的发展与推广速度较慢。法律对数字出版物合理使用的界定存在着一定的歧义，无法为特定案件提供合理、准确的法律基础，极大地制约了著作权人权利的实现。例如，软件和商业方法软件正在成为数字知识产权保护的对象。根据专利法，计算机软件可以得到有条件的保护，版权法只保护软件的书面形式。因此，《与贸易有关的知识产权协议》对新兴技术的保护也存在困境，即"没有反映出网络技术的因素，没有对网络技术带来的各种变化作出前瞻性的反应，也没有为解决新出现的数字知识产权纠纷提供适当的制度安排"。（4）数字时代的部分知识产权权利将会受到限制。其中的原因有以下几点：第一，

---

① 吕炳斌：《数字时代版权保护理念的重构——从以复制权为中心到以传播权为中心》，《北方法学》2007 年第 6 期。

在数字经济时代，某些知识产权存在成为一种永久权的可能性，继而需要放弃合理使用的限制以及第一次销售原则；第二，"激进的知识产权法律、限制性合同条款和技术锁定削弱了终端用户对于所购数字产权的控制"①。

知识产权发展权保障应强化人道主义精神指引，其中的理由如下：一是知识产权激励理论在人类生命安全至关重要领域面临失灵；二是知识产权保护的排除与例外在过去的几十年里遭到侵蚀；三是人工智能的出现导致人类和道德问题边缘化。而中国的阴阳哲学能够为当前知识产权挑战的应对提供方法。与权利方法相反，阴阳学派注重情境、关系、适应性以及对矛盾的高度容忍。它研究的是社区关系和集体身份，而不是个人主义；它不考虑权利，而是关注义务的社会秩序，以维持社会和国家之间的平衡。阴阳学中的六种关系：相互对立、相互依存、相互包容、相互作用、相互支持与相互转变揭示了和谐知识产权生态系统中权利与义务的动态关系。通过设定自我调节义务、收益分享义务、开放创新义务与传播义务等开明的知识产权义务，一个可持续的、协作的和公平的知识产权框架将有利于使创新适应人道主义需求。

实质上，知识产权制度的深入发展是否在消极地影响着人权的充分实现②，正成为国际人权领域的一个前沿问题。③ 其中知识产权发展权是知识产权体系融入人权理论的最新发展。具体而言，知识产权发展权的理论根源在于仁慈思想，洛克在《政府论》（下篇）中提出了这一思想。仁慈思想的目标是打破财产权与绝对政治权力之间的联系，使得穷人也能够享有一部分隐藏和保留的权利，从而防止所有权者拥有完全凌

---

① ［美］亚伦·普赞诺斯基、杰森·舒尔茨：《所有权的终结：数字时代的财产保护》，赵精武译，北京大学出版社2022年版，第31页。

② 例如，知识产权保护的目的是维护自己的利益。而不发达的国家必须在尊重知识产权的规定和维护公众的利益之间作出选择。由于实施了严格的知识产权法规，许多国家不得不处理昂贵的专利药物；农民们每年都要为有专利权的种子买单，而不是像过去那样从去年的收成中选择最好的种子；原住民不得不面对几千年来由传统国有企业开发的本民族传统文化、传统药物和传统资源无法使用的不利局面。

③ 宋慧献、周艳敏：《冲突与平衡：知识产权的人权视野》，《知识产权》2004年第2期。

驾于他人生死之上的权利。这种仁慈思想也可以应用到数字知识产权贸易法治领域，例如，将知识产权与人类健康的联系等加以保护，保有一定的技术转移和技术学习，让穷困国家拥有更强的权利，去复制或者借用专利，而不取决于权利者的志愿弃权等。① 虽然知识产权发展权理念得到了国内外广泛的认可，但是现有规范对知识产权发展权所给予的保护有限。这在数字知识产权领域也有所体现，在数字知识产权贸易领域，发展中国家的权益保障困难重重。

目前，数字贸易和数字知识产权贸易领域的规则主导权掌握在发达国家的手中。当前发达国家一律追求知识产权保护和数字流动的双重高标准，这对发展中国家的数字经济发展带来了不利影响。因此，发展中国家在数字知识产权保护议题上往往持审慎对接欧美规则的立场。以中国为例，中国尚未在WTO电子商务提案中表达立场，也没有在RCEP电子商务章节中引入较大分歧的"源代码或算法保护"等议题。相比WTO、RCEP以及DEPA第3.4条要求任何缔约方不得对使用ICT产品强制实施或设立技术法规或合格评定程序，该条款还同时规定了缔约方政府所有或控制的网络相关要求以及依据金融机构或市场有关监管调查或检查权力，这表明我国在参与全球数字贸易法治时应该持有鲜明的知识产权发展权立场。

第三节　数字知识产权立法的利益平衡

一　规制与激励价值的平衡

（一）规制价值

法的规范作用，是法作用的重要的一个方面。如果法不具有规范作用，将无法对社会行为进行调整。人们的行为将会陷入紊乱，不能以一种可预测的方式，指导自己的生产生活，也就无法达到调整社会秩序的

---

① 吴汉东：《知识产权国际保护制度的变革与发展》，《法学研究》2005年第3期。

目的。法治与效能的辩证关系表明,对法治与效能的调适必须在巩固二者共生机制的同时,通过双向调适以化解其内部张力。① 法的规范作用包括指引、评价、预测、强制、教育。法的规范作用的每一个方面,都能为人们的行为提供指导,帮助人们在合法与违法之间做出抉择。法的指引作用,能给个体行为以指导,让个体更有针对性地选择自己的行为。法的评价作用,是对与错的标杆,能在对与错、好与坏之间划出一条清晰的分界线。法的预测作用,能够让人们看到违法的代价,在行为过程中,看到行为结果的利弊,慎重做出自己的行为。法与道德的一个重要区别就是法具有强制作用。违反道德的行为,只能借助舆论对不道德行为进行谴责,但舆论不是一种强制手段,不能对无德者进行有效制约。法律的强制作用,对违法犯罪者是一种强有力的威慑,让违法犯罪者不敢轻举妄动,否则将受到法律的严惩。实现个案正义应当是每一种解纷机制的终极目标。② 法律的教育作用,让一般人明白,违法必受到严惩,让法律的权威深入人心,让法律真正成为全社会的普遍信仰。

数字知识产权法律作为法的一种,天然具有法的规范作用。如果缺少这种规范作用,数字知识产权法律,将不再成为有效力的法律。立法在法律发挥作用过程中居于首位,没有法律的制定,法律的实施和法律的遵循将无从谈起。现代法治的核心要义是良法善治。③ 良法是人类社会孜孜以求的梦想。我国当前重视、强调以及正在勠力实现的"良法",体现的就是社会主义法治所追求与践行的公共善。④ 只有法律制定的良善,才能让严格实施法律和遵守法律的行为成为对善的践行。法律制定出来要因时因势而变,只有能适应社会变化的法律,才具有顽强的生命力。如果法律不能适应社会的变化,那也就慢慢会被社会淘汰。法律的目的不仅仅是制定出来,更重要的是通过实施,让全社会形成对

---

① 范柏乃、林哲杨:《政府治理的"法治—效能"张力及其化解》,《中国社会科学》2022 年第 2 期。
② 曹鎏:《作为化解行政争议主渠道的行政复议:功能反思及路径优化》,《中国法学》2020 年第 2 期。
③ 宋方青:《习近平法治思想中的立法原则》,《东方法学》2021 年第 2 期。
④ 郭春镇:《作为中国政法话语的表达权》,《法学家》2021 年第 5 期。

法律的普遍信仰。

当前我国已经确立了依法治国的目标，也形成了较为完善的中国特色社会主义法律体系。法治的信仰是在一点一滴中积攒起来，法治的理念还需要在人们中间进行宣扬。要让人们从心底感到，制定出来的法律是好的法律，这样人们就会在行动上，自觉表现出对法律的内在遵循，法律也会表现出强大的感召力，在人们中间享有崇高的威望。立法者要心怀敬畏之心，以敬畏鞭策激励自己，为人们制定出具有持久生命力的法律，让法律因其良善，而更显权威。

数字知识产权法的规制价值，是数字知识产权立法中一种重要价值导向。数字知识产权法律制定目的，是维护数字知识产权领域的社会秩序。秩序应当是由法律确立和保障的主体之间井然有序的状态。① 对合法行为予以保护、鼓励，对非法行为予以否定、惩戒。引导整个数字知识产权领域按照一种良善的秩序，有序运行，以促进数字知识产权良性健康发展。一个现代性、完备性、良善性的法律体系，是实现法治现代化的前提。② 数字知识产权立法中要坚持规制价值导向。数字知识产权立法规制价值导向，可分为指引、评价、教育、预测和强制五种类型。

数字知识产权立法的指引作用让社会中参与数字知识产权领域各种社会主体，能够按照一种确定的或有选择的指引，安排自己的行为。如果数字知识产权立法中的指引是确定的指引，那么参与数字知识产权领域的主体就没有选择的余地，必须根据数字知识产权立法的指引进行操作。如果数字知识产权立法的指引是有选择的指引，允许人们有选择的余地，在一定程度上有自由活动的空间，参与数字知识产权领域主体就可以自主决定是否发生这样的行为。数字知识产权立法指引可以通过一个具体的指示就具体的人和情况进行指引，也可以通过一般的规则就同类的人和情况进行指引。在规范性指引中，人们可以按照数字知识产权

---

① 罗冠男：《我国继承制度中的价值取向和利益平衡》，《法学杂志》2019年第10期。
② 龚廷泰：《新时代中国社会治理法治化发展进程的逻辑展开》，《法学》2022年第6期。

法律指引，由自己决定怎样行为或不行为。总之，数字知识产权立法指引导向，一方面在于鼓励，至少容许人们从事某种行为，另一方面在于防止人们从事某种行为。

数字知识产权立法评价导向是数字知识产权法律判断、衡量参与数字知识产权领域他人行为是否合法或有效以及行为人是否承担责任、承担多大责任的一种评价。一个国家的法治建设乃是法治改造社会的过程。① 如果缺少评价，数字知识产权领域就没有一个客观、稳定的标准，来对这个领域发生的各种情形进行判断。每个人因为年龄、性别、民族、职业、家庭出身、宗教信仰、教育程度不同，对发生的一件事，都会有自己的价值评判，如果社会上人人都根据自己的价值评判参与社会活动，社会秩序将不能得到保障。这个时候，为了整个社会秩序的统一，就需要在每个人价值评判之上，建立一个所有人共同的价值评判，作为抽象价值准则，在发生纠纷时去评判对错。

数字知识产权立法的教育导向是通过数字知识产权法律制定和实施对一般人行为发生的积极影响。这种教育作用的对象是一般人的行为。当人们看到法律宣示的行为规范，就知道了什么是不可以做的，什么是可以做的，什么是必须做的，什么是国家提倡或鼓励做的。数字知识产权法律实施中的正、反事例对社会公众都具有教育作用。有人因为违反数字知识产权法律而受到制裁，对一般人以至受制裁本人都具有教育作用，反过来，人们遵守数字知识产权法律行为及其法律后果也对一般人的行为具有示范作用。任何一部法律都有不同程度的威慑作用，但主要依靠威慑作用的法律是不稳定的、不能持久存在的。只有符合绝大多数社会成员利益，体现社会价值共识的数字知识产权法律，才能起到真正教育作用，才能稳定、持久、深入人心。

数字知识产权立法的预测导向是依靠作为社会规范的数字知识产权法律，人们可以预先估计到他们相互间将如何行为。预测作用对象是人们相互间的行为。数字知识产权法律为参与数字知识产权领域社会主体的互动和博弈行为提供了制度框架。立法是一个社会重大的政治和法律

---

① 梁鸿飞：《论习近平法治思想的理论品格》，《求是学刊》2021年第6期。

活动,对社会的治理和发展有着举足轻重的影响。① 数字知识产权法律的可预测性有利于促进社会秩序的建立,保障社会生活的正常进行。参与数字知识产权领域的社会主体,都清晰知道,根据数字知识产权法律规定,参与到这个领域其他人会怎样行为,在可预期心理下,对自己的行为做出恰当的安排。

数字知识产权立法的强制导向在于制裁、惩罚违法犯罪行为。强制作用对象是违法者的行为。对任何社会的法律来说,由国家的强制力保障其执行,即对违法犯罪者以国家的名义加以制裁,都是必要的。缺少强制的数字知识产权法律,就像没有牙齿的老虎,虽然张牙舞爪,但并不会让人敬畏,法律命令也会成为一纸空文。数字知识产权法律强制作用不仅在于制裁违法犯罪行为,而且还在于预防违法犯罪行为、增进社会成员的安全感。数字知识产权立法价值导向中不仅要有良善,还要有敬畏力量。敬畏力量的来源,就在于人们本能地趋利避害,对惩罚的规避。

(二) 激励价值

在价值的概念体系中,价值判断是价值选择的前提。② 激励是对人们的行为预测控制,如果行为符合社会价值导向,就对该行为进行奖励;如果行为与现存社会价值导向相违背,就对该行为进行惩罚。受到奖励的行为,不仅会使行为人因为得到利益,而继续这种行为,还会使社会一般人因为看到这种行为会受到奖励,而自觉不自觉向这种行为靠拢,从而在全社会形成一种正向的激励价值,引导社会风气向好转变。受到惩罚的行为,让行为人的利益受损。为了避免利益再次受损,行为人会尽量避免实施这种行为。对行为人的惩罚,也会让社会一般人看到行为不利后果,在衡量利害得失后,一般理性人会根据激励价值指导,重新安排自己的行为,使自己免遭不利后果的影响。换而言之,法律之治的最高境界在于,通过具有"强制力"的法律规则或规范,实现

---

① 叶会成:《超越工具论:民主立法的内在价值》,《法学家》2022 年第 2 期。
② 朱永新、汪敏:《"新教育实验"价值系统的特征与实现路径》,《教育科学》2020 年第 1 期。

"非强制性"的法律激励，调整社会中人们的行为，实现社会的和谐与发展。① 数字知识产权立法的正向激励价值，是对数字知识产权创新行为的肯定、认同，受到激励的行为，会对激励本身作出反馈，引导社会资源向受到正向激励的领域聚集，从而推动数字知识产权创新行为的兴起。数字知识产权立法的反向激励价值，让人们看到违法犯罪必受打击，从而不敢轻举妄动，避免对社会造成损害。数字知识产权立法的激励价值，推动人类社会不断在知识产权领域取得一个又一个成就，从而不断推动社会发展进步。

数字知识产权立法，将为数字知识产权做出贡献的权利人，给予精神上和财产上的利益。在双重利益的激励下，人们会充分发挥自身才能，努力创造出适应社会需要，有利于推动社会发展的数字知识产权。版权的"激励"价值观核心主张是，通过赋予作者就其作品享有排他性权利，尤其是财产权，激励更多的人投身于创作。② 数字知识产权权利人在追求自身利益同时，也增加了整个社会利益，有利于推动社会良性发展。法律的价值是根据人类社会演变需要所产生出来的，其目的是更好地服务人类社会发展。法的基本价值是法的所有价值中的四梁八柱，也是构成整个法律价值的框架。效益原则是经济学重要理论基础。经济学研究就是努力在成本与收益之间进行平衡，尽可能地以低成本换取高收益，也即实现财富最大化。数字知识产权制度也是为了通过技术手段，实现经济领域低投入、高产出，正是因为数字知识产权制度能够带来财富的最大化，所以对数字知识产权权利人应该给予物质激励，以促使其投入更多的时间、精力，在增进个人财富同时，促进社会财富整体增长。数字知识产权立法的激励价值，是通过对数字知识产权权利人权利的承认，让数字知识产权权利人享有排他性权利，其余的社会主体如果想用其数字知识产权，就要对权利人付费，而权利人通过获得费用的方式，弥补了其在数字知识产权研发中的投入。数字知识产权权利人获得利益多少，取决于其研发成果得到社会的认可度。这就促使数字知

---

① 丰霏：《法律激励的制度设计》，《法律方法与法律思维》2016 年第 00 期。
② 宋慧献：《利益分配的工具：版权制度的价值论分析》，《知识产权》2009 年第 3 期。

识产权权利人，努力研发出适应社会需要的数字知识产权，注重研发成果与实际需要契合。在获得物质利益的同时，数字知识产权权利人也会因研发成果，而享有名誉上的利益，得到社会的尊重，获得相应社会地位。数字知识产权的激励价值不仅能带来经济利益，还能带来文化和政治利益。数字知识产权发展需要开放、自由的文化氛围，只有在各种有利于社会发展的思想都能竞相迸发的环境下，数字知识产权才能具有蓬勃生机。数字知识产权的发展也会推动文化的繁荣，数字知识产权的发展可能会开放新的文化领域，扩展人们的视野，给文化领域带来欣欣向荣的景象。数字知识产权的激励价值也能带来政治利益。以数字知识产权为手段，有利于扩展民主参与。此外，数字知识产权立法的激励具有多元化的社会价值，在彼此交融中，推动社会发展。例如，数字知识产权立法有助于促进技术的应用。在全球增长放缓的环境下，促进技术应用和弥合数字鸿沟有助于亚洲地区提高总体生产率和经济产出。

（三）规制与激励的融贯方案

数字知识产权立法的规制价值与激励价值密切相关。面对利益的多元化及其冲突化，需要借助立法的利益衡量实现对利益关系的调节，使得各个利益主体能够各得其所、各安其位。[①] 在数字知识产权立法中，各国要平衡好规制价值与激励价值的关系。立法是调节利益关系的重要手段，通过立法可以对利益进行清晰划分，让不明确的事项得以明确，各方在立法的调节下，维护自身的利益，使得社会得以有序发展。正如社会主体之所欲的多元化，人们对法律也存在着多元的价值需求，不同的时代、民族乃至学派，对于法律价值的偏好取舍往往存在着见仁见智乃至无法通约的差异。[②] 社会的发展需要法律护航，如果没有法律，社会将会陷入混乱状态，人们的生命财产安全没有保障，有利于社会发展的因素也得不到充分发挥。数字知识产权法律价值是数字知识产权立法的先导，对数字知识产权立法具有重要的指导意义。要充分重视数字知

---

① 张新宝：《从隐私到个人信息：利益再衡量的理论与制度安排》，《中国法学》2015年第3期。
② 陈征楠：《法律价值的系统论格局》，《中国法学》2022年第2期。

识产权立法价值的作用。

数字知识产权立法以法律的形式对数字知识产权进行保护，客观上也限制了社会公众对数字知识产权的利用。数字知识产权权利人对数字知识产权专有权和社会公众对数字知识产权使用权之间具有一定的冲突，对数字知识产权权利人给予越高的保护，也就给社会公众对数字知识产权使用制造越高的难度。在数字知识产权权利人和社会公众之间，要进行一种利益平衡。在数字知识产权立法中，要重视规制价值和激励价值。一方面，注重发挥数字知识产权立法的激励价值，给社会上发明创造人足够的利益，激发他们创造社会财富的积极性；另一方面，也要注重保护社会公众的利益，尽可能减少社会公众利用数字知识产权壁垒，让数字知识产权更好地为社会发展服务。数字时代传统法益与新兴法益的价值平衡，以传统隐私界定向数字社会隐私侵权认定的进阶为基础。[①] 法律价值一直是学者关注的重点，也影响实践中立法的走向。在社会发展不同时期，各种价值在法律中的侧重也有所不同。数字知识产权的立法价值对数字知识产权立法的走向有着重要影响。法律是利益冲突在文本中的表现，法律对利益的分割也不是凭空产生，而是以特定的社会现实、特定的利益群体为依据。以维护公共利益为目的处理个人信息的公权力，历来被国际社会公认为是国家干预公民个人信息权的正当理由。[②] 法律的任务就是以规范的形式，将利益固定下来，对各群体进行利益平衡，让参与利益分割的群体，都能自觉信服法律对利益作出的分配，其中法律的价值就发挥着不可替代的作用。文本中的法律是静态的法律，将静态的法律运用到多变的社会实践中，需要发挥法官的能动作用。法官对法律的解释，以文本为依据，但不能过于拘泥。法律的解释应当在文本的基础上，结合社会实际利益考量，以更具弹性、更自由的形式表现出来。在实际案件中，法律规定的各价值之间可能产生冲突，这就需要法官发挥自觉能动性，注重法律的目的解释、体系解释，

---

① 任颖：《数字时代隐私权保护的法理构造与规则重塑》，《东方法学》2022 年第 2 期。
② 黎晓露：《个人信息权引入刑事诉讼的理论证成与体系化建构》，《河北法学》2021 年第 12 期。

对冲突的价值进行利益取舍，平衡冲突中的利益。数字知识产权立法激励机制正是以利益激发人们创造社会财富的积极性。

法律价值是法律的定海神针，是法律的指路明灯，是法律远航的压舱石，是法律的精神灵魂。脱离了基本价值，法律就会受到社会质疑，法律的实施也会受到人为的阻力。当社会群体不信仰法律，法律就会成为一纸空文，失去其应有的权威性。数字知识产权立法也要遵循其基本价值，与价值偏离甚至冲突的规则，要及时清理。在现实中，数字知识产权立法规制价值和激励价值可能发生冲突，当规制价值和激励价值发生冲突时，法律并没有一成不变地规定激励价值优于规制价值，或者规制价值优于激励价值，而是赋予法官以自由裁量权，让法官综合案件各种因素，慎重权衡其中利弊多寡。数字知识产权立法目的一方面是让数字知识产权领域形成规范有序的秩序；另一方面是通过高收益激励数字知识产权权利人的创造积极性，所以数字知识产权立法的规制价值与激励价值本来也无主次之分。参与数字知识产权领域的社会主体对数字知识产权立法价值的期望，也必然包含规制价值与激励价值，两者缺少一个，都会让数字知识产权参与者感到失望。

价值的不相容性意味着追求某一种价值必然会抑制或损耗追求其他价值的能力。① 数字知识产权的特性决定它不是普适性的公共产品，它内含的数字知识产权权利人智力成果，决定其他人要想获得该数字知识产权的使用权，必须给予对等的付出，没有任何给予的索取在数字知识产权领域是受到限制的。它既是对数字知识产权秩序的侵犯，也是对数字知识产权激励价值的损害。其中原因在于社会的资源是有限的，数字知识产权作为一种有限的资源，在人们之间会形成一种竞争的关系，不是所有的数字知识产权领域参与者都可以得到的。数字知识产权激励价值要求数字知识产权立法中设定一定的门槛，对数字知识产权权利人利益进行保护，任何企图绕过设定的门槛，都是对数字知识产权权利人利益的侵犯，都是立法的激励价值所不允许的，也都必然会受到数字知识

---

① 臧雷振：《治理研究的多重价值和多维实践——知识发展脉络中的冲突与平衡》，《政治学研究》2021年第2期。

产权立法的否定评价。

无论是对立法还是对法律解释而言，利益衡量与价值判断历来都是根本性的工作。① 数字知识产权立法规制与激励价值衡量，对法律整体走向具有重大影响，也实际影响参与到数字知识产权领域的社会主体。数字知识产权立法的规制价值与激励价值的关系既对立又统一。一方面，市场经济规律要求市场参与主体追求效率，对效率追求要求数字知识产权立法中凸显激励价值，而对激励价值的凸显使得其他数字知识产权领域主体规制义务增加；但是，为了减轻其他参与数字知识产权领域主体过多的规制义务，必然对数字知识产权权利人激励价值造成损害。另一方面，激励价值与规制价值相辅相成。激励价值，确实能给社会主体以最大动力，促使数字知识产权快速发展，但如果只关注激励价值而忽略基本的规制价值，就会导致数字知识产权畸形发展，最终消弭社会主体投入数字知识产权创造的积极性。如果没有规制价值的管控，混乱的社会秩序也将让数字知识产权立法的激励价值达不到预期目的，所以基本的规制价值是激励价值的前提。

总之，规制价值与激励价值缺一不可，两者都是数字知识产权领域立法的重要价值导向，并在对立统一中指导数字知识产权立法的健康发展。有时为了追求更大的规制价值，暂时牺牲激励价值，但这实际上是为追求更大的激励价值奠定基础；有时为了追求更大的激励价值，而暂时牺牲规制价值，但这也是为了更好地实现数字知识产权立法的规制价值。数字知识产权立法的规制价值和激励价值就是在这样不同的历史时期、不同阶段，根据社会发展需要，而呈现出此消彼长的态势。

二 发展与公平价值的平衡

（一）发展价值

在市场经济环境下，参与市场经济主体要想生存，就必须谋求更好的发展，发展是市场经济主体必须面对的问题，也是市场经济不断做大做强的根本之路。数字知识产权立法也要适应中国特色社会主义发展要

---

① 易军：《无因管理制度设计中的利益平衡与价值调和》，《清华法学》2021年第1期。

求。实质上，这种"适应中国特色社会主义发展要求"的表达，包含了价值观念和经济体制的双重内涵要求。① 数字知识产权立法的发展价值契合了市场主体参与市场机制发展的需要。数字知识产权立法的发展价值究竟是采取功利论还是道义论，理论领域观点不一。功利论把幸福等同于人的物质享受，人的本性是追求享乐，对人本性的尊重，就天然要求数字知识产权立法含有发展价值。是否能满足人的物质需求，是衡量数字知识产权立法价值的一个重要指标。发展价值能够满足人的物质享受，也就能让最大多数人幸福，这是发展价值的内在合理性。道义论更强调行为或事物本身的合理性、正当性。一种行为或事物存在是否符合道义，要从行为或事物本身出发。道义是衡量行为或事物本身是否正当的依据。发展本身并不能证明其存在是合理的，只有发展符合道义，才能证明其存在的合理性。道义论过于注重行为或事物本身的道德性，而市场经济是一种竞争关系，竞争关系以盈利为目的，利润也是市场主体不断存活的源泉。如果给市场主体提出过高的道德要求，让它们承担过多的道德义务，将会限制市场主体发展，损害数字知识产权的内在价值。

数字知识产权立法的发展价值，之所以有存在的必要，是因为它是实现人的幸福的一种手段。发展能满足人的某种需要，促使人更好地生活。数字知识产权立法的发展价值作为一种立法价值存在，是服务于人的幸福这个更高的价值导向，作为一种服务手段，它是符合正当性的。如果把数字知识产权立法的发展价值作为目的，把人作为手段，就会导致人成了社会的附属物，会对人类造成难以弥补的伤害。发展价值本身是服务于人类的，是实现人的目的的一种手段，发展不能变为违反人性的工具，甚至取代人成为一种目的。工具论立场认为，财产服务于道德价值，但并非道德价值之基础。② 金钱、财富的创造是为了人的生存和发展，而不是人的生存和发展是为了创造金钱、财富。如果把金钱、财

---

① 龙卫球：《中国〈民法典〉的立法价值》，《探索与争鸣》2020年第5期。
② ［澳］彼得·德霍斯：《知识财产法哲学》，周林译，商务印书馆2008年版，第222页。

富作为人的目的本身，那么人类也将会沦为金钱的奴隶。道义也是人类社会创造出来，服务于人本身的，同样不能蜕变成人的目的。

数字知识产权立法的发展价值，需要伦理价值给参与数字知识产权领域的主体以道德禁锢，让他们心有敬畏，才能遵循市场秩序，推动市场良性发展。而数字知识产权立法的发展价值，会给遵循市场伦理价值的数字知识产权领域参与者以可观回报，这就促使市场主体更自觉地践行数字知识产权的基本规范。目的和手段关系密切。一方面，手段要以目的为导向，目的是手段的航向标。发展手段的合理性，是以发展的合理性为前提；另一方面，手段是实现目的的途径，要达到发展本身的目的，就必须借助某种发展的手段。市场经济主体在参与数字知识产权领域时，在实施经济活动和经济行为时，越能以道德约束自身，就越会采取正当的手段，参与到市场竞争中。

法律是社会关系的表现，它将人们之间纷繁复杂的社会冲突，以规范的形式给出解决方法。而人们之间的冲突，背后都隐藏着某种利益的博弈，法律协调人们之间冲突不可避免地要对利益进行划分。其中，对民事权利保护又是重中之重。我国对民事权利的请求权保护方法从无到有，从忽略、兴起到完善，是对民事权利保护方法的认识过程。[①] 数字知识产权立法实际上也是对数字知识产权领域权利的协调和平衡。社会中人与人之间的关系，首先以利益的形式呈现出来，正是利益把一个个孤立的个人联结为社会的整体，数字知识产权法律的实施过程，实际上就是对这些利益的处理。法律保持社会稳定和有序发展，就是对社会成员之间的利益进行平衡。这些各种各样的利益，既表现为单个的个人利益，也表现为集体的公共利益和国家利益。公共利益和国家利益是社会中个体共同生活或共同生产所共同需要的利益。数字知识产权立法的作用就是以制度化、法律化的形式，将数字知识产权领域追求个人利益的行为固定下来，尊重参与数字知识产权领域主体追求发展的个人天性，让个人行为朝着法律划定的轨迹有序发展。

[①] 杨立新：《侵权责任：徘徊在债与责任之间的立法价值》，《现代法学》2021年第4期。

从制度移植的层次上看，规则文本是最容易构建的部分，但仅依靠规则本身无法完成对本土调整对象的合理规制和对本国产业的正确激励，① 还需要价值对人们观念的引导。价值是事物能够满足人的需要的某种属性，只有事物能够满足人的某种需要，这种事物对人来说才是有价值的。法律价值是蕴含在法律中的能够满足人们需要的属性、数字知识产权立法也是为了达到调整数字知识产权法律关系的目的，数字知识产权立法所追求的目标也包括公平、规制、发展、激励、安全、效率等。立法价值是指法律想要达到的某种社会效果。数字知识产权立法首先要确定数字知识产权领域的价值导向。数字知识产权与社会发展密切相关，发展价值是数字知识产权立法的基本价值之一。数字知识产权立法的发展价值在于将发展价值转化为法规的形式，通过法律的手段促使数字知识产权制度发挥作用，推动社会进步和实现权利。数字知识产权立法需要排除不利于发展的因素，为数字知识产权保驾护航，实现有效的资源调配。通过将数字知识产权立法的价值法规化，将抽象的价值转化为成文法规的过程，数字知识产权立法的发展价值通过法律实施对社会产生影响。

(二) 公平价值

"公平"与平等、公正、正义相关联，《辞海》对公平的解释是不偏私。② 公平一直是法律孜孜以求的价值目标，也是整个人类社会不断追寻的价值取向。"自由""安全""平等""秩序""公正""效率"等都是法律所应追求的价值，但这些多元化的价值并不一定同时存在于某一部具体的法律中。③ 但公平偏偏得到了偏爱。学者们围绕公平给出了各自的看法。罗尔斯把正义作为社会的首要价值，把实现最大多数人的最大利益，作为一种正义。博登海默认为正义并不是一成不变的，它会根据社会实际情况不同，呈现出各种各样的面孔，一种情形下的正义

---

① 熊琦：《中国著作权法立法论与解释论》，《知识产权》2019 年第 4 期。
② 刘昌乾、吴晨圆、陈鹏：《效率与公平——"双一流"政策价值导向的思考》，《中国人民大学教育学刊》2021 年第 1 期。
③ 袁发强：《论商事冲突法的价值选择与规范表现》，《法学评论》2016 年第 5 期。

第二章 数字知识产权立法的价值论

和另一种情形下的正义可能完全不同。亚里士多德认为正义就是各自做好自己的事情，按照自己做的事情得到应得的利益，如果有人破坏这个秩序，就是破坏了正义，那恢复正义，就是将受到破坏的社会秩序重新恢复。他将正义分为分配正义和校正正义。但亚里士多德所说的正义并不是绝对平均主义，而是每个人得其应得，有些情况下，同样的人得到同样的利益是正义，而有些情况下不同样的人得到不同样的利益，也是一种正义。英国哲学家米尔恩提出"比例平等"概念，就是在进行分配的时候，同样的情况同等对待，不同样的情况，按照不同样的程度区别对待。罗尔斯的《正义论》中提出的两个原则中的第二个原则差别原则，和这个十分相似。公平的机会平等原则让每个人都有同等的机会，差别原则让处于某种劣势的人获得一些平衡。差别原则是对公平的机会平等原则进行弥补，它让参与社会竞争具有的某些不平等因素，通过差别原则得到平衡，让这些具有不足的人与其他人具有同样的机会，站在同样的起跑线上，以此来维护社会公平。但这种对不平等的弥补并不是毫无规则的，这种弥补只要达到和一般人具有同等机会的程度就足够了，不能通过弥补让受弥补的人达到超越一般人取得不正常的优势。弥补的比例，应该按照不平等对这些人的"受影响程度"和为了消除影响所需要的程度来决定。

作为法律的首要目的，恰是秩序、公平和个人自由这三个基本的价值。[①] 公平价值一直被立法放在较为突出的位置。数字知识产权立法的公平价值既包括结果的公平，也包括程序的公平。这种公平不仅应该符合社会大众的期待，还应该以看得见的方式让社会大众得以知晓。要实现数字知识产权立法的程序公平价值，就要保障利益相关者的程序参与权利，保证利益相关者全程知晓和为自己权利而辩护，这种参与和辩护能最终影响结果走向。作为数字知识产权立法基本价值的公平具有非常丰富的内涵，这里的公平主要强调的是一种分配公平，数字知识产权立法对利益的分配作用，即设立数字知识产权制度有利于参与数字知识产

---

① [英]彼得·斯坦、约翰·香德：《西方社会的法律价值》，王献平译，中国法制出版社 2004 年版，第 4 页。

权领域当事人公平地分配数字知识产权利益。

在近代数字知识产权制度诞生以前,古代东西方就有了朴素的知识产权领域公平意识,作品的写作就遵循"谁写的就归谁",谁就是作品的作者理念。不管是在古代中国还是在古代罗马,剽窃别人的作品,充当自己的作品,一直为学术界所不齿,是一种严重的学术不端行为,会受到道德和学术上的谴责。文艺复兴重视人的作用,通过文学艺术作品表达人的价值和追求幸福的权利,人的地位得到提高,作为作品创作者的作者地位也相应提高,并逐渐重视作者对作品享有的权利,提出对作品的保护。马丁·路德曾向当地政府申请保护他的作品,并获得了政府的支持。根据当地政府的规定,未经他的同意不得翻印他的作品,并且必须署名。马丁·路德获得的是作为作者应享有的权利。公平的本质是让每个人获得他们应得的利益。但是,"应得"应该如何理解?每个人都有自己的观点。我国伦理学家王海明教授指出,"公正是平等(相等、同等)的利害交换的善行,是等利(害)交换的善行"。[①] 利害核心是权利义务划分,那如何划分权利义务才符合公平的标准呢?王海明提出权利义务按照品德、才能、需要、平等和贡献五项划分,就符合公平的原则。那么,数字知识产权立法的权利义务又该如何分配呢?卓泽渊指出,"在民事立法活动之中,所要解决的问题时,应当制定怎样的法律才是公平的,应该怎样在当事人之间分配权利义务才是公平的。"[②] 权利是法律为保护某种利益而从国家层面赋予特定人的特权。权利并不是随意设定的,只有经过立法上的权衡,立法者认为有必要为某项利益设定法律上的权利,这项利益才会成为法定权利。可以从数字知识产权利益产生与流转过程,看到法律为设定数字知识产权权利的客观性基础。

(三)发展与公平价值的融贯方案

数字知识产权立法的发展价值和公平价值,在哲学或伦理学领域,并不是毫无关联的。公平和发展有交织的部分,在发展观中或多或少都包含着公平的内容,在公平观中也不可避免蕴含发展的理念。但是公平

[①] 王海明:《新伦理学》,商务印书馆2006年版,第303页。
[②] 卓泽渊:《法的价值论》,法律出版社2006年版,第415页。

和发展还是有区别的，两者虽然有交织的部分，但数字知识产权立法的发展价值代表不了公平理念，数字知识产权立法的公平价值也无法完全涵盖发展的逻辑。某些法律制度，不管它们如何有效率和有条理，只要它们不正义，就必须加以改造或者废除。①

从实践方面来看，公平价值作为数字知识产权立法唯一立法价值，具有很大局限性，需要与数字知识产权立法的发展相互弥补。

首先，公平无法解决社会经济生活中出现的所有现象。一些经济活动行为，无法用道德伦理进行评价，而这些经济活动行为又涉及资源合理利用和优化配置，需要立法对其加以规范。

其次，公平的内涵是不固定的。在不同的历史时期，人们对公平的定义会有所区别，在这一时期被认为是公平的行为，在另一个时期可能会被认为是对公平的破坏。公平也是一个具有弹性的概念，不同的人对公平的理解各有不同。公平不仅受制于社会制度的影响，还与一定时期社会经济发展的主题密切相关。因此，数字知识产权立法的公平价值内涵的界定，需要借助于资源优化配置的发展价值评价。某些行为是否符合公平价值的范畴，甚至可以直接用发展来进行度量。例如，合同一方当事人不履行合同约定的义务，对另一方当事人来说就是对其不公，所以违反了公平原则，也会受到数字知识产权立法公平价值的否定评价。但是，某些违约行为，从资源的优化配置角度来说，对社会是有利的。因为，合同一方当事人虽然从行为来看是违约了，但其违约行为不仅能够弥补对方当事人损失，还能创造额外的社会、经济效益，有利于推动社会经济的发展。数字知识产权立法虽然不应鼓励一般违约行为的发生，但也应预留制度上的规定，为这种违约行为提供法律上的豁免。因此，对于违约行为不能一概而论，需要借助发展价值对其加以评价。

再次，数字知识产权立法对许多权利的规定，需要以公平价值和发展价值双重理念来约束。权利的制度化和法律化是保障权利实现的基础。②

---

① [美] 罗尔斯：《正义论》，何怀宏等译，中国社会科学出版社1988年版，第35页。
② 渠滢：《不动产被征收人参与权的价值定位与制度重构》，《中国法学》2018年第1期。

例如，对于不相容使用问题，如果只依据公平价值进行处理，可能会造成资源的浪费，使资源得不到最大限度有效使用；如果只根据发展价值来处理问题，可能会导致另一方当事人无法弥补或无法得到充分的补偿。这实际上涉及效率违约的问题，效率违约理论符合市场交易效率价值追求，但与诚信价值冲突。该理论违反了合同严守原则和诚实信用原则，而且本身也存在效率悖论。在理论和制度上，效率违约理论与我国国情不符。尽管效率违约理论有一定的合理性，但是将其强制纳入我国合同法领域并基于此赋予违约方解除权是不恰当的。相反，将违约方解除合同的权利规定为形成诉权，不仅能体现追求效率的价值，同时也能避免与现行规定相冲突。①

最后，从整体上来看，公平价值更适合作为数字知识产权立法的定性依据，而发展价值则应赋予定量依据。定性与定量的结合，也体现出数字知识产权立法公平与发展价值的相互依存，相互补充，共同护航数字知识产权发展。

数字知识产权立法的公平价值最大限度保障公民权益不受不公正对待。数字知识产权立法的发展价值促使数字知识产权资源配置达到最优化程度。在全球范围内，大数据与人工智能技术已经开始广泛影响政治、经济和文化生活。② 数字知识产权立法顺应时代发展趋势。在数字知识产权立法中，也要注意公平价值和发展价值之间的平衡。数字知识产权立法的公平价值和发展价值在不发生冲突时，都是该立法追求的重要目标。立法者应尽可能实现这两个价值。然而，当这两个价值发生冲突时，应有所侧重。这不仅符合现实需要，也是经验证明的有效方法。我国随民法典施行而废止众多法律的艰难历程展示了权利配置的复杂性。这一过程涉及各方权利主体的博弈，涉及公平和发展问题。如何让法律满足社会对公平的需求，又能促进资源优化配置，实现最大化社会资源利用，推动经济社会发展，是一个关键挑战。在我国社会主要矛盾

---

① 林燕：《基于效率违约理论赋予违约方解除权之质疑》，《经营与管理》2022 年第 12 期。

② 王禄生：《司法大数据应用的法理冲突与价值平衡——从法国司法大数据禁令展开》，《比较法研究》2020 年第 2 期。

转变前，立法更侧重于发展价值的保护，以满足人们对物质需求，解决社会问题。在社会关系中，公平配置权力的目的是实现高效的权力博弈和法律对社会关系调整的高效率。[①]

数字经济发展带来一系列问题，例如贫富差距、城乡差距、区域差距，这说明我们在关注数字经济发展的同时，忽略了社会公平问题或者没有更好地兼顾公平。我们应该把握住最低限度的社会公平，发展不能突破最低限度的社会公平。黑格尔认为，财产占有的多寡是客观存在的现象，其本身并不代表社会不公。如果为了追求绝对公平，而采取平均主义，那这种平均主义对社会发展是有害的，最终也会波及社会公平本身。同样，数字知识产权权利人对数字知识产权权利占有是来自其对数字知识产权投入的劳动。在对数字知识产权权利占有的来源上，是平等的，所有人都可基于发明创造而得到数字知识产权立法的认可，从而享有立法赋予的数字知识产权权利。但是对数字知识产权权利占有多少的规定，却是另一个问题。公平并不要求每个人占有财产相等，但是要求每个人都占有财产。数字知识产权立法公平价值不要求每个参与数字知识产权领域社会主体都享有同样的权利，但需要规定参与数字知识产权领域社会主体都享有权利。这里的相等反倒是不公平的。只要数字知识产权立法保障了每个人都能获得数字知识产权的权利，即获得数字知识产权权利的机会是平等的，那数字知识产权立法就实现了最低限度的公平，其对社会来说也就是公平的，否则对投入智力和体力劳动的人来说就是不公平的，也不利于调动人们创造数字知识产权的积极性，这也是数字知识产权立法价值的重要取向。

三 效率与安全价值的平衡

（一）效率价值

经济学上的效率是指从给定的投入中获得最大产出，即在相同的资源下获得最大的收益，或者在相同的收益下使用最少的资源。数字知识产权立法的效率价值主要通过设定法律规范，使社会资源得到更好的利

[①] 翟中玉：《法治中国视阈下税权平衡的概念及其价值》，《河北法学》2018年第6期。

用,让更多的人受益,而没有人受到损失。衡量效率的标准是通过对资源配置和利用所取得的社会效果来评判,如果这种社会效果改善了人们的境况,那么这种效率价值就是值得肯定的。如果这种社会效果使人们的境况变得更糟,那么这种效率价值就会被否定。如果通过重新组合既定的资源可以提高效益,那么原来的资源配置方式就被认为是低效的。① 市场经济的发展对效率的需求越来越高,如果不把效率纳入法律的基本价值之中,对市场经济参与主体将是一种打击,为了激励市场主体努力发挥聪明才智创造财富,在数字知识产权立法中把效率作为基本价值有其必要性。微观经济学的效率可以直接进行量化计算,宏观经济学的效率与其他社会价值密切关联因而难以量化。② 亚当·斯密将效率思维引入法律,并将其作为评价法律制度的重要因素之一。波斯纳也将合理配置和提高效率是否有利于社会资源作为法律认可的重要依据,并将其作为法律发展的方向。经济学中的效率概念引入法律后,成为法律的基本价值,为法律改革提供了指引,使法律不断朝着更完善的方向发展。

数字知识产权立法旨在保护数字知识产权交易,以促进公平理念下的财富交易,并优化数字知识产权资源的配置。数字知识产权立法的公平价值在于让所有公民尽可能分享数字知识产权资源,而其效率价值在于在公平分配的基础上,通过优化配置数字知识产权资源,使其增大。

为了实现数字知识产权资源的增长,数字知识产权立法必须有利于优化资源利用,并引导人们选择最优化的方式来利用资源。因此,数字知识产权立法应将效率价值作为立法的基本目标。个体行为的效率需要相关制度和政策的激励,在数字知识产权领域,数字知识产权立法将效率作为价值导向,有助于激发参与数字知识产权领域的社会主体创造积极性,提高社会整体发展效率。立法的效率导向也必然会对司法产生影响。另外,由效率价值驱动的人工智能技术在应用过程中也会强化对司法效率的追求。③ 数字知识产权的效率价值和公平价值经常交织在一

---

① 魏峰:《教育政策效率低下的原因分析及其提升策略》,《教育发展研究》2013年第3期。
② 郭志鹏:《公平与效率新论》,解放军出版社2001年版,第65页。
③ 郑曦:《人工智能技术在司法裁判中的运用及规制》,《中外法学》2020年第3期。

起，并不是泾渭分明的。某些时候利用公平价值难以平衡利益争端时，需要借助效率价值加以权衡；有些时候一些事情处理得公平与否，可以直接以效率价值作为判断标准。如合同的违约不仅弥补了合同另一方的损失，还能使资源利用效率最大化。从合同的经济实质来看，合同（交易）本身即为优化资源配置、提高经济效率的手段。① 有些权利或制度设计，则要以公平价值和效率价值作为双重目标，如生态补偿制度既要促使资源利用最大化实现效率价值，又要给予生态提供者以补偿实现公平价值。甚至个别学者把效率作为公平的代名词，认为效率是公平的第二含义，由此可见效率和公平关系的密切性。虽然数字知识产权立法的效率价值和公平价值有诸多的相似点，但两者毕竟是立法的两个价值取向，有时两者也会发生冲突，在两者发生冲突时，数字知识产权立法需要对其加以权衡，来考虑效率价值和公平价值在个案中的优先性。在社会资源比较紧张，现有资源无法实现公平分配时，数字知识权利立法在效率价值和公平价值之间，更应该倾向于效率价值，鼓励数字知识产权权利人充分发挥主观能动性，为经济发展注入活力，把财富"蛋糕"做大做强，利用最小的社会资源，取得最大的经济效益，把效率价值摆在数字知识产权立法价值中优先的位置。随着社会经济的发展，当效率价值被过分夸大，挤压其他价值目标空间，从而导致社会发展失衡时，如过分提倡效率价值，导致对公平价值忽视，从而出现数字知识产权领域唯效率论，导致不公现象频发，数字知识产权立法的效率价值将会由最初的正当变为不正当，由最初的合理变为不合理。此时，数字知识产权立法就需要作出调整，将失衡的价值取向变回正常轨道。

数字知识产权立法与社会经济发展息息相关，其目的不仅在于制定法律，还在于通过引导社会经济有序发展来实现效率和价值的最大化。在法律效力层面上，国家在构建和执行法律时必须考虑司法资源的投入与产出关系。社会经济发展需要对资源进行最优化配置，以实现最大的经济、社会效益。② 由于资源稀缺性，立法对资源的优化利用至关重

---

① 张素华、宁园：《论情势变更原则中的再交涉权利》，《清华法学》2019年第3期。
② 贾长森：《刑罚效率价值的理论建构及执行优化》，《法律科学》（西北政法大学学报）2020年第2期。

要。因此，数字知识产权立法必须将效率价值作为立法的目标，并在实践中贯彻。法律对财富的确认和保护是优化资源配置的手段之一，但仅仅保护财富的公平分配并不能增加总量。数字知识产权立法的当代使命包括将个体行为纳入整体社会考量，促进资源优化配置，引导人们最大限度地利用数字知识产权资源。这些要求确立了数字知识产权立法效率价值的正当性依据，使其与时代使命保持一致。数字知识产权法律对当代社会经济生活产生深远影响，其效率价值的确立变得至关重要。随着数字知识产权立法影响的不断加深，资源优化配置将受到影响，而数字知识产权立法的内容直接影响资源配置。因此，数字知识产权立法的合理性和科学性体现在数字知识产权领域资源利用效率的提高上。数字知识产权立法成为影响资源利用效率的重要变量，同时也影响参与者的机会成本和实际收益。社会主体会调整行为以符合立法效率要求，进而实现整个社会资源的更有效利用。

（二）安全价值

数字知识产权立法的安全价值是指对数字知识产权权利人既得利益的保障，不仅保障其已经取得的利益，还会保障其对将要取得利益的权利。数字知识产权发展给个人信息安全带来严重挑战。个人信息经过转化成为电子数据，海量个人信息的收集和利用变得易如反掌，信息共享和开放成为常态。[①] 数字知识产权立法的安全价值为数字知识产权权利人提供一种保障，其可以安心地享有所取得的利益，并且将这种情况尽可能地保持下去，不至于出现今天享有的权利，明天就会遭到别人剥夺。个人数据的直接财产化趋势，使得个人信息和数据的收集不再仅仅属于传统的个人自主决定权的范围，而是成为公共安全有效管理、社会经济叠加式发展的基础。[②] 数字知识产权立法的安全价值是数字知识产权法律努力实现的、社会要素基于系统的合理结构而形成的安定状态，

[①] 何颖：《数据共享背景下的金融隐私保护》，《东南大学学报》（哲学社会科学版）2017 年第 1 期。

[②] 张礼洪：《人格权的民法保护及其理论的历史发展——兼议我国的立法模式选择》，《中国政法大学学报》2018 年第 4 期。

以及参与数字知识产权领域的社会主体对这种安定状态的感受、认知和评价。数字知识产权立法的安全价值由数字知识产权系统的内在要素和外在要素两方面构成。内在要素和外在要素相互协调,共同维持数字知识产权系统的安全,通过这种协调配合及时消除可能危害数字知识产权安全价值的隐患。社会主体对社会安全的体验、认知、评价是数字知识产权立法安全价值的重要组成部分。如果社会主体对数字知识产权领域的安全评价不高,就会对数字知识产权产生一种不信任感觉,自然不会将金钱和精力投入数字知识产权领域中,也就缺少参与数字知识产权领域的积极性,也不利于社会整体发展。为此,目前各国从政策和立法上都加强了对数字经济的安全监管,可以这样说,目前全球都进入了一个数字经济的强监管时代。

数字知识产权立法的安全价值是其价值的前提和基础,不论是规制与激励还是发展与公平等价值,都离不开安全价值。如果不强化数据共享中的个人信息保护,数据产业也难以健康发展。[1] 安全价值是其他价值的保障,失去了数字知识产权的安全价值,其他价值目标就难以实现。参与数字知识产权领域的社会主体都期待一个可预期的、确定的、有序的社会环境,都厌恶不可预期的、不确定的、混乱的社会环境,因为环境越混乱,投入其中的财产就越可能被不正当地剥夺,就越可能让财产造成损害。博登海默曾指出,人有一种归属的需要,这种归属需要就是对安全的渴望。如果没有安全就无所谓自由,每个人的行动都会受到限制,并不得不时时陷入一种自危的恐惧,这种恐惧带给肉体和心灵的将是无尽的折磨。人们将无心创造财富,既没有创造财富的欲望,也没有创造财富的能力。因为培养创造财富的能力,也需要一个安全的社会环境。要想保持数字知识产权领域的繁荣发展,就必须将安全作为数字知识产权的立法价值取向。如果不将安全作为数字知识产权的立法价值,参与数字知识产权领域的社会主体在缺乏安全感之下,就不会真正致力于财富创造,将不利于社会发展推进。我国的社会处于一个快速发展和不断变革时期,发展带来一系列问题会加剧社会的不稳定性,如果

---

[1] 王利明:《数据共享与个人信息保护》,《现代法学》2019年第1期。

没有安全保驾护航，整个社会就会陷入一片混乱，从而也不利于发展进行。数字知识产权立法会对数字知识产权领域造成深刻影响，主体之间利益调整、社会结构变动、思想观念变化。这种变化在给经济社会发展注入活力的同时，也会加剧社会各方面的不稳定性。一方面，促进各种要素向数字知识产权领域投入，另一方面各种矛盾纠纷、利益冲突不断增多，如果不能得到及时化解，就会给社会造成破坏，发展迟滞，造成负面效应。随着数字知识产权领域竞争的激烈程度增加，一些主体可能会通过不规范的竞争手段获取竞争优势。这种竞争行为将会影响数字知识产权领域的安全，给人们带来不安全感。为了形成数字知识产权领域的和谐局面，安全是至关重要的。数字知识产权领域的发展必须建立在安全的前提下，我们应该将安全价值放在数字知识产权立法的重要位置上。

（三）效率与安全价值的融贯方案

价值理念是行动的先导，价值理念决定了人的行为方式。① 在数字知识产权立法的价值选择上，对于如何平衡好安全价值与效率价值，立法不应左右摇摆或立场模糊，而应明确地提出安全价值优先，特别是在数字知识产权法律执行过程中，更应全面贯彻数字知识产权立法的安全价值优先理念，在数字知识产权的收集、处理、流转、利用过程中，采取各种技术措施和管理措施，确保数字知识产权安全，促进数字知识产权依法有序合理流通，在流通中实现数字知识产权的效率价值。数字知识产权立法具有多重价值目标，不同的价值目标之间有时候会存在冲突，在数字知识产权法律的适用过程中，需要根据不同的情况和个案的差异做好价值之间的平衡。在数字知识产权数字信息保护的价值取向上，从具体的个案中反思忽视数字信息保护的危害，从数字知识产权法律在实践运用中产生的问题来反思确立安全价值优先的必要性。一般而言，安全就是指没有危险和恐惧、不受侵害和威胁。② 大数据快速发展

---

① 凌霞：《安全价值优先：大数据时代个人信息保护的法律路径》，《湖南社会科学》2021年第6期。

② 龚天平：《安全价值：伦理内蕴与实现机制》，《河南社会科学》2014年第5期。

给信息安全带来严峻挑战,数字知识产权领域的安全价值在此背景下,更应得到重视。大数据通过海量的数据收集、分析、挖掘,能从中得到非常有价值的信息,这种信息提取对数字知识产权立法的效率价值具有十分重要的作用,但同时给数字知识产权立法的安全价值带来了巨大的潜在危险,数字知识产权立法的效率价值和安全价值的冲突更加激烈。数字知识产权立法不应只关注个人利益保护,而应在数字知识产权开发保护中注重个人利益和社会利益的平衡,更好地发挥数字知识产权立法在推动社会发展中的作用。安全价值通常被认为是社会的必需品,效率价值被认为是社会的优先品,当数字知识产权立法的安全价值和效率价值发生冲突时,效率价值要向安全价值让步,因为相比追求社会更有效率的发展,人们对社会安全的发展需求性更大。效率放缓人们可能会损失一部分利益,但安全一旦受损,人们的所有利益,不管现在的抑或将来的都将处于危机中。忽视安全价值,追求效率价值,最终将会使效率价值和安全价值尽失。对于重视数字知识产权的安全价值将会阻碍效率价值发挥作用的担忧,表面上看似乎有点道理,实则不然。安全是效率价值的强力推手,主体安全利益被充分认可以后,必将积极投身到生产与生活中,从而创造更多的物质和精神效益。[①] 安全价值得到贯彻,就会激发主体创造财富的欲望,增强对自身财产保有的信心,在这种信心支撑下,参与知识产权的社会主体就会在规则允许的范围内,想尽办法去开发、利用数字知识产权,从而创造出更多的物质和精神财富。因此,只有在安全价值得到保障的前提下,效率价值才能更充分地发挥作用。

当然,在安全优先的前提下,不能完全不顾及效率价值。数字知识产权立法的安全价值和效率价值如天平的两端,虽然安全价值略重,但如果效率价值太过忽视,也终将导致安全价值无法维持。信息安全问题与公民权益息息相关。[②] 在效率价值越过平衡点导致天平失衡时,安全

[①] 张洪波:《以安全为中心的法律价值冲突及关系架构》,《南京社会科学》2014年第9期。
[②] 李圆圆:《信息安全价值研究》,《档案学通讯》2013年第4期。

价值要及时纠偏，让失衡的天平重新归于平衡。数字知识产权立法的效率价值和安全价值平衡必须以保障最低限度的效率价值和安全价值为基础。在效率价值处于优先时，不能侵犯最低限度的安全价值；在安全价值得到肯定时，也不能不顾最低限度的效率价值。数字知识产权立法为解决数字知识产权安全提供了可能，为数字知识产权安全实现开辟了路径，但如何实现还需要一个过程，并且在实现安全价值的过程中要把握好尺度。在实现效率价值时不能抛弃安全价值，在实现安全价值时也不能忽视效率价值的引导。

第三章
数字知识产权立法的冲突论

数字知识产权立法冲突在 TRIPs 协议时代更加明显，这些立法冲突具体涉及了数字知识产权的贸易纠纷、技术交易矛盾以及数字信息规则制定等方面的内容。在后 TRIPs 时代，更多的知识产权贸易小多边协议采取了更高的知识产权保护标准和流动限制，加剧了数字知识产权立法的冲突，特别是与社会权利、自然权利以及发展权利之间的冲突。

第一节 知识产权文明冲突的规则基础

一 关于《保护工业产权巴黎公约》

纵观全球知识产权立法历史，最早出现的是《专利法》。威尼斯共和国于 1474 年制定了《发明人法规》，规定了保护发明创造、专利独占和侵权处罚三大基本准则。1709 年，英国颁布了《为鼓励知识创作授予作者及购买者就其已印刷成册的图书在一定时期内之权利的法》，即《安娜女王法》成为世界上第一部著作权法。[①] 1803 年，法国通过了《关于工厂、制造厂和作坊的法律》，成为全球首个商标法案。1890 年，美国通过了《谢尔曼法》，成为全球首个反垄断法。《保护工业产权巴黎公约》的宗旨是调整工业财产权的各项国际条约，包括发明、实用新

---

① 文基梅：《〈安娜女王法〉出台前的传媒产业发展状况分析》，《传播力研究》2019 年第 3 期。

型、工业产品外观设计和商标权等，是迄今为止对工业财产权的最大保护。1883年3月20日，巴黎签署了《工业财产权条约》。这些早期的知识产权立法为数字知识产权立法奠定了基础，同时也埋下了文明冲突的伏笔。

《保护工业产权巴黎公约》起源于1873年奥匈帝国国王弗朗茨约瑟夫在维也纳举办的一个大型的国际性展览，以纪念他继位30年。在当时，很多国家都不愿意参加展览，因为他们没有得到足够的国际保障。奥匈帝国制定了一条法令，允许其他各国在展览中展出的发明、商标和外观设计等商品得到暂时的保护。同年8月，维也纳举行了一次关于专利体系的改革大会，讨论了各种基于这些原则的专利体系，并呼吁各国"尽早在全球范围内建立起对专利权的理解"。这一系列产业财产权的法律制度是历史发展的必由之路。首先，19世纪因为没有关于工业财产权的协定，所以各个国家都有各种各样的法规，因而很少有国家对其进行保护。举例来说，在不同的国家，专利申请的时候，如果没有，就会因为在一个国内公布而使其在其他国家失去信誉。其次，19世纪下半期，随着科技交流与国际交流的日益普及，对专利、商标等领域的产业财产权立法进行协调已成为当务之急。1883年，巴黎举行了一次新的外交大会，11个成员国终于达成协议，签订了《保护工业产权巴黎公约》。自那时以来，该公约缔约国已对《保护工业产权巴黎公约》进行了数次修改，经过修改的大约6份，多数成员国使用斯德哥尔摩语，还有几个还在使用海牙文本、伦敦文本或里斯文本。到2014年10月为止，共有174个国家加入了《保护产权巴黎公约》。1985年3月19日，中国正式加入《保护工业产权巴黎公约》。[①]

《巴黎公约》第1条确立了"保护工业财产权联盟"和受保护的产业财产权的范畴，并把这个组织称为"巴黎联盟"。因此，该组织提出，各成员国必须建立一个专业的产业财产权组织和中间的办公室。《保护工业产权巴黎公约》是一项全球性的、基础性的知识产权条约。在《巴黎公约》中，工业财产权的保障对象主要有：发明专利、实用

---

① 王维晓：《国际会展业的知识产权保护》，《消费导刊》2009年第1期。

新型、工业品外观设计、商标、服务商标、厂商名称、产地标志或者产地名称等。① 此外，该公约还规定了防止不公平竞争的知识产权问题。在产业财产权涵盖范围内，除了最容易接受的行业，还包括农业、采矿业等其他的生产经营。

(一) 国家福利的基本原理

《巴黎公约》的第2条和第3条：欧盟全体会员国的公民均可完全享受由其他国家制定的立法或其后可能制定的法规赋予本国公民在维护产业财产权的同时，也不侵犯本公约具体条款所保障的权益。因此，在任何缔约国国家，成员国的公民都可以享受与本国公民一样的待遇，但是，这些条件必须符合成员国本国的各种法规。关于产业财产权的行政、司法程序、管辖权划分、送达地址和代表的条款，公约中的条款均不能与各国的本国法相抵触。在缔约国境内拥有居留或商业经营场所的非缔约国公民，其享受与其成员国公民相同的等待。为此，平等的基本原理是：一个国家对另一个国家提供什么样的保护，另一个国家就会提供什么样程度的保护。所以，当这个国家的防御能力比另一个国家强的时候，这个差距就会被抵消掉。根据国家福利制度，哪怕这个国家的法律地位比彼国要高，但彼国的公民依然可以享受到更高的福利，这是一种平等的待遇。

(二) 优先权

《巴黎公约》第4条A（1）款中明确指出：一项发明专利、实用新型、工业品样式或商标已经在某联盟成员国中正式提交的，如申请人或其授权的继承者，在以下所述期间，如向其他联盟成员提交相同的请求，可享受该优先权。② 此类优先条款对各种类型的产业财产性对象的适用年限也是不一样的，如：一项发明和一项实用新型是12个月，另一项是6个月的。期间的计算方法是：开始的日期为首次提出的财产性

---

① 杜文聪：《与知识产权有关的反不正当竞争若干问题探讨》，《中州学刊》2004年第2期。
② 杨望远：《生物产业：微生物及基因的专利法保护分析》，《江苏科技信息》2004年第4期。

请求的次日；若上述期限的截止日期为保护性的法定节日或有关行政机关停止营业之日起，则将期限的末尾日期，延长到其首个工作日。

在某一成员国申请发明、实用新型、外观设计等专利时，某一申请人可以在某一规定时间后再次提交给其他成员国，而随后的申请被认为与首次申请的日期相同。这就是向《巴黎公约》的一位会员国提交一份申请，该协议允许申请人向其他成员提交一份申请，同时也可以在以前提交一份申请的日期。《巴黎公约》规定的"优先"的原理，不是所有的产业财产权都是如此。《巴黎公约》的第4条对发明、实用新型、外观设计和商号等适用的优先权利作出了明确的界定。

（三）专利自主性

《巴黎公约》第4条第2款，对一项专利作出了明确的解释：一项专利已获授权，但该专利仍然由另一会员国提出。具体而言，就是一个国家的公民在一个国家的专利中，与另外一个国家的公民使用相同的专利，这两个国家之间并没有什么关系。这一独立的原理主要是针对具有优先权期间的专利，如果某一成员的专利失效，其原因不能被其他成员视为其失效。这项原理的应用包括自《国际贸易法》开始实施以来产生的所有专利权。

（四）强制许可的原理

在专利条约中，如果专利权人在获得专利后4年内，在获得专利权后3年内无法证明其合理的使用，则公约任何成员国的专利主管机关可以根据第三人的请求，强制执行此专利，但须向第三人缴纳一定的使用费。

二 《巴黎公约》中有关保护产业财产权的特定条款

（一）专利的保障

1. 发明人的权益

《巴黎公约》第4条第3款对巴黎联盟各国的发明人的精神上的权力作了界定。各会员国根据各自国家立法对发明人的精神权益进行了规范。

2. 专利和专利产品的销售和进口

《巴黎公约》第4条第4款指出,任何一项条约的缔约国,都不能因其生产的专利商品在本国被视为限制或禁止出售而被驳回。在本发明中,有一种产品不满足国家有关产品的安全、品质等的规定,或由政府向某个公司或其他机构颁发的垄断、销售专利,在侵犯公众利益和社会道德的情况下,可以驳回该专利权的授权,也可以宣布该专利权的失效。

3. 对专利实施强制性授权

《巴黎公约》第5条规定:"巴黎条约各缔约国均有权利通过法律手段,对因行使专利权而导致的权利进行限制,从而避免因其享有专利权而造成的权利的滥用。"[①]《巴黎公约》第5条的规定进一步指出:从专利申请之日至4年之内,或者从批准该专利的日期后3年(以最迟的期限为限),不能以其没有履行或未能完全履行其专利权为由要求发放强制性执照;若专利权人无法证明其不作为,应当予以驳回;此项强制性许可并不具有专有性质,除了与使用此许可的公司或商誉一同转移之外,其他均不可转移。只有对以上条款进行适当的修正,才能应用于本发明。

4. 进口权利

大部分国家的专利法对产品发明和技术创新都提供了一定程度的保护。然而,与方法创新相关的一个重要问题是如何控制按照该方法生产的产品的进口。《巴黎公约》第5条第4款对此作出了如下解释:如果一种根据其发明的技术生产的商品在其本国的法律中得到了保护,那么该发明者有权允许或阻止该商品的进口。

(二) 商标权利之保障

商标权的具体条款如下:1. 我国根据各自国家的立法对商标进行申请和登记。2. 如果国家要求,在一定期限内,已经登记的商标应该进行更新,必须提供适当的执行或不执行的理由。3. 如果一个注册商标的主要特征与该商标具有相同或部分差异,该商标的权利不一定会被

---

① 文希凯:《知识产权许可合同与防止知识产权滥用》,《知识产权》2012年第10期。

撤销，也不会减弱其对该商标的法律效力。4. 若干商业公司可以在同一或相似的商品上同时使用同一个标记。如果申请者被认为根据国家法律是该商标的共有人，那么该权利在任何缔约国都应享有，不能因其他原因而削弱该权利。5. 如果商标在其原产地或主要使用的国家被认定具有相当的影响力，而其他商标属于伪造、模仿或翻译的行为，并且被用于同一或相似的产品上容易引起混淆，那么会员国将根据本国法律或相关各方的要求予以驳回或撤销登记，并予以取缔。对以这种方法获得商标权的商标，应予以无效，不受时限的约束。6. 会员国应当对其标志进行保护，而不要求其对其进行登记。7. 在一项条约中，一名成员授予了一项商标权之后，另一会员国就此项商标提出的注册请求，应予以同等的法律保障。① 在上述有关商标的条款中，本公约还就国徽、官方印记和国际政府间机构的标识能否成为注册商标和代理注册等问题作出了明确的界定。

三 PCT《专利合作条约》

（一）关于《专利合作条约》的要点

1. 申请书

申请人应为该国公民或公民，须先向相关国家专利局、地区国家专利局或国际性组织提交专利申请。在申请过程中，申请人必须使用特定的语言和统一的格式，并指定希望获得专利权的国家。受理机构在收到国际申请后，根据《公约》和《条例》中规定的形式进行形式审查。若审核后发现提交的材料和程序完整无误，则可将其作为正式的法律文件。

2. 国际搜索

受理处应于接受该国际申请之日期后1个多月之内，向PCT联合会会议指定的一个查询处提交，并按照统一的准则进行查询，并将其转交WIPO国际司。国际搜寻机构从接收资料之3个多月或从国际申请日期

---

① 胡洪亮：《知识产权法律冲突问题浅析》，《重庆科技学院学报》（社会科学版）2009年第3期。

后 9 个月之内，根据"PCT 最小文献数"的方式，提交一份资料，并将其转送 WIPO 国际部及申请人。在接到这份报告之后，申请人可以自行撤销或保持其申请，并根据需要对其所列的各项权利进行修订。

3. 国际性出版物

从国际申请日起满 18 个月后，WIPO 国际局将发布与之相关的国际搜寻结果。根据各国的国内法规定，已公开的国际申请是否能够在各制定国获得暂时的保护是有所不同的。在国际申请公开的过程中，国际局会将有关的国际申请文件和相关文献资料转交给相应的国家。如果申请人只选择了一章，那么该国际申请将在国际申请日（或该日期）后 20 个月开始在该国境内生效。在此期间，申请人需要进行一些相关程序，包括指定代理人、缴纳国家费用以及提交该国语言的申请翻译文件。

这是一个国际初步的审核过程，第一次国际复审是有选择的，各缔约方可以宣布不采用这一过程，而申请人若为承认第二章的一名居民或一名国民，则可以要求接受委员会指定的一项国际初级复审机构对其申请进行一次国际初步评审，并且在认可第二章的起草中，选择至少一个采用国际初审的结论。如果国际初级审评机构觉得申请满足所需的条件，则接受申请，并向 WIPO 国际司提交一份有接受时间的申请，由国际委员会接收后向被选中的各国专利机构通报。

（二）协定之利

1. 申请人可以向其国内专利局提交一种特定的语言和标准形式的国际申请，该申请在被指定的国家具有正式效力，从而避免了在不同国家单独提交专利申请所需的人力成本。

2. 根据《巴黎公约》各会员国的要求，申请人可以根据自己国家的申请优先权进行申请。由于这种国际申请是在申请人的本国提交的，所以对申请人来说，程序更加方便。因此，在优先权期限结束之前，申请人可以提交一份被称为"最终时刻"的请求。

（三）公约的限制

1. 尽管 PCT 使申请程序变得简单，但专利的审批与否仍然取决于各国的本国法律，而不是"一次申请，一次审查，一次批准"。

2. 在国外申请期间所支付的费用，包括检索费、审查费、翻译费等，并不能替代在本国完成的申请。如果考虑到其他附加成本，一个国际性的申请将会非常昂贵。如果要在几个不同的国家申请，单个申请的成本将低于在国外申请的成本。

四 关于《商标国际注册马德里协定》

在1891年4月14日，西班牙马德里签署了《商标国际注册马德里协定》（以下简称《马德里协定》），该协定的核心内容是商标的国际注册。中国于1989年10月4日正式加入了该公约。

（一）申请加入国际组织的资格

根据《马德里协定》，一旦在某个会员国登记了商标，该国公民就可以通过《马德里协定》的国际局进行国际注册。经国际局审核通过后，会立即发布该商标，并通知申请人所请求保护的会员国。被请求的会员国在收到申请后，将在1年内决定是否提供保护。如果在1年内没有向国际局提交拒绝在本国进行登记的声明，就会认定该商标已经在该国获得批准。[①]《协定》进一步规定，申请国际注册商标的申请人应先在其本国进行商标登记。随后，本国的商标登记机关应将国际注册申请提交给国际局。

（二）国际登记的有效期限

无论国家对商标的有效期作何种限制，《马德里协定》均将其设定为20年的国际注册期间。在期限到期后，商标持有人可以申请延长20年的续期。为了提醒商标持有人或其代表准确的到期日，在有效期限到期前的6个月内，国际部将发出一份非官方通知。如果到期后仍未能完成续租，还有额外的6个月的延期时间。

（三）国际登记的有效性

一旦在国际上进行了注册，则被认为是向制定该保护的会员国提出

---

① 米新丽：《我国驰名商标亟待加强保护》，《中国改革》1997年第6期。

了一项直接的注册请求。从国际登记日期或以后的日期开始生效。在使用期限期满之前，注册方可以向国际机构提出延长使用期限，如果延长期限不能延长，可以延长 6 个月的期限。尚未续办的，取消此项国际注册的商标。

第二节 TRIPs 协议下知识产权发展的制度冲突

一 TRIPs 协议制订的历史与过程

（一）国际商务与智力财产权的迅猛发展

在过去几十年中，知识产权在全球范围内得到了越来越多的关注。在全球范围内，智力资产所占商品比例也在不断增加。例如，从贸易总额的角度来看，尽管与实物商品的交易相比，智力资产的交易仍存在差距，但其增长速度要快得多。[①] 知识产权的保障与世界贸易发展密切相关，尤其是对于拥有技术领先地位的发达国家（以美国为例）来说更加重要。然而，目前国际上的知识产权保护制度存在不足，包括不同国家之间缺乏有效的合作与协调。此外，不同国家和地区之间也存在知识产权保护的差异。因此，各国需要进一步加强国际的合作与协调，以建立更加有效的知识产权保护机制。

（二）关于关贸总协定的知识财产权问题的协商

关贸与贸易总协定作为一项重要的商品贸易协议，在第二次世界大战后的世界经济复苏中发挥着举足轻重的作用。在初始的磋商过程中，尽管也会讨论到一些关于知识财产权的问题，但是却没有一个清晰的规定。1986 年，《乌拉圭议定书》确定启动了第 8 轮多边贸易谈判。美国和瑞士等发达国家均认为，知识产权在多边贸易中应被视为一个重要问题。美国代表还表示，如果智慧财产权问题不被列为一个新议题，美国

---

① 张婉茹：《国际贸易与知识产权的价值平衡——从〈TRIPS 协议〉看知识产权与国际贸易的关系》，《法制与经济》（下旬）2012 年第 8 期。

将会在第 8 轮谈判中否决。① 此外，富裕国家还要求制定各种标准来保障所有的智力财产，而且，知识财产的权利必须由关贸总协定中的解决争端的机构来加以保障。而印度和巴西等国家则将知识产权作为其使命，应该区分打击仿冒和扩大的保护。发达国家担忧，加强跨国公司的垄断、提高药品和粮食的定价，会给公共利益带来负面的后果。② 双方意见分歧很大，因此发达国家与不发达国家产生了两种截然不同的观点。在 1991 年，时任总统的邓克尔为最终的草案提供了一个框架，在该框架内，关于知识财产权的协议得到了广泛的认可。1993 年 12 月 15 日，在乌拉圭回合的所有会谈中，最后达成了一项关于知识财产权的协定。TRIPs 协定是 WTO 最终文件中的一项内容。TRIPs 是世贸组织中所有成员国都要参加的一项多边协议。到 2013 年 3 月为止，已有 159 个国家和地区加入世贸。中国于 2001 年 12 月 11 日正式成为世贸成员。

二 TRIPs 协议的目标、一般规定和基本原理

（一）TRIPs 协议的目的

在 TRIPs 协议的导论和第 7 条中清楚地阐述，该协议的目的是：一方面有利于充分有效地保护知识产权，另一方面保障保护和执行这些保护措施和过程不妨碍正当的交易，因此，保护和执行应该帮助推动技术创新和技术转移和扩散，使技术的发明人和用户都能从中获益，从而推动社会和经济福祉的发展与权利和责任的均衡。

（二）TRIPs 协议总条款

1. 关于智力财产的范畴

协议的第 2 节对各种类型的知识产权作出了详细的界定，包括著作权和相关权利、商标、地理标志权、工业设计、专利、集成电路布图权、未公开信息的专有权。

---

① 金磊夫：《知识产权及〈与贸易有关的知识产权协议〉——WTO 系列谈（四）》，《冶金管理》2000 年第 8 期。

② 贺杰、张润利：《技术创新与专利技术（第四讲）——利用国外专利技术的基本原则》，《工程机械》2003 年第 4 期。

2. 同其他 CIPS 的联系

协定第 2 条第 1 款指出："本协定第 2.3.4 项。各会员国均须遵照《巴黎公约》第 1—12 和第 19 条。"协议第 2 条第 2 款指出："根据《巴黎公约》《伯尔尼公约》和《罗马公约》，各成员国应履行的各项责任，本协议第 1.4 项中的各项条款均不能减少。"

3. 权利耗尽

协议第 6 段指出："根据该协议的条款，在满足国家和最优国待遇条件下，不得使用该协议中的条款来解决其耗尽问题。"知识财产权耗竭问题一直是一个世界性争议的问题，权利人在第一次销售含有知识财产权的商品后，其权益是否在本国境内耗尽或在世界各地使用，其实践方式也不尽相同。该协议条款显示，各成员国就解决知识财产权耗尽问题发生争议，但该协议的条款不能用于支撑或否认该问题。

4. 将智力财产视为私有权利

TRIPs 在其前言中指出："确认智慧财产权为私人权益"，并指出"确认国家的知识财产权制度的最根本宗旨，其中包含发展与技术方面的目的"。

三　TRIPs 的理论基础

（一）国家对待的基本原理

协议第 3 条所述，成员国对其他成员国家的知识财产权的保障，应按他们所给予的国家公民的同等对待。[①]《罗马公约》中的《巴黎公约》和《伯尔尼公约》都容许在一些案件中取代了国家对待的原则；就表演者、录音制作者和电台机构来说，国家对待仅限于根据协议所述的各项权益；在某些法律和行政方面，可以作为一个特殊的国家对待。

（二）最优权的基本原理

在过去的一些国际公约中，并未对此作出清晰的定义。TRIPs 将这一关贸总协定的基本原理纳入知识产权的保护方面，明显地提高了其应

---

① 李诚、方芸：《SaaS 模式下软件出租权问题研究》，《现代物业》（中旬刊）2012 年第 2 期。

用的效果和范围。这项规定的意义在于,各会员国的国民必须立刻、无条件地向其他国家的国民提供优惠、特权和豁免,以保护知识财产权。《伯尔尼公约》与《罗马公约》对该原理的相互关系有很多特例;在WTO建立之前,通过智慧财产权协定获得了优待。此外,在由WIPO主办的关于获取或维护知识产权的多边协定中,上述两项都不能应用于公约的各项手续。

四 TRIPs协议中关于知识产权的基本保障

(一)版权及相关权益

著作权是作家创作的文字、艺术和科学作品的合法权利,包括署名、出版等权利。相关的权利涉及与作品的发行有关的权利,即表演者、录音制作者和媒体拥有对作品进行复制的权利。我们和其他一些国家将这些权利称为相邻权利。

《伯尔尼公约》第1条到第21条规定了伯尔尼公约对文艺作品的保护权利;附件则是关于在发展中国家一些著作权问题上的特殊条款。然而,该公约的保护范围仅限于财产上的权益,不包括对个人精神权益的保护。《伯尔尼公约》第6条之2明确规定了版权人享有的两种精神上的权益,即署名权和完整权。协议要求世贸组织成员方对根据《伯尔尼公约》获得的精神权益及其衍生权益承担责任。

1. 对出租人权利的保障

作为《伯尔尼公约》未涉及的租赁权,它是对版权的国际规范的重要补充,同时也是该协议中对版权的一种保护措施。根据公约第11条的规定,会员国应授予著作者或其法定继承人对原始或复制的作品进行授权或限制,以供公众使用。①

2. 关于表演者,唱片和录音制作者,广播组织的相邻权利

协议第14条规定:演员有权阻止未经许可的情况下对其演出进行录制和复制;录音制品的生产者有权对其进行直接或间接的复制;电台有权禁止未经许可的情况下对其电台进行录音、复制、无线电播放和原

---

① 杨国华:《世贸组织对成员法律制度的影响》,《律师世界》2001年第11期。

封不动地向公众播放节目。

3. 保护期

著作权的保护期限为 50 年；艺人及录音师有 50 年以上的权益；媒体的权益被保护了 20 年以上。

(二) 商标

1. 商标的保护

通过对商标的界定，本协议首次将商标与服务的标识结合起来，以使其与其他公司的产品或服务区分开来。如果符号标识无法明确区分产品或服务的特性，每个会员可以根据其所获得的差异来决定是否具有商标，但每个会员都可以对其进行可视识别。如果此条款与《巴黎条约》条款相一致，则不得阻止会员方政府以其他原因予以驳回。

2. 商标权利的获取与拥有

商标权与著作权的自动权利是有区别的。商标权需要通过特定的行政登记过程生成，但它也是基于商业活动中使用的商标而获得的，是对已被使用的商标权的一种肯定。会员设定登记可以是为其用途而设立，但不得将其实际用途视为登记申请之前的先决条件。在保持登记时，请先使用。除非已注册的商标拥有者提供合理的解释，否则只有在 3 年内无法使用时才能撤销其登记。在商标注册时，其产品或服务的特性不得妨碍其申请。会员应该在商标登记之前公布每个商标，并提出理由要求撤销注册。此外，会员还有机会提出对商标的异议。

注册商标的所有者对其注册的商标享有独占权，其他第三方未经该商标所有者的同意不得在同一或相似的商品和服务业务中使用与该商标相同或相似的标志，以避免引起混淆。[1]

3. 商标授权和转移

会员可以设定商标授权和转移的条款，但不得对该标志实施强制性的授权。

4. 保障期间

第一次注册和每一次的续作登记，其保护期限应为 7 年以上。商标

---

[1] 林远：《弥合"数字鸿沟"有待各方共同努力》，《经济参考》2019 年第 9 期。

的延续登记不受任何限定,可以无限延长。如果没有合理的原因,可以取消注册3年。

(三)专利的法律保障

1. 就专利权的保护对象而言

协议第27条规定,在技术领域内,除特殊条款之外,均可对其进行专利的保护。不管是发明的产品或技术的发明,都要有新颖性、发明性和可应用性。[1] 授予此类发明的专利权和获得专利权利并不因发明地点、技术领域、产品进口或本地制造而不同。会员有权对不授予专利的特殊情况做出特别的决定:一是诊断、治疗和外科治疗;二是动植物的生产工艺,除了有菌以外。但是,会员必须使用专有的制度、特殊的系统来对动物和动物的种类进行保护。另外,为保护公众的治安与伦理,防止对生态造成重大危害,在本国境内商业使用的发明,也可以不给予该项发明。

2. 与专利权有关的授权

专利权人享有专利权。在发明专利时,专利权人有权阻止别人为其生产、使用、销售或为其使用而销售其专利;就方法发明而言,专利权人有权阻止他人使用、销售、销售,或者为其输入的至少是通过这种方式直接得到的。该协定扩大了对工艺专利的保护,使其可以通过这样的方式直接得到产物。同时,专利权人有权利将其转让,与他人签订技术契约并授权他人使用。

3. 专利的撤回或失去和专利的保护期

(1) 取消或失去。在本协定中,对于相同的专利权的撤回或失去,应当给予一个公正的审判。

(2) 保护期。在协议中,对于任何技术方面的产品和制定国家政策以及你们的发明,其权利不得低于从申请之日开始的20年。

五 TRIPs协议中有关对知识产权实施的规定

在TRIPs协议中,保护知识产权者可以切实地运用自己的权益,建

---

[1] 邓鹏:《数字经济时代知识产权的机遇与挑战》,《中国发明与专利》2020年第9期。

立起一套规范，规定所有的主体必须在各自的利益基础上，对所有的知识产权者进行合法的诉讼和补救，以保障他们的合法权益的执行。根据该协议，该协议对相关的成员国的法律体系作出了如下原则。

1. 成员国必须确保本国法律包含了执行法律的过程，面对违反该协定所保障的知识财产权的一切行为，其中包括立即采取补救办法，预防侵权，并制止继续侵害。在执行此类诉讼时，应当避免阻碍正当交易和禁止相关诉讼。

2. 关于保护知识财产权的法律执行过程应当是公平和公正的。这类诉讼不应是冗长或昂贵的，而且也不应该设定造成不必要的延误的时间限制。

3. 关于案情的判决，最好采用陈明原因的文字，并将判决及时地送达相关各方。只有在事实的基础上才能作出判决，并且应当允许各方有权就其提出自己的观点。

4. 诉讼各方应当有一次请求司法机关对最终决定进行复审的机会，并且在遵循成员国立法关于重大案例的司法权限的情况下，提出请求司法复审的机会。然而，对于犯罪案中的无辜者，他们并没有给予复审的责任。

5. 协议并未规定成员国要制定一套有别于普通法律执行的司法系统来执行知识财产权。

六 后 TRIPs 时代数字知识产权贸易博弈

数字化经济是继农业经济、工业经济之后的一种更高的经济形态，它是以数字化的知识、资讯为基础，以数字化技术为驱动，以现代化的信息技术为主要支撑，以数字化技术与实体经济深度融合，不断提高传统产业数字化、智能化水平，加快重构经济发展。[1] 例如，美国在数字内容产品版权、软件产品源代码、人工智能算法和密钥等方面重点地采取了相关举措，其中如美国—欧盟技术理事会（TTc）的建立就是典型[2]，

---

[1] 胡鞍钢：《中国工业化道路 70 年：从落后者到引领者》，《中央社会主义学院学报》2019 年第 5 期。

[2] 周念利、孟克：《美国拜登政府的数字贸易治理政策趋向及我国应对策略》，《太平洋学报》2021 年第 10 期。

TTC 的主要目标包括：扩大双边贸易投资，避免新的技术壁垒，就技术、数字、供应链等关键政策进行合作，支持联合研发，合作推广兼容的国际标准，便利监管执法合作，推动双方企业的创新和领导力。TTC 初步设立十个工作组，包括技术标准合作、气候和绿色科技、保护供应链（包括半导体）、通信技术安全和竞争力、应对技术滥用对安全和人权的威胁、出口管制、投资审查、促进中小企业应用数字技术、全球贸易挑战。双方还设立了技术竞争政策联合对话机制。另外，美国为了保障数字知识产权关键领域的核心利益也进一步加大了对竞争国家，特别是对中国的压制力度。

从全球产业链分工体系来看，西方产业界在廉价或者免费获取发展中国家原始知识产权资源的同时，也将自己制造的产品大量输入发展中国家来争夺市场。例如，欧美国家依靠核心技术与专利以及品牌服务等优势占据了全球产业链利润分配的高端。实际上，发达国家拥有的关键知识产权，如美欧芯片实质上控制着产业链的顶端。在全球产业链分工下，发展中国家的技术贸易逆差明显，其中中国是最大的技术贸易逆差国。从数据来看，中国知识产权逆差自 2009 年后一直在 100 亿美元以上[1]。2017 年知识产权逆差达 238 亿美元，2018 年攀升到 302 亿美元，同比增长 26.9%，2020 年进口额更是达到了 378 亿美元，这占到了我国同期服务贸易进口额的 10%[2]。而美国以贸易逆差为由对中国发动贸易制裁，实际上是减去了技术贸易额和服务业的额度，这并非公正的贸易制裁决策。为保持全球产业链的优势地位，欧美国家采取了以下措施。（1）提高知识产权保护标准。欧美国家围绕 TRIPs 协议启动的国际协商以及绕过 TRIPs 协议出现的双边、多边保护机制，使得国际知识产权制度出现了新的变革态势。例如，欧美国家积极推动双边自由贸易协定（FAT）、《反假冒贸易协定》（ACTA）和《跨太平洋伙伴关系协定》（CPTTPP）的建设。（2）加大单边制裁力度。面对部分国家不愿意加

---

[1] 参见《理性看待我国的知识产权贸易逆差》，人民网，http://ip.people.com.cn/n/2015/0604/c136655-27102815.html，访问日期：2022 年 11 月 1 日。

[2] 国家外汇管理局国际收支分析小组：《知识产权国际合作促进互利共赢》，《中国金融》2021 年第 18 期。

入上述协议或者不愿意执行的情况时，美国会绕开WTO所规定的争端解决规则与程序（DSU）来单方面制裁他国。这是违背WTO贸易规则的，因为，任何WTO成员方都被禁止通过单边制裁的方式来解决贸易纠纷。《关于争端解决规则与程序的谅解》（DSU）第23条和《建立世界贸易组织协定》第16条第4款也都明确禁止成员国采用单边措施。（3）强化数据本地化战略。欧美国家不断强化"数据的本地化""研发的本地化"和"制造的本地化"的发展。甚至，欧美国家会以国家安全、个人隐私和数据本地化的要求附加某种措施限制，这种限制会阻碍其他国家获得有关数字技术、人才以及基础原材料。[①]

同样，我国的数字知识产权与数字经济紧密相连：一是要将创意成果转换为多种类型的知识，并将其列入知识产权体系的保护范围，从而推动数字化技术的发展；同时，还要对数字经济发展的结果进行法律规制和指导。可以说，智慧财产权的引导是数字经济发展的必然选择。在此基础上，我国的数字产业与专利密集型产业、版权产业有着高度的交叉。根据工信部和中国信息通信研究所的分级，数字经济所涵盖的行业有：（1）数字化工业，即电子信息制造业、电信、互联网、软件和信息技术服务业；（2）以农业、工业和服务业为主体的工业数字化；（3）数字治理，包括数字孪生和平台治理，为数字经济的发展提供了保障。

以上行业以信息通信、生产制造和技术服务为主，与《知识产权（专利）密集型产业统计分类（2019）》具有很高的一致性。2018年，我国的知识产权（专利权）密集行业的产值已经达到11.6%，新装备制造、信息通信技术、新材料等行业表现最为突出。与此同时，以影视表演、文学艺术等为主要内容的创意工业、电脑软件工业，也是以著作权为主要支柱的工业。

从发展的角度看，我国的信息化建设正在加速由"虚拟"向"实物"、"消费"向"生产""服务"等领域的延伸，同时，"数字"和"数字"的发展速度也在"加速"，"生产力"也随之"突飞猛进"。而

---

① 董涛：《知识产权数据治理研究》，《管理世界》2022年第4期。

知识产权制度则是创新的保障，是经济制度的保障，是可持续发展的领航者，是融合发展的导航者。从长远来看，智力财产对激发潜能、提高效率、促进融合发展具有重要意义。

疫情之后，数字经济的潜力将得到进一步挖掘，市场需求将加速释放，知识产权的激励效应将更加突出。具体来说，以下方面将对数字经济的发展产生积极影响。

首先，分享将成为创新的源泉，激发整个社会的创新、创造和创业热情，从而保持创新的活力。其次，进一步激发企业和市场活力，通过智力资产证券化等方式，加速科技成果向外部的转移和转化。最后，鼓励创新的数字资产，如数据等，以市场化方式进行分配，从而保障数字经济的可持续发展。

在提高工作效率方面，通用电气公司的计算显示，仅仅提高企业生产效率或减少1%的生产费用，对中国来说，就意味着上千亿元的收益。专利作为知识财产是创造财富的有效途径，也是提高企业技术创新的重要手段。同时，推动技术向生产力的转变已不局限于研发过程，而是要将其应用到工业化过程中。

数字化发展是数字经济的主要阵地，通过将数字化技术运用到各个领域，不断提高企业效益和品质，并持续发掘新的市场需求。知识产权是将数字化技术成果转化到实际生产中的重要手段，能有效解决信息技术的终端问题，推动技术产业化、集群化，并支持数字化技术与传统工业的结合。在数字经济中，知识产权建立新的竞争优势，对于推动全球经济增长和国家竞争力至关重要。

在数字经济时代，新的产业分工尚未形成，产业格局还在调整，新业态也在发展中。因此，继续推进专利导航、高价值专利培育、品牌建设、风险预警等知识产权工作，有利于释放数字经济叠加、倍增效应，赢得先机。同时，加强技术链和产业链安全保护，有效预防知识产权风险，构建安全屏障。

另外，构建数字贸易的"二次数字交易"也至关重要，主要体现在跨境数据自由流动、数字产品关税和知识产权保护等方面。这将为数字经济的国际管理制度改革提供中国的智慧和解决方案。

促进高质量发展的知识产权。数字化、网络化和智能化是促进我国高水平发展的新动力。加强知识产权提升工程、知识产权平台管理、数字文创企业的保护等，推动创新与经济、贸易、文化发展更深入地结合，有利于探索新技术、新业态、新模式，更有利于共同探寻新动能、新路径。此外，通过对创新资源进行合理分配，有利于解决"卡脖子"问题，为发展数字经济奠定坚实的基础；同时，还可以把资源放在重点行业，加速整个产业链的创新系统和提高自主创新的水平；促进对外开放和整合，促进由资源驱动到创新，促进质量、效率和动力的发展。全球化是当今世界所趋大势，随着人类社会交往日益密切，全球性问题已经成为各国面临的共同挑战，仅凭单个国家或地区恐难以解决这些问题。全球性问题包括资源、生态、发展、军事等各个方面，其中在全球竞赛规则的构建和重塑方面，越来越多的国家意识到：必须进行多国合作与协商，反对极权主义和霸权主义的单边力量体制。通过"全球治理"协调各种不同的或者相互冲突的利益，并采取合作包容的态度和行动方式。

随着人类社会进入工业化时代，财富的数量和质量迅速增长，尤其是近百年来，知识等无形资产在社会财富中所占比重逐渐增加，使得21世纪被誉为"知识的世纪"。在这个世纪中，国家间的竞争和冲突焦点逐渐转向"创新能力"和"规则制定"两个方向。随着全球化的不断深化，知识产权竞争日益激烈，知识产权保护规则成为国际治理体系和规则的关键组成部分，对经济、政治、司法、文化等各领域产生重大影响。当今，各国和地区普遍认识到知识产权对国家发展的重要性，越来越多的国际议题强调知识产权的关键作用。除了世界贸易组织和世界知识产权组织，更多国际组织积极参与相关知识产权标准和规则的制定。因此，知识产权已成为影响一个国家政治经济根本利益甚至国际地位的重要因素。

在世界百年未有之大变局中，国际知识产权竞争态势也随之发生了新的变化。新兴市场力量崛起、国际知识产权议程的发展、大数据技术的快速发展等都表明数字时代已经到来，国际知识产权竞争的规则和业态将面临巨大重塑。作为拥有世界上最大市场的国家，中国应该准确把握国家知识产权格局的变动，引领国际知识产权格局的走向，主动参与制定知识产权规则，为世界的发展和治理提供中国智慧和中国方案。在实现中华民族伟大复兴的历史任务中，知识产权人应当认真考虑如何助力世界经济复苏和发展。

（一）TRIPs时代的贸易市场纠纷

1. TRIPs协议的前世今生

在国际贸易发展的历史中，知识产权的国际规则制定大致经历了5个时期。第一个时期是殖民地时期，这期间不仅知识产权法，其他部门法以及政治文化体系都由西方国家主动强加到被殖民地国家和地区，美其名曰为民主化、法制化或者社会与法律变革，但实际上不过是满足其资本主义发展所必需的贸易和商品出口、开拓新兴市场的工具。

第二个时期是非殖民化时期，由于西方国家对殖民地地区的统治和影响根深蒂固，许多被殖民地国家的先进知识分子和官员都接受了西方的文化洗礼，他们坚定地认为要想实现国家富强和民族独立，就必须学习西方先进的文化和制度，其中就包括西方的法律制度，认为这是实现国富民强的有力工具。但事实上，这不过都是西方国家的空头支票，如今很多亚非拉国家虽然彻底实行了西方的知识产权法律制度，但除了沦为资本主义国家商品和服务市场以外，并没有实现国富民强的目的。[①]

第三个时期是20世纪下半叶，一大批发展中国家已经实现了国家独立和民族自决，开始急于发展经济以快速地消除殖民地时期给国民造成的严重的贫困、落后的境地，这时期，这些国家不断地在国际舞台发声，不断地挑战西方国家的霸权主义和强权政治。虽然在国家知识产权制度上积极争取自己的利益，但迫于贸易压力，依然是西方主导、自己服从的卑微局面。

第四个时期是处于世界贸易组织协议框架内一部分的与贸易有关的知识产权相关协议，简称TRIPs协议。这段时期发展中国家即使积极适应、融入、构建知识产权制度，为了本国的经济、社会、文化利

---

① 严永和：《"信息封建主义"说的主要贡献、不足与完善——与彼得·达沃豪斯及约翰·布雷斯韦特教授商榷》，《暨南学报》（哲学社会科学版）2013年第1期。

益而不断改进调整本国的知识产权制度,依然会被像美国这样的贸易强国挥动大棒处处打击。发达国家依然会宣称这些新兴市场国家盗取他国知识产权,并且冠名以"盗窃",宣扬自己的知识产权法,从而打压这些国家的经济发展。而相当一部分发展中国家在长时间内还认为的确是自己的知识产权法律不健全,默默地承受着发达国家的"侵略"政策。

第五个时期是20世纪末,一些发达国家为了追求知识产权的更大价值化,因此放弃了发展中国家势力日益增强的WTO和WIPO多边磋商机制,转而采取双边或小多边的自由贸易协定FTAS,即所谓的TRIPs-PIUS协定。在这些协定中,发展中国家希望获得发达国家的关税减免等好处,而发达国家则希望维持和强化自己作为知识产权大国的地位,以保持其在贸易和技术领域的优势。

2. TRIPs时代的贸易纠纷

伴随经济全球化的加深,作为世界上最大的两大经济体,中美两国的贸易广度和深度不断加大,导致两国的经贸摩擦也日益频繁。改革开放40多年来,中国的知识产权法律制度的每一次变革大多由于美国的外力原因推动,更准确地说是美国为了自己的经济利益迫使中国作出必要的妥协。尽管这一定程度上有中国自主变革的意愿,但是美国是这些变革的主要和直接推手。长期以来,如果中美贸易关系是中美两国关系的"风向标",那么在知识经济日益发达的今日,知识产权纠纷就成为这个"风向标"当中的重要影响因素。

1979年中美正式建交,中美关系经历了一段时间的"蜜月期",这期间中美两国在科技、军事、经济等各领域都展开了深入的交流,美国给中国也提供了很多先进的技术和经验。[1] 当然,这绝不是美国人大发慈悲,而是中国坚定地实施了改革开放,美国人不仅看到了中国政府建设市场经济的决心,也看到了中国这个庞大的市场。但由于我国当时的市场不健全,产权的观念甚至没有多少人了解,更谈不上知识产权保护制度,所以知识产权问题成为双方贸易、技术交往中的重要摩擦点。于

---

[1] 易继明:《中美关系背景下的国家知识产权战略》,《知识产权》2020年第9期。

是，在美国的强力推动下，我国陆续制定了知识产权单行法，构建起了基本的知识产权保护体系。后来，中国成功加入 WTO 组织，也离不开美国的首肯，但作为交换条件，中国开始全面修改知识产权法，基本达到了美国的目的。

3. TRIPs 协议的功过是非

在 19 世纪，欧洲的一些国家根据当时的知识经济发展状况，制定了首个知识产权国际公约——《保护工业产权巴黎公约》（以下简称《巴黎公约》），国际的知识产权规则便进入了正式的轨道。虽然《巴黎公约》试图在工业产权保护水平参差不齐的诸国间寻求平衡，但《巴黎公约》存在缺乏执行机制的不足，对成员国没有太强的约束力。[①] 随着新一轮技术革命和产业革命以及全球化的深度融合发展，《巴黎公约》这一套机制便沦为僵化的"死尸"。这种情境下，《与贸易有关的知识产权协议》（TRIPs 协议）应运而生，世界贸易组织将知识产权纳入贸易自由化的体系中，从而强化了对于知识产权纠纷的执行力度，给国际知识产权治理规则带来了新的变化。TRIPs 协议的背后，离不开美国的推波助澜，因为当时美国政府当时认为海外盗版猖獗是影响其科技竞争力、利润的主要原因，而很多发展中国家的市场机制相当落后，这种机制一定程度上抑制了落后国家利用翻新、转化先进技术来实现自己发展的目的。虽然客观上也促使了这些国家建立起了自己的知识产权保护体系，但是这一协议忽视了不同国家之间知识经济的发展差距，忽视了发展中国家的发展需求。

（二）后 TRIPs 时代的技术贸易战

一般来说，以 1994 年 WTO 取代 GATT 为标志，TRIPs 协议在各成员的普遍实施、实施过程中知识产权和人权的冲突、传统资源保护三个主要问题上引发了知识产权制度变革时期。[②]

[①] 董涛：《全球知识产权治理结构演进与变迁——后 TRIPs 时代国际知识产权格局的发展》，《中国软科学》2017 年第 12 期。

[②] 吴汉东：《后 TRIPs 时代知识产权制度的变革与中国的应对方略》，《法商研究》2005 年第 5 期。

1. 后 TRIPs 时代的特征

在 TRIPs 协议之后，由于新一轮科技革命和产业革命的进行，使得 TRIPs 协议的适用显得有些难以为继，这主要体现在：第一，信息技术和数字技术给 TRIPs 协议带来了前所未有的挑战。由于历史局限性，TRIPs 协议未能对数字技术给予充分考虑，也未能考虑到当下普遍存在的网络侵犯、网络犯罪的管辖、判决和执行等问题，未能考虑到数据在当下的巨大作用，所以存在的局限性不言自明。第二，TRIPs 协议主要是发达国家为了保持其技术领先优势、实施科技侵略的重要手段，发展中国家的利益未能充分照顾到。协议主要考虑到对科技创新的保护，尤其是知识产权技术性的保护，而对于一些技术特征不太明显的知识产权未能给予足够重视。比如发展中国家的传统文化资源、动植物资源等，这就导致很多发达国家利用这一漏洞开发了大量的落后国家的这些资源，例如拍摄电影、开发植物新品种、研制新药物等，客观上加剧了技术的不平等。近些年，很多发展中国家意识到了这些严重的问题，很多时候在讨论这些议题时不得不在 TRIPs 协议框架之外进行。第三，TRIPs 协议过于强调知识产权的权利属性，而没有考虑到发展中国家的发展利益以及公共产品和公共资源的分配问题。比如，对于一些全球性的危机，粮食危机、气候危机、资源危机等，需要发达国家贡献先进的技术才能合作应对，而在 TRIPs 协议的框架下，发达国家只会顾及自己的科技和市场竞争力，而没有携手应对全球性危机的意愿。

后 TRIPs 时代由于经济贸易发展的新情况产生了许多新的制度，这期间出现了"TRIPs – PLUS"制度的快速发展的新趋势。这一制度发展的显著标志即为相关"TRIPs – PLUS"协定的快速增长。这些协定如同当年的 TRIPs 协议，对于新形势和新环境下国际知识产权规则产生了极大的影响，也影响着后 TRIPs 时代的技术贸易秩序。"TRIPs – PLUS"指的是在 TRIPs 协议的基础上，一些国家缔结了比 TRIPs 协议保护标准更好、范围更广、效力更强的双边或小多边协议。制定"TRIPs – PLUS"的目的在于提高知识产权权利人的保护水平和保护范围，客观上还削减了 TRIPs 协议中一些原则性和变通性的规定。这些协议由欧美主导，采用了欧美标准。这些协议中的相关标准不仅削弱了发展中国家在 TRIPs 协议下的国内立法自由裁量空间，还弱化了 WTO 试图平衡专利权利人利益与公共利益的尝试，真实目的即为维护并且强化发达国家的技术垄断或者技术优势地位。

2. 后 TRIPs 时代的纠纷新貌

后 TRIPs 时代，"TRIPs – PLUS"协议的广泛应用为世界贸易争端带来新变化。第一，确立了比 TRIPs 协议更高的标准，形成了国际知识产权保护体系的棘轮效应。"TRIPs – PLUS"协议虽然不像 TRIPs 协议或者《世界知识产权公约》那样具有广泛的约束力，然而这些协议的大量出现所产生的效果事实上形成了在 TRIPs 协议上的高标准，从而提高了后 TRIPs 时代的国际知识产权保护标准。第二，通过适用最惠国待遇原则和国民待遇原则，促使全球知识产权规则趋同化。TRIPs 协议中的最惠国待遇原则和国民待遇原则，构成了 TRIPs 时代及后 TRIPs 时代国际知识产权保护的基础制度，"TRIPs – PLUS"协议更加增强或者强化了这两项原则。第三，促使国家知识产权法中的法律规范具备更强的执行力。在知识产权保护的国际规则中，存在通过条约并入的方式使一个未生效条约的某些条款获得效力的情形，如 TRIPs 协议并入《集成电路知识产权条约》使后者发生效力。[①] 而在 "TRIPs – PLUS" 协议中，国际知识产权制度的一个重要的进程就是并入不具约束力的国际法规范，从而增强法律规范的执行力。第四，减小了知识产权经济落后国家在 TRIPs 协议框架下利用其规则进行变通规定的自由裁量空间，使得落后国家在 TRIPs 协议中能够享受到的优惠待遇名存实亡。众所周知，TRIPs 协议使知识产权国际保护向着"强化权利性、强化约束性"的加强知识产权保护力度发展，但是这份协议考虑到了发展中国家的经济发展实际，给予了发展中国家一定的政策空间，使得这些国家能够逐步地跟上国际知识产权保护的水平。协议的变通性规定主要包括：一是例外和限制条款；二是议程问题；三是发展中国家的特殊待遇；四是允许国内立法的自由裁量规定。但是这些政策在后 TRIPs 时代都被破坏掉了，

---

① 张建邦：《"TRIPs – 递增"协定的发展与后 TRIPs 时代的知识产权国际保护秩序》，《西南政法大学学报》2008 年第 2 期。

欧美主导的"TRIPs-PLUS"协议削减了发展中国家的技术进步利益，使得TRIPs协议中的特殊规定沦为一纸空文。

由于"TRIPs-PLUS"协议提高了国际知识产权制度保护的标准以及改变了知识产权国际协调的形式，这些大量的"TRIPs-PLUS"协议本身虽然暂时没有构成类似TRIPs协议这样的普适的国际标准，但大量的这种协议总体上却构成了实质上的国际标准。在后TRIPs时代，欧美对于知识产权国际立法将会主导其制定与修订。其次，协议强化了知识产权保护与贸易投资的联系，20世纪末，知识产权问题成为国际经贸关系中的重要议题。东京回合谈判就对与假冒有关的知识产权问题进行了讨论磋商，这是将知识产权保护问题与贸易问题的关系进行讨论的发端。在后TRIPs时代，知识产权与贸易的联系更为紧密，特别是发达国家将知识产权与国际经贸的联系更加紧密地联系在一起。最后，国际知识产权磋商与纠纷解决机制转向双边主义、小多边主义以及世界知识产权组织论坛。

总结来看，后TRIPs时代，知识产权国际竞争基本趋势有以下几个方面：一是主要发达国家对内调整知识产权制度和对外强化知识产权保护的方向没有变；二是知识产权国际竞争的主战场从多边转到双边、小多边；三是知识产权问题与投资、贸易问题挂钩；四是知识产权优势国家强化实体保护、简化流程的诉求没有变；五是发展中大国保护相对优势的诉求难以得到满足。"TRIPs-PLUS"协议的大量签订标志着欧美等发达国家放弃多边磋商机制，转向双边或小多边机制。[①] 其中的利益考量乃是司马昭之心，路人皆知。这么做的原因有以下两点。第一，发达国家在WTO的多边贸易磋商机制中的地位岌岌可危，越来越多的发展中国家联合起来反对欧美等发达国家利用知识产权的优势地位发起的贸易战，所以发达国家在双边或者小多边的谈判中比多边机制中更有谈判力。发展中国家往往为了接受经济援助、商品援助或者技术援助而接受发达国家苛刻的知识产权保护立法的要求。第二，发达国家眼见集权

[①] 易继明、初萌：《后TRIPs时代知识产权国际保护的新发展及我国的应对》，《知识产权》2020年第2期。

主义或者说霸权主义日渐式微，不得不在自己主导建立的 WTO 体制外寻求新的控制世界经济贸易的方式。双边或小多边体制是发达国家摒弃 WTO 体制，重新进行知识产权霸权、贸易霸权的有力武器，坎昆多边贸易谈判的失败更是加剧了多边向双边机制的进程。而向世界知识产权组织转移的主要标志是大国在组织内部的规则活动中施加更强的影响力，以及在"TRIPs – PLUS"协议中交叉援引 WIPO 内的多边公约。如同转向双边或小多边机制一样，转向 WIPO 也是发达国家强化其知识产权霸权、贸易霸权的新方式。

各国在 WTO 的代表人员都是贸易代表，而 WIPO 的代表成员则是知识产权学者和官员的谈判场所，前者更多的是从国家利益这样的战略高度去达成谈判磋商的结果，而后者处理的是知识产权一个领域内的问题。首先，虽然知识产权作为与贸易相关的议题可以纳入 WTO 谈判，但是后 WTO 时期 WTO 体制内知识产权的弱化趋势不符合发达国家的利益[1]，所以才会选择 WIPO 作为知识产权磋商的新阵地。其次，TRIPs 协议经过 WTO 组织成员国多次磋商、谈论才达成，这一过程可谓十分艰难。这份协议比较好地兼顾了发达国家对于知识产权保护和执行的诉求和发展中国家对于自身经济发展的特殊实际，已经比之前的国际条约达成了比较高的国际知识产权保护标准。各国对此都比较认可，发达国家再想在这种多边磋商的体制下提高知识产权保护标准，无疑将会面临一片反对。最后，WIPO 作为知识产权保护的国际组织，要想维护其在国际知识产权标准制定、纠纷谈判的主导地位，主要还是要依靠拥有先进技术的发达国家的技术支持、资金支持和人员支持。

同时，"TRIPs – PLUS"协议加剧了知识产权保护与其他制度或权利的冲突。这些协定虽然强化了知识产权权利人的市场竞争优势地位和权利保护属性，但是客观上却加大了协议实施的成本。例如，美国现在的双边协议大都强化了对于原创药的知识产权保护，同时限制了仿制药的制造、进口等。这些措施排除了发展中国家利用仿制技术开发新药、

---

[1] 吴汉东：《后 TRIPs 时代知识产权制度的变革与中国的应对方略》，《法商研究》2005年第5期。

满足其国内病人药品需求的余地,从一定程度上来说,加剧了知识产权与人的生命健康权的冲突。"TRIPs-PLUS"协议的大量签订在强化知识产权保护的过程中可能损害他国主权,例如在涉及生物多样性和传统知识的主权管辖中,有些双边协议中规定了生物多样性和传统文化知识的保护,发达国家可能利用其技术和资金优势"侵略"发展中国家的这些资源。"TRIPs-PLUS"协议削弱了既有的利益平衡格局。TRIPs协议在其序言中明确写明了知识产权具有保护公共利益的目的,同时规定了权利义务平衡与保护公共利益的思想,使得利益平衡有了基本的安排,而"TRIPs-PLUS"协议主要规定的是欧美等发达国家的国内法,将兼顾发展中国家利益的诸多条款弃之不用,可能会加剧知识产权与公众享受智力成果的冲突。"TRIPs-PLUS"协议还会造成过度保护知识产权,损害贸易自由化的现象。发达国家可以通过技术专利化等方式强化其知识产权,设置贸易准入标准等方式损害国际贸易。后TRIPs时代发达国家通过双边协议排除了公共利益和对于发展中国家的政策裁量空间。

3. 后TRIPs时代技术贸易的未来趋势

在未来,自由贸易技术协定将会与知识产权协议呈现出脱钩化的状态。自由贸易技术协定一般是闭门制定的,意为协议的制定没有经过广泛的国家间的协商磋商以及充分考虑对各相关利益方可能产生的不利后果,双边贸易协定中对于知识产权权利义务的规定在法律效果上自然而然会拓展到国际领域。这些规定会组织成员国对于知识产权法的修改,即便是应对新的形势和挑战,虽然没有经过严格的立法程序以及考虑公共利益,但是却会在国际知识产权纠纷中产生实际的影响力。面对"TRIPs-PLUS"协议的不利影响,应该从两个方面考虑:一方面,知识产权输入国需要充分考虑协议对本国可能产生的不利后果,统一立场和观点对知识产权输出国采取更加强硬的态度和应对措施,尤其在签订相关协议时更要据理力争;另一方面,知识产权输出国也必须考虑协议可能给自己带来的不利影响,那未来的知识产权协议会呈现出怎样的特征呢?

自由贸易协定与知识产权谈判逐渐疏离。① 原因在于：第一，发达国家将会推动知识产权问题与贸易脱钩，以便于加强知识产权保护，强化自己的竞争优势。一方面，现有缔结的贸易协议不会受到影响，免予复杂的谈判修改问题；另一方面，最惠国待遇原则已经让双边贸易协议双方享受到了比"TRIPs – PLUS"协议更严格的知识产权保护。因此，双边贸易的双方更愿意达成多边知识产权协议，并且是脱钩于贸易的协议。第二，现有的知识产权协议能为将来签订多边知识产权协议打下坚实基础，西方知识产权强国试图通过双边协议要求中国强化知识产权保护力度的想法有些不切实际。原因在于，这里面涉及复杂的贸易问题，不如将贸易与政治分离出来。第三，如果西方知识产权强国让中国加入了多边的国际知识产权协议，中国有可能出于经济利益的考虑而强化自身的知识产权立法和执法。西方国家仅凭贸易手段来影响中国的知识产权政策的时代正在衰落。中国对西方国家的出口份额占出口量的比例是逐年下降的，当然这一数字仍高于50%，也就是说，西方仍能通过贸易手段向中国施加一定的知识产权政策影响力。

美洲自由贸易协定（FTAA）失败了，其命运说明了地区自由贸易协定的签订将会导致高知识产权保护标准的衰落，并且反假冒贸易协议的签订证明多边知识产权保护协议独立于贸易协定后其发展势头会更好。像美国这样的西方发达国家宁愿维持其大量存在的双边贸易协定，削减贸易关税壁垒，也不愿意寻求多边贸易协定的签订。一些发展中国家则愿意在双边贸易协定中捞取利益。所以，未来，双边贸易协定将会成为贸易自由化主要障碍、成为贸易保护主义的主要手段。在后疫情时代的"再全球化"进程中，中国应在以下几方面更加重视：一是重视生物、信息、新材料等高新技术的发展，拓宽知识产权保护的范围，集聚全球创新资源；二是维护 WIPO 和 WTO/TRIPs 多边机制并推动其改革，推动建立更加开放、包容和公平的国际知识产权新秩序，以及推动构建共商共建共享的知识产权全球治理格局；三

---

① 蔡晓东：《后 TRIPs 协议时代的贸易协定与知识产权条款》，《西南政法大学学报》2012 年第 1 期。

是利用疫情防控国际合作提供的契机，通过多边、双边、周边和"小多边"机制发展对外经贸关系；四是进一步深化改革与开放，发挥知识产权保护在促进创新和优化营商环境中的作用，积极参与知识产权全球治理。①

（三）数字时代的数据信息规则战

随着全球进入互联网、大数据时代，全球的贸易技术争端开始进入新的阶段，全球经济贸易合作已经从传统的TRIPs时代进入科技数据感十足的数字时代。在数字时代，最重要的就是数据，21世纪谁解开了数据密码，谁就能够占据技术顶端和上游，成为掌控技术、掌握贸易、掌控未来的弄潮儿。在数字时代，我们要研究的是TRIPs协议在这个时代的不适应以及该如何适应，数字信息如何影响知识产权规则的制定与保护，数字信息如何影响贸易规则的重新洗牌或者群雄再起。总而言之，数据信息规则的制定对于知识产权和贸易，对于未来的国家竞争力究竟有多大影响，是本章要研究的重要内容。

首先，我们应该可以意识到，在大数据时代，数据开发共享与数据资源保护是同时进行的，数据的开发与再利用在很大程度上依赖于数据共享，数据共享成了大数据公司重要的盈利模式，没有数据共享，将难以对数据进行二次开发，数据也难以成为财产；②但同时数据越来被越来越多人认为是一种财产权利，如何保护个人的数据信息权利、避免互联网数据信息公司滥用算法收集、利用个人数据信息盈利也越来越成为一个热点问题。不少互联网公司意识到越早掌控数据，就越能在一个行业占据先发优势和统治地位。对于一个国家内部，数据的保护和争夺已经白热化，何况是国家间呢？国际社会对于数据的研究如火如荼，对于一个公司来说，谁先掌控了数据和数据规则，就掌控了一个行业；对一个国家而言，谁先掌控了数据和数据规则，就掌控了竞争和发展优势。所以关于数据信息的规则战，已经全面打响，我们不能坐以待毙。

---

① 易继明：《后疫情时代"再全球化"进程中的知识产权博弈》，《环球法律评论》2020年第5期。

② 王利明：《数据共享与个人信息保护》，《现代法学》2019年第1期。

1. 数据信息的权利特征

数据权利的性质研究是"制定数据资源确权、开放、流通、交易相关制度,完善数据产权保护制度"的起点和基石。① 其是实现我国抢抓数字经济机遇、主导数据信息技术和标准,由全球数据大国发展成为数据强国所要研究的基本问题。对于数据权利的界定需要从法律维度进行定义,因为法律概念是立法者制定法律文本、司法者分析事实与法律适用境况、执法者据以打击违法犯罪、公民遵纪守法认知违法边界、学者研究法学问题的重要依据。

首先,必须意识到何为权利。权利是一种社会关系,本身不是物质实体,也不具备为人感知的客观形式。权利是主体具有的某种行为的资格、占有使用的资格或者享受处置的资格;也可以认为权利是某种正当的、合法的要求或主张。数据信息权利是指法律主体对于数据的某种正当的、合法的主张或请求,可以是对于数据的占有、使用、返还、处分等法律行为。

数据信息权利有主体和客体之分,主体就是一般的民事主体,包括公民、法人和非法人组织;客体就是数据信息。客体的独特性决定了数据信息能否成为法律上的权利,也决定了数据信息权利与其他民事权利的本质区别。例如,数据确权存在多种理论,可置于既有制度规范中考察。这可能涉及合同法、知识产权法、竞争法、个人信息保护法等诸多规范。然而,无论是单独适用还是综合适用,既有规范均无法充分解答数据权属、保护与利用的问题。② 何为数据?数据是对事实和活动的数字记录,具有无体性、多样性、客观性等特征。这些特征表明,数据不需要有物质体,仅仅需要一定的数字工具或数字程序就能够表现出来,因此人是可以认知并且可以理解的。何为信息?数据所表达的内涵即为信息,显然数据也具有类似的特征,比如无体性,即内容无需体来承;抽象性,和无体性含义相近;内容的多样性,信息的内容是多样化的,

---

① 李爱君:《数据权利属性与法律特征》,《金融创新法律评论》(2018年第1辑·总第4辑)专题资料汇编。
② 韩旭至:《数据确权的困境及破解之道》,《东方法学》2020年第1期。

需要在特定的场合下进行认定；表现形式的复杂性，各主体向外传输信息时，可以通过多种方式，但可能最终表达的内涵却是一致的。所以，数据与信息是包含的关系，数据包含着信息。

由于数据权利的客体同传统的权利客体的属性完全不同，所以其属于一种新型的民事权利，具有财产权、人格权甚至主权的特征。数据权利具有财产权属性。财产权的权利客体是财产，其特点是权利可以转移且能够直接体现经济价值。根据这个概念，如果数据信息权利具有经济价值且可以转移，显然其就具有财产权的属性。在实践生活中，数据已经被用来作为商品并且具有经济价值，比如各地的数据交易平台的交易对象就是数据。数据交易已然形成了一种新兴的产业或者行业，尽管不同的平台交易的数据类型存在差异，但是最终的交易对象仍然是数据。数据到底有什么样的经济价值呢？熟悉互联网生活的人都知道，一定的数据可以用来形成用户画像，随之而来平台或者公司就可以进行个性化的服务推介或定制服务，增强用户的黏性。企业运用数据，可以增强其控制市场、影响市场的能力。数据权利具有人格权属性。人格权是指以人的尊严、价值为内涵的权利，并且个别化为特别人格权利。人格权的范围和内涵会随着经济社会的发展而不断丰富，尤其在社会关系日益复杂的今日，人格权范围的拓展有利于更好地实现人格尊严，保护人权。从时间层面来看，人的姓名、身份信息、面貌、消费情况等信息，体现了其个人的自由意志和个人隐私，尤其肖像权就是很好的一个代表，因此数据所反映的人的特性化的内容就能够具有人格权的一般属性。数据具有主权属性。法国人博丹在主权论中写道：主权是一个国家享有的统一而且不可分割、凌驾于政治和法律之上的最高权力。国家的基本要素中就包含了主权，它表示一个国家对内独立进行统治和经济社会管理的权力，以及对外独立平等进行国家交往的权利。在数字时代，数据为国家主权的内涵又增加了新的内容。当前，全球已经进入了数字经济时代，是当前和未来经济发展的主要增长极，对于数据信息资源的控制、利用和管理事关一国的政治、经济、科技等综合国力的提升，谁占得先机，谁就掌握了主动权。当前的国际贸易经济状况已经表明，数据信息已经成为国际争抢、大国博弈的新的领域。西方发达国家已经率先开启了数据信息保护、数据安全立法、数据管理体系等数据基础设施的建设，增强运用、控制、管理、保存、规范数据的综合能力，从而更好地增强综合国力、维护国家安全和主权。大数据蕴含着巨大的经济、社会、科研价值和无限的开发潜能，若治理不当，不仅会引发隐私问题、个人信息安全问题，甚至还会影响国家安全和社会稳定。[①]

2. 数据时代的纠纷新貌

多年前的"棱镜门"事件可以说是数据争端、数据纠纷的开端，美国通过信息网络设备甚至是间谍监控他国政要、商界领袖、高级学者等的通信秘密并且秘密窃取这些数据，从而获得了海量的关于敌对国家的国防、科技、商业甚至是个人隐私数据。通过挖掘、分析这些数据，美国可以准确地获取情报，并且有目标地采取正面的反制措施以及暗地里的间谍措施，从而严重危害他国政治、经济、科技等主权安全。那么，在这个过程中，某些大学、科研院所、企业甚至个人都可能充当"数据间谍"，将我国的海量数据转移至美国，从而让我国在国际贸易、知识产权等各方面处于被动的地位。

当然，之前我们已经提到过数据共享与数据主权的问题。关于这一点，我们可以来看看域外国家的做法，首先欧盟与美国曾经就数据签订过一份《隐私盾协议》。欧盟希望尽可能地保护公民个人数据，防止暴露其隐私；而美国则希望其跨国企业拥有更强的数据获取和利用的权限。显然即便是发达国家本身，其对于数据的利用和保护也存在着不可调和的矛盾，这份协议也未能解决双方关于数据共享和数据保护的根本矛盾。《隐私盾协议》作为美欧规制跨境数据流通的新规则，对美欧各自数据保护立法和配套机制的完善产生了积极的促进作用。[②] 目前我国已经成为世界上最大的互联网国家，也是最大的数据生产地，所以我国拥有着巨大的数据市场，不免会吸引全世界的眼光，所以我国的数据信息保护其实面临着很严峻的形势。海量的数据其中蕴含的经济价值甚至

---

① 齐爱民、盘佳：《数据权、数据主权的确立与大数据保护的基本原则》，《苏州大学学报》（哲学社会科学版）2015年第1期。

② 刘碧琦：《美欧〈隐私盾协议〉评析》，《国际法研究》2016年第6期。

政治价值不言而喻，例如我国的国防领域，一旦数据泄露，可能会对我国的国防安全造成不可挽回的损失；再比如在基因领域，一旦外国政府或机构获知了我国的人口基因数据信息，我国就会面临基因武器的巨大威胁。所以在国际数据共享和国家数据主权方面需要小心行事，一旦出现差错，可能就会造成国家危机。我国的《网络安全法》中对于关键信息基础设施的运营者提出了地域上的硬性要求，即在我国境内收集到的个人信息原则上应当在境内存储，防止核心信息的外泄。这表明了我国已然将数据信息保护提升至国家战略的角度，并通过立法加以完善。事实上，一些发达国家显然已经先行一步，俄罗斯的《个人数据法》规定俄罗斯公民的个人数据必须存储在其境内的服务器上。加拿大禁止本国公民的电子病历数据在别国境内处置。欧盟的《一般数据保护条例》也对国家间的数据共享作出了严格限制。这些法案与我国的《个人信息保护法》《网络安全法》等都印证了数据保护已然是各国抢占新一轮技术革命的新高地。

那么，数据信息权利与知识产权的关系如何、与贸易的关系又如何呢？首先，数据权利和知识产权具有共同点，即二者都是一种无体性的财产权，这是由它们的权利客体的属性所决定的。数据是无体的，这个很好理解，但是它又必须依赖于信息体来存储。其不占有具有的空间、不具有"物"的必备特征。数据的这种特征和知识产权有着极为相似之处。但是二者显然又存在明显的区别，不是包含与被包含的关系。主要区别如下：第一，数据只要求量，而不要求其质，即数据无须体现"独创性"甚至"创造性"。当然并不是说所有的数据都没有独创性，只不过不要求具有独创性，因为数据很难体现主体的有意识的思想活动。比如，个人数据信息，大部分的内容是对于个人事实行为和活动的数字化反映，只是客观、机械地记录，不具有意识性。这当然不能称为智力成果，也就无法称为知识产权，也就无法适用于知识产权法律制度予以规制。所以需要新的法律制度对其予以规制，所以我国就适时出台了《个人信息保护法》，当然更多的数据信息保护立法还在酝酿中，相信不久就会陆续制定和施行，例如，有学者建议在宏观层面制定《个人金融信息保护法》，明确个人金融信息的有关基础概念、范围、原则、监管机构以及分类标准。① 第二，数据权利一般不具有期限性。知识产权具有期限性，只在保护期内受到知识产权法律的保护，超过了保护期，就会进入公共领域，成为可以公开利用的免费资源，其权利就随之消失。而数据一旦产生，就没有期限的限制，有人会说如果保存数据的物质体灭失了，那么数据也就不复存在了。而从法律概念上，物权才以物的存在为前提，物的灭失会直接导致物权的灭失。而数据信息权利显然不是物权，即便物质体灭失，数据仍然存在。由于数据权利具有人格权的属性，所以其期限应该是没有限制的。第三，数据权利的客体无须法律规定。知识产权具有法定性，其主要包括著作权、专利权、商标权、商业秘密等，且落入每项权利的保护范围需要满足必要的条件，显然数据信息权利无须如此，民事主体可以自行设定，法律无须干涉。第四，知识产权的确权方式与数据信息权利的确权方式不同，知识产权需要经过行政机关的批准或登记需要获得或者对抗第三人，例如著作权只有登记才会有对抗第三人的效力；专利权的取得需要经过一定的申请、审查程序。而数据权利的确权显然不需要任何机关的许可。因为其人格权属性的特性就表明其为自然权利，无须经过认可或许可。

数据权利的以上属性，表明其具有和知识产权类似的性质，那么其是否和知识产权一样会对贸易产生同等的影响呢？首先，我们来看国际贸易的对象包括哪些，除了传统的商品和服务贸易，也包括第二次世界大战之后兴起的技术贸易。国际技术贸易是第二次世界大战以后发展起来的一种特殊形式的国际贸易，是一国的法人或自然人通过贸易方式，按照一定的交易条件，将技术转让给不同国家的法人或自然人的活动。知识产权是国际技术贸易的主要客体之一，世界贸易组织（WTO）将知识产权贸易视为其三大支柱之一。② 知识产权早已成为国际贸易的重要组成部分。专利转让、专利和商标的许可使用权、版权的许可等，已在各国之间的贸易中占有一定的比例；含有知识产权的产品在国际贸易

---

① 李东方、李耕坤：《数字经济时代个人金融信息的经济法分析与对策——从"立法碎片化"到〈个人金融信息保护法〉》，《中国政法大学学报》2023 年第 1 期。

② 杨心伟：《企业知识产权战略建立的动因浅析》，《技术与市场》2017 年第 6 期。

中所占的比重越来越大。知识产权贸易的发展，使世界各国都意识到一个国家的振兴和发展，不单单取决于该国所拥有的自然资源和资本的多少，而更大程度上取决于该国对知识成果的保护程度。各国都利用知识产权制度，保护自己的技术优势、品牌优势并力图阻止外来更强大的技术优势的冲击。对最发达的国家来说，出口产品的绝大部分依赖于对知识产权的保护。因此，知识产权的保护也成为国际贸易中不可回避的问题。发达国家往往利用自己的知识产权优势，在贸易中设置壁垒，从而为获得贸易上的优势提供强大武器。那么，越来越多的发展中国家已经意识到自己在知识产权的竞争中处于鱼肉的境地，所以在下一波科技革命或者技术革命中必须占据一定的地位，才能不至于被甩开太多，才能不至于受到西方发达国家的"科技殖民"。

显然在数字时代，数据信息国际规则的制定、数据信息资源的获取利用程度是新一轮科技革命中都想分的一块大蛋糕。我们不妨类比知识产权贸易来分析数据信息权利对贸易可能带来的影响。首先对国际数据信息贸易进行定义，国际数据信息贸易是一种最新形式的国际贸易，是一国的法人或自然人通过贸易方式，按照一定的交易条件，将数据信息转让给不同国家的法人或自然人的贸易活动。我国数字经济规模位居世界前列，数字贸易也呈现稳步上升的发展态势，但是仍存在数字基础设施建设相对滞后、数字贸易发展存在结构性失衡、在数字贸易国际治理中话语权较弱等问题，并且面临着美欧发达国家的强力挑战。① 数据信息是新兴的国际贸易的一种形式，世贸组织可以根据其新的特征来制定相应的协议或规则。相信在不久的未来，数据信息贸易会在国际贸易中所占的比重越来越大。那么数据信息如何能够被交易呢？首先从数据信息权利的三个属性出发，财产属性表明其具备交易的基础条件，其交易可以参照知识产权交易的方式。知识产权的交易方式包括转让和许可，数据信息权利同样也可以转让或者许可，甚至还可以有一般许可和专属许可，甚至有数据信息权利质押、数据信息权利证券化等方式，这些在未来也都是可能实现的。人格权属性表明了数据具有一定的人身依附性

---

① 李钢、张琦：《对我国发展数字贸易的思考》，《国际经济合作》2020年第1期。

和人格尊严性，但只要对数据信息的利用不会侵犯权利人的人格尊严和人格自由并且经过了权利人的权利让渡或者权利许可，获得了权利人授权，那么交易当然是可以进行的。就像人格权当中的肖像权，在一定的情况下，是可以让渡这种权利给他人从而为自己带来经济或其他方面的收益。国家主权属性表明了数据具有影响国防安全的能力，但是并不是所有的数据都会因为主权这一属性而不被交易。就像知识产权中的一些尖端科技的知识产权当然也会影响知识产权，一般情况下，这些知识产权也不会被国家允许交易；同理，只要数据信息不涉及国防安全，在不危及国防安全的情况下，仍然是能够被民事主体进行交易的。

综上所述，数据信息权利交易从理论上来说是可行的。而实践中，不同的主体掌握着不同的数据，只有数据共享才能够进行信息互通、从而更加有效地利用资源，用于发展技术。对于个人来说，根据自己的职业需求或者兴趣需求，定向获取数据信息能够更好地满足个人发展和生活的需要，能够为自己的生活带来新的改变和乐趣。对于企业或机构来说，出于利润的考虑、出于研究的需要，数据信息的交易将会是十分旺盛的需求。他们可能是数据信息的出卖者，可能是数据信息的购买者，也可能是数据信息的中间商，一切与数据息息相关的交易行为都将会涉及他们。对于国家来说，出于经济利益的考虑，出于特殊目的的需求，数据交易也将会是一种新型的贸易形式。比如，如果某个发展中国家境内的传统文化资源、地理资源、生物资源等是发达国家用于制作电影、制作纪录片、制作玩具的主要对象，而刚好这些资源是世界上其他地区无法替代的，那么资源拥有国就可以对这些资源进行数据化处理，使得这些资源成为便携交易的对象，既方便资源需求国的利用，也能够为资源拥有国带来可观的经济收益。从实践中来说，数据信息权利交易的需求也是十分旺盛的。理论上交易的可行性和实践中需求的旺盛性表明数据信息权利交易将会成为未来知识产权贸易的重要一部分。

在讨论了数据信息权利与知识产权的关系后，数据信息权利与贸易的关系，也有人会追问数据信息与商业秘密的关系如何？首先，明确概念，何为商业秘密。"商业秘密"是指不为公众所知悉、具有商业价值并经权利人采取相应保密措施的技术信息和经营信息,① 其主要特点是：价值性、秘密性、保密性。如果商业中的数据具备上述特征，且是与交易相关，那么这些数据是可以被认定为商业秘密，适用于《反不当竞争法》来进行保护的。但很显然，在数字经济时代，并非所有的数据都是商业领域、都与商业交易有关，即现有的《反不正当竞争法》无法为数据信息权利提供全面的保护。另外，之前提到过的《个人信息保护法》，其中对于个人信息的定义是：以电子或者其他方式记录的与已识别或者可识别的自然人有关的各种信息,② 不包括匿名化处理后的信息。显然这部法律所规制的数据信息权利也仅限于与个人信息相关。所以关于数据信息权利体系化立法，已然势在必行。

3. 数字时代的抢滩登陆

2020年，我国编制了《知识产权强国战略纲要》。在中美关系当前磕磕绊绊的情况下，又有新冠疫情影响着我们两国的关系，但正是这种复杂的国际形势和国内形势让决策者们意识到该战略制定的紧迫性。知识产权强国包含了以下几层含义：首先是对于知识产权本身的质量提出了高要求，要求有自己的原创技术、关键核心技术、尖端技术，有自己的品牌。其次是通过知识产权促进技术的提升以及技术影响力和控制力的提升，甚至能够在许多关键领域发挥制约对手的作用。最后，将知识产权的观念深入人心，成为一个国家的文明的内容、一个民族的意识的凝聚，从根本上增强国民的创新意识和创新能力，长远地来提高国家的综合能力。那么在数字经济领域，我国也已经在2016年就印发了《国务院关于印发促进大数据发展行动纲要的通知》以及《国家信息化发展战略纲要》，在国家层面上开始数据信息权利的抢滩登陆。

美国作为数字经济的领跑者，在现在以及未来相当长的时间内仍将保持领头羊的地位，但是随着我国数字经济的规模和产业的快速发展，很快将会和美国在数字经济领域再次棋逢对手。作为后发国家，我们有

---

① 曹胜亮、张晓萌：《人工智能时代数据竞争的法律规制》，《学习与实践》2019年第10期。
② 查云飞：《大数据检查的行政法构造》，《华东政法大学学报》2022年第1期。

必要研究美国的数字经济发展的先进经验。大数据技术为社会的发展提供了新措施和新途径，将促进社会制度的变革，形成更加平等、高效、共享和自由的有机社会。① 第一，美国非常注重互联网产业整体布局。除了全球知名的跨国互联网巨头，在互联网领域均进行了立体式布局，并且在布局的过程中高度重视知识产权以及将互联网应用到生活中的方方面面，力求保持先进竞争优势。第二，大力推进大数据与云计算。美国早在2009年就提出了"大数据战略"，同时成立数字服务创新中心，协助各政府机构开发网络应用程序接口。② 2012年和2014年，美国又相继公布"大数据计划"与《大数据：抓住机遇、保存价值》白皮书。在云计算方面，美国已经制定了相关的技术标准，并为业界广泛采用，在这一标准方面，美国已经成为行业的控制者。第三，推进能源、机械、航天等重大领域的互联网化，通用电气于2012年提出了工业互联网的概念，至2016年，美国工业互联网应用实例已经达到40个。在能源互联网方面，美国也积极布局。第四，加强数据基础设施建设。美国计划在若干年内，建成更多可用的频谱波，以方便民众更加便利地使用智能手机和无线设备。在宽带基础设施方面，美国强化边远地区以及公共服务领域的应用。第五，政府主动公开数据资源。政府手中掌握了大量的数据，这些数据如果被释放出来，将会是巨大的资源。美国早在20世纪就向社会开放了气象数据，因而促成了GPS的研发。第六，积极推动研发成果的市场化转化。2011年，美国教育部及私人基金成立了数据希望中心，该中心旨在提升学习技术，③ 旨在推动国民对于技术研发的学习能力，帮助国民转变学习、研究方式，促使研发成果的转化。

我国作为紧随其后的数字经济大国，在数字知识产权贸易领域也要积极施策，进行布局。第一，发挥政府主导和示范作用，积极向公众开

---

① 吴伟光：《大数据技术下个人数据信息私权保护论批判》，《政治与法律》2016年第7期。

② 陈祥令：《政府数据开放平台的数据资源建设研究》，硕士学位论文，武汉大学，2017年。

③ 陈志成：《上海数字经济发展策略》，《科学发展》2020年第7期。

放非涉密数据。当下的产业革命不同于以往，新一轮产业革命将会更加依赖于数据信息基础设施的建设。政府需要通过发挥自身的力量和优势，在大数据和云计算等核心技术仍被国外垄断的前提下，主动发力，带动数据技术的发展和应用。应该采取各种措施鼓励高校、企业开展数据技术攻关，主动向社会公开非涉密数据，为数据技术的发展和应用提供基础资源。第二，集中建立统一的数据平台或数据库。政府部门或企业往往掌握了大量的数据，而这些数据收集主体往往相互不沟通，经常会导致数据的重复收集、闲置利用等资源浪费问题。政府应该积极推动建立政民合用的数据统一平台，提高数据效率，更快更好地促进数据产业的发展。第三，重视数字知识产权的发展。数据经济领域，不仅要积极发展数据技术，深化数据技术于生活各领域的深度应用，更要重视数字经济产权的保护，以知识产权推动数字经济和数字技术的发展，以数字技术和数据资源扩大知识产权保护范围，提高国家整体的竞争力。第四，更加重视数据安全、网络安全与贸易安全的结合。随着网络、数据深入经济发展的各个领域，数据安全、网络安全越来越成为国民经济发展和国家安全的重要漏洞。当前，我国已经出台了一些数据安全、网络安全的法律规定，但未来仍要继续完善相关立法。第五，通过财政政策、消费政策等促进数字经济的发展。当前的数据显示，我国的人均数字消费不及美国的10%，当然我国的消费市场庞大，这只是因为我国的消费水平还没有达到一定的水平。

在贸易领域，当前尚未出现关于数据技术贸易的案例，但是有必要在这一领域进行提前布局。我们应当意识到，改革开放40余年以来，中国知识产权制度的演进基本上没有离开过中美两国互动。源自知识产权纠纷的历次中美贸易冲突，在一定程度上形塑了中国知识产权制度，也成为制定知识产权国家战略无法脱离的外部环境。[1] 美国对中国的战略遏制之心始终不会消失。所以我国必须提前在数据技术贸易领域进行布局，才能在未来的数字知识产权贸易战争中立于不败之地。

---

[1] 易继明：《改革开放40年中美互动与中国知识产权制度演进》，《江西社会科学》2019年第6期。

第三节 数字知识产权立法中的权利冲突

一 数字知识产权与社会权的冲突维度

数字知识产权立法中的权利冲突根植于时代技术的发展，主要源于数字知识产权与人权之间的冲突。当今信息革命对人类的影响远超过农业革命和工业革命，大数据、人工智能、基因编辑等高新技术对现有知识产权理论体系提出了挑战，迫切需要进行理论和制度创新①。因此，随着数字时代的到来，知识产权制度发生了变革，如知识产权保护期的延长、知识产权主体和客体的增加，对新颖性、实用性和创造性的理解也出现了新的解释②。

从社会权维度认识知识产权一直存在两种看法。一种看法认为"社会权是基于福利国的理想，为了特别保护社会性、经济性的弱者，实现实质的平等，而受到保障的人权"③，知识产权作为一种财产权并不具有社会权的内涵属性。另一种看法认为，传统的"知识产权属于私权"观点已经无法适应知识经济时代经济与法治建设的需要，知识产权制度越来越多地突破传统私法的领域，强调国家和政府的干预。④ 即需要从社会视角考量知识产权制度，并且还倾向于强调知识产权的公权属性应优于其私权属性。

本书认为两种观点都有其可取之处和片面性。人类社会总是处在不断的发展变化中，知识产权制度也随着社会的变化而变化。对知识产权

---

① 张文显：《无数字，不人权——在"知识产权与相关权利的法理"学术研讨会暨"法理研究行动计划"第八次例会上的致辞》，爱思想网，http：//www. aisixiang. com/data/116468Html，访问日期：2022 年 3 月 21 日。
② 王渊、宋柏慧：《新的权利冲突：知识产权与人权》，《兰州大学学报》（社会科学版）2012 年第 6 期。
③ ［日］芦部信喜：《宪法》（第三版），林来梵等译，北京大学出版社 2006 年版，第242 页。
④ 李永明、吕益林：《论知识产权之公权性质——对"知识产权属于私权"的补充》，《浙江大学学报》（人文社会科学版）2004 年第 4 期。

的认识不能一成不变，而应随着社会的变化而不断调整。

进入数字时代，技术变革日新月异，海量的信息伴随着互联网等信息通信技术的不断发展，数字知识产权也越来越受到重视。我们需要以新的视角来看待数字知识产权和社会权的关系。我们既不能一味地否定社会权视野下讨论知识产权制度的必要性，也不能脱离知识产权的本质属性来谈论社会权与知识产权的关系。

（一）数字时代知识产权中社会权的认识

社会权的产生和形成与19世纪下半叶由德国俾斯麦发端的社会保险制度密切相关。自此之后，社会权作为一种公民依法享有的主要是要求国家对其物质和文化生活积极促成以及提供相应服务的权利，被纳入法律的规定。[①] 本书认为，进入数字时代，社会的发展进程进一步加速，从数字知识产权的视角对社会权的概念作出明晰的本质还是价值衡量的问题，即需要从社会公共利益和私益的角度对社会权作出新的解释。

社会权着重强调社会公共利益，数字知识产权是私权，着重强调知识产权主体的利益保护和效率。但数字知识产权的立法工作必然要包含着对社会公共利益的保护和对个人利益的支持两方面的意旨，其所追求的应当是一个二元平衡的价值体系，而非对任意一方的偏袒。例如，我国现行《专利法》第一条明确规定："为了保护专利权人的合法权益，鼓励发明创造，推动发明创造的应用，提高创新能力，促进科学技术进步和经济社会发展，制定本法。"这不仅是我国《专利法》的立法目的，也是我国知识产权立法对二者利益平衡的体现之一。通常认为，私益的保护仅为手段，社会福祉的维护才是知识产权法的根本目的及核心价值。[②] 从学理上讲，数字知识产权立法所追求的价值是多元的，包括正义、创新、效率等多重含义。[③] 对数字时代的社会权作出理解应从结合社会权的概念与知识产权法根本的立法宗旨即社会福祉的维护出发。

[①] 龚向和：《社会权的概念》，《河北法学》2007年第9期。
[②] 冯晓青：《知识产权法与公共利益探微》，《行政法学研究》2005年第1期。
[③] 吴汉东：《知识产权法价值的中国语境解读》，《中国法学》2013年第4期。

(二) 数字知识产权与社会权的一致之处

数字知识产权具有"私权公法化"的倾向。进入数字时代,知识产权的扩大化趋向,使得加大对知识产权管控的呼声日益高涨。知识产权虽属于私权,但对公共利益影响巨大,因此难以避免地出现了"私权公权化倾向"。"知识产权社会权论"就是在该背景下出现的,该种理论认为:(1)知识产权不仅仅是个体的权利,还是权利主体在人际关系中形成的权利,其本质上具有社会性;① (2)专利权是基于国家行政管理确认和授予的权利,并非人人享有、人人平等的"私权";(3)滥用知识产权会产生严重的私人垄断,影响整个社会的发展,因此公法规范作用在知识产权领域发挥很强的作用②,这与一般的私权很少涉及公法领域是存在区别的。

该种理论看到了知识产权与社会权之间的一致之处,具有一定的可取性,例如,社会权的实现依赖于国家行为,其不仅要求国家积极履行某些义务去促成社会权的实现,也要求国家不能实施阻碍社会权实现的行为,换而言之,社会权不能仅仅依靠权利主体自行实现。也就是说,社会权的实现是需要得到国家的肯定而后采取一定的措施予以支持和保护的,这与数字知识产权的权利实现具有很大的相似性。数字知识产权作为排他性的权利,其取得该权利的前提是符合国家所制定的相关知识产权法律法规,即得到国家的认可。就算是自动取得原则下的著作权,《著作权法》第五条也规定了无法适用《著作权法》的情形。更不用说取得商标权必须履行商标注册程序,而且实行申请在先原则,专利权的取得需要由专利权人申请,满足《专利法》所规定的实质条件和形式条件。这充分说明在知识产权保护中,国家所承担的重要角色。尤其是在数字时代,技术加持下的知识产权从权利取得到权利实施、保护的各个环节都有国家的身影,这与社会权益是一致的。

不仅如此,数字知识产权的权利本身在实现过程中仍要注意保护他

---

① 吕炳斌:《知识产权的权利属性新探》,《行政与法》2009年第2期。
② 邹琳:《论专利权的权利属性》,《湘潭大学学报》(哲学社会科学版)2011年第5期。

人的权利，这与社会权益的实现也是一致的。例如《专利法》中规定的强制许可制度、《著作权法》中的合理使用以及《商标法》中的善意侵权，都体现了对于权利行使过程中他人权益的保护。这种对公共利益的强调体现了国家希望通过法律制度来营造一个人人都能在社会中实质平等地享有社会资源的追求，这与社会权益实现过程中本质是由国家主导的社会资源再分配是一致的。

（三）数字知识产权与社会权的冲突表现

"知识产权社会权论"强调知识产权与社会权之间的一致性，但忽略了知识产权财产权的本质属性，特别是随着时代的进步数字知识产权的财产权属性越发凸显，一味地强调公法领域对数字知识产权立法的规范恐有违知识产权制度订立之初激励创新的本心，况且二者之间也存在很多不同之处。

首先，就其属性上而言，"社会权是基于福利国家的理想，为了特别保护社会性、经济性的弱者，实现实质的平等，而受到保障的人权"。① 知识产权是一种私有财产权，其并不具有社会权的内涵属性，二者在本质上是不同的权利。

其次，就二者追求的主要价值目标而言，数字知识产权更加强调效率和经济利益，数字知识产权价值实现的主体是经济人。经济人作为市场主体的一大特征就是趋利，尤其数字知识产权所蕴含的巨大经济价值使得市场主体往往不考虑该知识产权的质量高低，即使是低质量的知识产权，只要有助于其取得经济利益，市场主体仍会尽力获取。这与社会价值追求的主体是国家有着根本上的区别。社会所追求的价值是公平、正义，其强调为公民谋取更加安全、幸福的生活，强调社会对弱者的救济和保护。② 尽管知识产权制度的根本目的是通过激励创新来促进社会的发展，从而造福人民，但其以效率和经济利益的追求为手段的方式是不可能在社会权中出现的。正如18世纪法国启蒙思想家霍尔巴赫所说：

---

① ［日］芦部信喜：《宪法》（第三版），林来梵等译，北京大学出版社2006年版，第242页。
② 胡玉鸿：《论社会权的性质》，《浙江社会科学》2021年第4期。

"利益是人类行动的一切动力。"① 在市场经济背景下，市场主体的行为往往都以获取经济利益为根本目的，获取知识产权的行为也不例外，至于公共利益，是否促进社会进步，是政府乃至国家层面所考虑的问题，一般不在市场主体考虑的范围之内。因此只要是有利可图，低质量的知识产权也成了香饽饽。

最后，二者的特征上也有很大的区别。其中最突出的就是社会权的身份性和知识产权地域性之间的差别。社会权具有很强的身份性和国别性，即针对某个个体而言，是否享有社会权的前提是其是否享有某国的国籍，是否是本国公民。换而言之，国与国之间的社会权具体内涵是有很大差别的，其中包含一系列的社会救济以及政治权利，很难做到与人身权利、财产权利等自然权利一样的达至世界范围内的共识。因此，社会权往往只会赋予本国公民，外国人和无国籍人并不会享有社会权相关的一系列权利。而知识产权制度的地域性可以通过签订国际公约或双边互惠协定来打破，使得知识产权产生域外效力。尤其在数字知识产权异军突起之时，数字知识产权制度统一化、国际化的趋势日益明显。例如，在《2022年中美欧日韩知识产权五局合作局长联合声明》中特意强调了五局在新兴技术、人工智能合作路线图等高新技术领域的合作；② 根据2022年1月1日正式生效的《区域全面经济伙伴关系协定》（RCEP），"一带一路"共建国家成为中国全球专利布局的主要国家。③ 由此不难看出数字时代知识产权地域性的淡化，而社会权仍具有强烈的身份性。

二 数字知识产权与自然权的冲突角度

自然权利是一种由资产阶级思想家倡导的、以古典自然法学派理论

---

① ［德］鲁道夫·冯·耶林：《为权利而斗争》，郑永流译，法律出版社2011年版，第21页。
② 《2022年中美欧日韩知识产权五局合作局长系列会议举行》，国家知识产权局，https：//www.cnipa.gov.cn/art/2022/6/16/art_53_176059.html，访问日期：2022年6月26日。
③ 《区域全面经济伙伴关系协定》，中国政府网，http：//www.gov.cn/xinwen/2022-01/01/content_5665942.htm，访问日期：2022年6月26日。

为基础的政治法律学说,其认为生存、平等、追求幸福、获得财产和反抗压迫等是人生而俱有、不可剥夺的权利。① 由于知识产权制度的出现是近几个世纪的事情,而自然权利学说出现的时代并没有知识产权的概念,因此两者本是互不相容的,但现代的学者们已逐渐发现这种理论对于解释知识产权制度具有很强的合理性和正义性。② 因此,从自然权角度探讨数字知识产权是有必要的。

(一)数字知识产权合理性中的自然权证明

自然法财产权劳动学说认为占有是"一个人通过自己的劳动和努力所创造的东西属于他自己",即"每一个人对自己的劳动果实享有权利"。③ 知识产权是"无形财产权",由于其在科技、文化领域创造的精神财富往往有利于促进社会的发展,由此根据知识产权相关的法律法规赋予权利主体在一定期限内的独占权。在知识产权领域的占有与自然法财产劳动学说的占有在根本上是一致的,即人可以通过一定的劳动获得财产的私有权。现行著作权法体系的法哲学基础是自然权理论。④ 例如,著作权的"权利内容"规定于《著作权法》第十条,但关于侵害著作权的情形规定于《著作权法》第四十九条,这正是由于起草者认为著作权是著作权人利用其作品的权利,侵害著作权的行为则是权利保障的手段。

此外,洛克对劳动者获得财产权利所限定的别人的境遇不会因为劳动者占有财产并获得所有权而变得更坏先决条件,也可作为知识产权权利限制的合理依据。知识产权是一种合法的占有,该种占有合法的前提是权利人行使其权利并不会影响到社会公众对该智力成果所带来的正当利益的合法获得。这与知识产权的根本目的并非追逐经济利益而是促进社会进步分不开。因此,为了实现知识产权制度所追求的根本目标,对知识产权进行一定的限制是必需的。这与自然法财产权劳动学说的观点

---

① 许崇德主编:《中华法学大辞典·宪法学卷》,中国检察出版社1995年版,第898页。
② 冯晓青:《知识产权法哲学》,中国人民公安大学出版社2003年版,第4页。
③ 冯晓青:《知识产权法哲学》,中国人民公安大学出版社2003年版,第36页。
④ 张玲:《署名权主体规则的困惑及思考》,《中国法学》2017年第2期。

也是一致的。

(二) 数字知识产权认识的自然权缺陷

自然法财产权劳动学说可追溯到古罗马时期，虽然在部分观点上可以用于解释知识产权制度的正当性和合理性，但在古罗马时期毕竟还没有知识产权的概念，数字知识产权作为数字时代知识产权制度发展的产物，从自然权视角认识数字财产权难免存在一定的局限。

自然法财产权劳动学说中所指的财产是有形财产，即有体物，但知识产权是无形财产，这一差别在客观上限制了该学说在数字知识产权中适用的范围。有形财产要发挥其财产价值往往以占有为前提，有体物中的特定物还具有不可替代的属性，而知识产权的客体是无体物且具有无限复制性，对知识产权权利的行使并不以物理上的占有为必要条件。知识产权的财产价值是在利用中实现的，而非占有。这一特征使得在用自然权利解释知识产权的价值时会陷入"是保护才有了财产价值"还是"有财产价值才保护"的循环中。例如，如果不赋予知识产权权利人以合法垄断权，所有人都可自由且免费地使用知识产权，那么此时知识产权的财产价值就大打折扣了。

三 数字知识产权与发展权的冲突视角

数字知识产权具有知识产权的基本属性。将发展权概念引入数字知识产权是为了强调知识产权制度的根本目的是通过激励创新而促进社会发展，并非激励创新本身，对权利所有者的保护只是手段而非目的，这与发展权的根本目的也是契合的。发展权的内涵非常丰富，就社会层面而言，发展权体现在经济、社会、文化和政治发展的全进程中。① 就个人而言，发展权也追求人民在教育、卫生和社会福利甚至自我实现等各个方面的全面发展的权利。② 总体上，发展权作为一项具体人权得到了国际和国内社会的广泛重视和认可，随着时代的进步，数字知识产权中

---

① 习近平：《习近平谈治国理政》（第三卷），北京外文出版社2020年版，第433页。
② 廖盖隆等主编：《马克思主义百科要览·上卷》，人民日报出版社1993年版，第953—954页。

的发展权也受到了国家层面的重视。

（一）数字时代知识产权中出现的发展权

发展权是各国人民在经济、社会、文化教育、卫生和社会福利等各个方面的全面发展和社会公正实现的权利。《联合国宪章》第1条和第55条的规定强调，经济发展与人权实现相互关联，为发展人权提供了法律依据。[①] 1975年人权委员会第三十一届会议通过第2（XXXI）号决议，其中决定将"《世界人权宣言》和《经济、社会、文化权利国际公约》所涉及的经济、社会和文化权利问题，以及与发展中国家人权有关的特殊问题研究"作为一个高度优先的常设项目列入其议程。1979年第34届联合国大会通过的34/46号决议指出：发展权是一项人权。1986年12月4日，第41届联大通过了《发展权利宣言》，正式"确认发展权利是一项不可剥夺的人权"，从而增加了人权概念的内涵。[②]

发展中国家难以通过TRIPs协议体系获得公平的知识产权财富分配机会。而将发展权引入国际知识产权制度领域成了修正初次分配不公的契机，从而形成了"知识产权发展权"。而"知识产权发展权"的出现主要反映了发展中国家集体对全球知识产权资源分配的要求，这种要求经历了几个发展阶段，但仍然难以保障发展中国家的知识产权发展权。

1986年《发展权利宣言》在序言中明确指出"发展权利是一项不可剥夺的人权"。根据《发展权利宣言》第3条第2款规定，各国有责任创造有利于实现发展权利的国家和国际条件。根据《发展权利宣言》第8条第1款规定，各国应采取适当的经济和社会改革措施来消除所有社会不公正现象。同样，以全球视角为基础，各国共同将发展权利纳入知识产权贸易制度，并形成相应的条款，这是保障"知识产权发展权利"的重要体现。这种体现主要包括以下几个阶段。

第一阶段，设定延迟期限和技术和资金援助条款。在全球早期知识产权贸易治理中，对发展权的关注始于1947年的《关税与贸易总协定》（GATT 1947）。GATT 1947第18条规定，在关税保护和数量限制等方

---

① 汪习根：《发展权法理探析》，《法学研究》1999年第4期。
② 杨宇光主编：《联合国辞典》，黑龙江人民出版社1998年版，第795页。

面，该条款为那些经济只能维持低生活水平并处于发展初期阶段的缔约方提供额外便利。1965年，GATT 1947增补第四部分《贸易与发展》，专门论及与国际贸易有关的发展中国家问题。实质上，发展中国家的"特殊和差别待遇"（SPECIAL AND DIFFERENTIAL TREATMENT）是伴随经济全球化而衍生出的一个概念，作为发展中国家的中国更是多次强调"世界贸易组织改革应当保障发展中成员的发展利益"[①]，因而类似的条款设定也就具有发展权保障的意涵。TRIPs协议等知识产权贸易规则也对发展权问题进行了直接回应。例如，TRIPs协议设置了"延迟期限"和"技术和资金援助保障"等条款。

第二阶段，设置人权评估条款和健康权保障条款。一方面，根据联合国经社理事会经济、社会和文化权利委员会《一般性评论第17号（2005）》，知识产权法律在实施时应进行人权评估，其中评估判断的要点是：（1）不能影响大部分人的健康权、食品权和教育权；（2）禁止与人的尊严保护和保护人权带来危险，禁止将人身或某个部位授予专利；（3）是否能通过知识产权的方式来实现人权目标；另一方面，为解决公共健康领域的问题，知识产权与人权的关系存在承认模式、冲突模式和合作模式[②]：（1）承认模式。TRIPs协议的成员国需要对药品进行专利保护，这也就在立法上对这种知识产权权利进行了承认。（2）冲突模式。一是1994年制定的TRIPs协议对发展中国家切身利益有关的公共健康问题、地理标志保护问题和传统知识问题保护问题不够。二是2001年11月14日，世界贸易组织部长级会议通过了《多哈部长宣言》（以下简称《多哈宣言》）。《多哈宣言》就公共健康问题与TRIPs协议之间的冲突表达了人权立场的关切，并要求就强制许可的相关条款进行补充和修改。（3）合作模式。各国有关知识产权法中不授予权利的情形、无效制度、合理使用和强制许可等制度成了一种合作模式。虽然在2005年TRIPs成员国就发展中国家和最不发达国家在公共健

[①] 殷敏：《公平原则在RCEP特殊与差别待遇中的运用》，《法律科学》（西北政法大学学报）2023年第5期。

[②] 万勇：《公共健康危机的知识产权法应对》，《中国法学》2022年第5期。

康危机下对专利药品实行强制许可达成共识,形成有关的修正案作为临时性措施加以实施,但是该修正案一直到2017年1月23日才获得批准。因此,TRIPs协定更多地被赋予了"可持续发展"的制度意涵,以此来矫正全球的健康不平等。在后期,为解决新冠疫苗和药物的共享问题,2022年6月世界贸易组织第12届部长级会议做出了有关疫苗知识产权豁免决定。该豁免决定明确了豁免范围为"新冠疫苗的生产和供应"。但是为应对重大公共健康危机,各国需要改变资源错配的问题,而减少知识产权专有权对控制全球卫生公共资源损害就是重要方式。

第三阶段,在数字知识产权立法中创设知识产权发展权,这么做的理由如下。(1)传统的知识产权是以图纸或实物的形式记录的,其保存和传播相对容易控制。然而,数字知识产权可以无限期地复制,"复制"在数字时代遭遇了法律尴尬,容易传播,有不同的形式,而且便于携带,侵权行为难以追踪,因此更难保护。① 在网上保护知识产权很复杂,对传统出版物的侵权行为是有限的,而对数字内容的侵权行为则不那么明显,而传播速度更快,规模更大,更难追踪。(2)数字产品中的确权。版权人将不得不证明他们是作者,并主张权利。互联网服务供应商必须提供足够的技术支持。当版权作品被几次传输后,最终的权利人很难追踪,版权保障措施也很薄弱。(3)技术与法律的保障还不成熟。云计算、数字版权管理、区块链等技术的发展与推广速度较慢。法律对数字出版物合理使用的界定存在着一定的歧义,无法为特定案件提供合理、准确的法律基础,极大地制约了著作权人权利的实现。例如,软件和商业方法软件正在成为数字知识产权保护的对象。根据《专利法》,计算机软件可以得到有条件的保护,版权法只保护软件的书面形式。因此,《与贸易有关的知识产权协议》对新兴技术的保护也存在困境,即"没有反映出网络技术的因素,没有对网络技术带来的各种变化作出前瞻性的反应,也没有为解决新出现的数字知识产权纠纷提供适当

---

① 吕炳斌:《数字时代版权保护理念的重构——从以复制权为中心到以传播权为中心》,《北方法学》2007年第6期。

的制度安排"。(4) 数字时代的部分知识产权权利将受到限制。这类限制有以下几点：一是在数字经济时代，某些知识产权存在成为一种永久权的可能性，继而需要放弃合理使用的限制以及第一次销售原则。二是"激进的知识产权法律、限制性合同条款和技术锁定削弱了终端用户对于所购数字产权的控制"[1]。三是现有的知识产权保护制度已经成为大企业构建竞争壁垒，甚至实施垄断的工具。其中两种典型方式是通过"专利联盟"[2]和"专利标准化"[3]来确保大企业在本行业的技术垄断地位，但是却忽视了中小企业的知识产权发展权益。四是元宇宙的去中心化机制也对传统的现代知识产权制度造成了冲击。例如，元宇宙的去中心化构建要求相关方在元宇宙系统建设中遵循尽可能相同或一致的技术标准。如果一方独占了关键的知识产权而不与其他方共享，其他建设方完全可以另起炉灶，通过吸引更多参与方和用户来成为事实上的标准。因此，传统意义上的知识产权保护失去了意义。五是 AI 也对知识产权权利保障带来了挑战。例如，由生成式人工智能创作的作品，除了考虑作品本身的独创性外，还需要考虑 AI 开发者和自然人使用者在作品生成过程中的贡献分配比例，但是这种"以人为本"的利益分配模式，也会限制 AI 技术应用。

第四阶段，知识产权发展权的保障应强化人道主义精神指引，其中的理由如下。一是知识产权激励理论，在无利可图，但却对人类生命安全至关重要领域面临失灵。二是知识产权保护的排除与例外在过去的几十年里遭到侵蚀。三是人工智能的出现导致人类和道德问题边缘化。为突破数字知识产权发展的道德困境，汲取中国文化的精华是一种有效方法，如在中国文化传统语境里引入市场视角，并不必然推导出知识产权

---

[1] [美]亚伦·普赞诺斯基、杰森·舒尔茨：《所有权的终结：数字时代的财产保护》，赵精武译，北京大学出版社 2022 年版，第 31 页。

[2] "专利联盟"是指为实现专利许可收益最大化，专利战略的实施主体已经从单一个体发展为专利联盟。企业间机遇共同体战略利益，以一组相关专利技术为纽带形成联盟，内部企业实现专利交叉许可，对联盟外部共同发布联合许可声明。

[3] 企业在制定行业标准时，将自己的专利内容作为标准，以此将竞争对手隔离在产业竞争之外。

利益最大化的思维，而是一种更为开放、多元、共享的知识产权治理模式，亦即包含知识产权在内的各类非经济的与经济的复合酬答机制，例如，2015年美国知识产权杰出学者Gervais D. J.通过对各类创造者的访谈，得出这样一个结论，"勤奋、知识挑战以及成就感等因素是创新的根本动力，而不是效益主义所说的财富最大化的回报"①。为此，各国可以通过设定自我调节义务、收益分享义务、开放创新义务与传播义务等开明的知识产权义务，一个可持续的、协作的和公平的知识产权框架将有利于使创新适应人道主义需求。

我国政府一贯重视发展权问题，积极参与促进发展权的各项活动，保障我国人民的公民的政治权利和促进我国人民的经济、文化和社会权利的发展。党的十八届五中全会通过的《中共中央关于制定国民经济和社会发展第十三个五年规划的建议》中提出："必须坚持以人民为中心的发展思想，把增进人民福祉、促进人的全面发展作为发展的出发点和落脚点。"② 在党的十九届五中全会通过的《中共中央关于制定国民经济和社会发展第十四个五年规划和二〇三五年远景目标的建议》中，将"人民平等参与、平等发展权利得到充分保障"和"人的全面发展"作为基本实现社会主义现代化远景目标中的重要内容。③ 2022年3月25日，中国常驻联合国日内瓦办事处和瑞士其他国际组织代表陈旭在联合国人权理事会第49届会议代表50余国作共同发言，强调发展对享有人权的重要意义，呼吁各国坚持以人民为中心，推动实现包容普惠发展。④

发展权作为一项具体人权得到了国际和国内社会的广泛认可和重

---

① 邵则宪：《昭隆传统之大美：中国文化如何成为全球治理的建构者》，清华大学出版社2019年版，第187、289页。
② 《中共中央关于制定国民经济和社会发展第十四个五年规划和二〇三五年远景目标的建议》，中国共产党新闻网，http://cpc.people.com.cn/n/2015/1103/c399243-27772351.html，访问日期：2022年3月20日。
③ 《中共中央关于制定国民经济和社会发展第十四个五年规划和二〇三五年远景目标的建议》，中国共产党新闻网，http://cpc.people.com.cn/n/2015/1103/c399243-27772351.html，访问日期：2022年3月20日。
④ 《中国代表50余国在人权理事会强调发展对享有人权的重要意义》，新华网，http://cn.chinadiplomacy.org.cn/2022-03/26/content_78131780.shtml，访问日期：2022年3月28日。

视，并且渗透到国际关系各个方面。进入21世纪之后，为了应对日益严峻的挑战，它还跨越国际法进入国际关系领域，演变成一项兼具法律、政治和伦理多维度的全球治理原则。① 在经济全球化的今天，发展权生命力越发强大，成为推动人类命运共同体理念的诞生的重要力量。数字知识产权的发展权不能一味扩张，不能让功利主义成为知识产权的主旋律，其在保护权利主体的同时必须兼顾公共利益。

（二）数字时代知识产权与发展权的关系

数字知识产权与发展权的关系既有一致性又有矛盾性。其一致性体现在数字知识产权的人权属性，使得其二者之间存在着某些价值理念的一致性，而其矛盾性主要是源于在知识产权保护全球化的框架下，发达国家与发展中国家的不平衡性。

数字知识产权与发展权的一致性主要体现在二者的价值理念及其功能上。首先在价值理念上，发展权追求经济、社会、文化和政治等全方面的发展，知识产权制度的根本追求同样在于鼓励创新从而促进社会发展。其次在功能上，知识产权制度为科技进步、文化创新提供了强有力的激励机制，促进了科学、文化、经济的全面发展，社会公众也能从这些进步中分享利益。在上述情况下，知识产权与发展权是统一的。数字知识产权与发展权的冲突则主要体现在其属性、实现手段等方面。

进入新发展阶段，我国对发展权的保护越加重视。习近平总书记深刻指出："知识产权保护工作关系国家治理体系和治理能力现代化，关系高质量发展，关系人民生活幸福，关系国家对外开放大局，关系国家安全。"② 2021年中共中央、国务院印发《知识产权强国建设纲要（2021—2035年）》。（以下简称《纲要》），在《纲要》中明确指出进入新发展阶段，推动高质量发展是保持经济持续健康发展的必然要求。③

---

① 李春林：《构建人类命运共同体与发展权的功能定位》，《武大国际法评论》2018年第5期。
② 习近平：《全面加强知识产权保护工作 激发创新活力推动构建新发展格局》，《当代党员》2021年第4期。
③ 《中共中央、国务院印发〈知识产权强国建设纲要（2021—2035年）〉》，中国政府网，http://www.gov.cn/zhengce/2021-09/22/content_5638714.htm，访问日期：2022年4月29日。

可以说，一直以来我国对知识产权的保护工作无一不体现着发展权这一核心要义。

发展才是硬道理，在1992年南方谈话时邓小平提出要求将发展作为国家建设的第一要务。中国作为世界上最大的发展中国家，在发展权的保护上取得了举世瞩目的辉煌成就，特别是在知识产权保护工作方面积极探索新路径、新方法，不断取得新进展。这与我国将发展权内涵融入知识产权保护工作息息相关。建设社会主义现代化强国，必须从国家战略高度和进入新发展阶段要求出发，系统谋划我国知识产权事业发展方略，推动构建新发展格局。① 知识产权是现代社会的重要制度，特别是在数字的时代背景下，对知识的运用达到了前所未有的高度，知识产权制度对国家、社会的影响已经渗透到方方面面，这与发展权的广泛含义是契合的。因此，在研究数字知识产权时，不能忽略数字知识产权与发展权的关系，必须在认同二者内在具有一致属性的基础上，协调平衡二者的冲突。

（三）数字知识产权与发展权的冲突表现

数字知识产权与发展权的冲突是时代发展的产物，但也离不开二者之间的差异。本质上这是两种不同属性的权利，知识产权属于私权而发展权是人权，两者虽然在根本目的上具有一致性但在实现手段上存在差异，全球化背景加之数字时代数字知识产权的出现，使得这种冲突愈加突出。

数字知识产权与发展权的属性冲突。数字时代知识产权是私权，发展权是一项基本人权，虽然知识产权具备一定的人权属性，但是二者之间的根本属性不同。首先体现在两者的主体不同。发展权可以是个人的权利，也可以是集体权利。发展权的主体体现了其作为人权所具有的普遍性特点。当发展权主体是集体时，并不是若干人的简单累加，而是个人通过其积极活动而构成的集体。② 《发展权利宣言》也确认了各国人

---

① 习近平：《全面加强知识产权保护工作激发创新活力推动构建新发展格局》，《当代党员》2021年第4期。
② 叶传星：《发展权概念辨析：在政治与法律之间》，《东岳论丛》2019年第12期。

民、所有人、所有民族的发展权。这与知识产权的主体有很大的不同，知识产权的主体往往是具象的，并不涉及政治概念。

其次两者的属性存在很大的区别。特别是数字时代，数字知识产权概念下知识产权的私权属性更加突出，知识产权体愈加丰富，以技术加持的知识产权制度对人类生活的影响已经不可同日而语，这对发展权的实现提出了新的挑战。知识产权制度的价值主要在于它建立了自由竞争的科技发展机制，有利于科学技术的快速发展和经济的高度增长。但是，在自由竞争机制主导下的科技的发展不同于科技的全面发展，科技的发展和经济的增长也不同于社会的全面发展。知识产权制度主要依靠市场调节机制决定社会发展的方向、发展的进程、发展的受益者，这必然造成发展的失衡和发展的畸变，带来一系列社会问题。① 知识产权制度已经有数百年历史，其对创造性智力活动的激励，对科技、文化、经济的发展的促进是不可否认的。一方面，这种私权保护事实上会使广大的社会公众从中获益。另一方面，由于知识产权的客体具有公共商品的属性，其外部性特征就会成为影响社会经济、文化、科技发展的利器。

知识产权与发展权由于其不同属性而存在的冲突是显而易见的。随着数字时代的到来，虚拟时空的地位逐渐上升，数字知识产权也成为知识产权领域矛盾频发的领域，这与其权利主体边界模糊密不可分，这不仅导致数字知识产权主体权利保护不佳，甚至发展权也受到威胁。为此，有学者提出在公共政策中注入"数字人权"价值，强化"数字人权"的权益平衡，确立公法与私法的双重保护机制，促进数字时代的人权保护。②

国家之间的发展不平衡产生的冲突。世界联系日益紧密，知识产权保护体系也被置于全球化体系之下。但超越地域性的全球化知识产权制度的受益者往往是发达国家。某种程度上知识产权制度成为发达国家的发展利器，却成为发展中国家发展的桎梏。这是由于发达国家往往掌握较高水平的核心技术，在数字知识产权逐渐成为市场中炙手可热的生产

---

① 龙文懋：《知识产权法哲学初论》，人民出版社 2003 年版，第 156 页。
② 马长山：《数字时代的人权保护境遇及其应对》，《求是》2020 年第 4 期。

资料时，发达国家受功利主义影响，自然希望通过知识产权制度最大限度地攫取市场利益，限制甚至阻碍发展中国家参与竞争，这对发展中国家极为不利。总体上看，数字知识产权的权利主体是少数人、少数集体，就在占世界极小部分的群体通过数字知识产权获得巨额的财富之时，占世界大多数的发展中国家及其人民不仅没有从中获益甚至还因为知识产权制度危及其发展权，例如药品专利带来的药品价格高昂，而导致药品可及性问题等，使得发展权受到了很大的威胁。不仅如此，在知识产权制度全球化框架下，国与国之间的知识产权保护并不平等，在不久之前的中美贸易战中，美国针对我国的知识产权领域进行攻击，华为、中兴等企业都受到影响。不仅如此，还有部分发达国家奉行的单边主义等国际霸权行为破坏了国际合作，给发展权的实现覆盖了一层阴霾。

发达国家影响下的知识产权保护工作导致知识垄断知识，因而阻碍发展中国家的发展。知识产权是一种合法的知识垄断。这种技术上、知识上的垄断会影响有形产品的数量和流通量，提高产品的价格。同时，知识产权制度也在一定程度上给知识和技术的后续研究者和再创造设置了一定的障碍，排斥竞争者进入某一领域，从而提高后续研究开发的成本，形成对科学技术发展的障碍。而科学技术的发展及传播状况也将影响人的基本生存质量和全面发展状态。随着知识产权制度国际化、全球化进程的加快，逐步加大了发达国家与发展中国家的差距。在当今世界，发达国家利用雄厚的资金和知识产权制度，掌控大量先进的知识和技术，建立起较完备的技术体系。而发展中国家却很难以较低成本获得这些知识和技术，知识产权制度成为发展中国家以较低成本发展科学技术的一大障碍。总体上看受发达国家，特别是西方发达国家影响的数字知识产权高保护已经成为一种趋势。这种趋势必然造成发展中国家的发展困境。

数字知识产权与发展权的实现之间存在手段冲突。知识产权和发展权所追求的根本目标虽然都是促进社会的发展，但二者在实现该目标的过程中所采取的手段是不同的。知识产权通过激励创新促进社会发展，因此必然要对权利所有者个人施予保护，赋予其一种合法的垄断权，使其能够通过知识产权获得经济利益，从而得到激励。而发展权强调公民拥有平等的发展机会，共享发展成果，使每个人都得到全面发展。① 为了实现这一目标，发展中国家往往强调以社会的发展来作为保障个人的发展权的前提。因此这样一个优先保障个体，另一个优先保障集体的手段就会出现一系列的矛盾。以专利权为例，发明专利往往都需要在前人的基础上进行，但专利权是一种合法垄断权，在一定程度上会限制后者对前者发明专利的运用。以美国为代表，数字贸易规则"美式模板"中的数字知识产权保护，集中体现在美国签订的一系列区域贸易协定之中。② 包括数字内容版权、互联网服务等领域开展保护手段，这些手段都更加强调维护权利主体的优势地位，而非发展权所强调的"平等""公平"的发展。

总而言之，数字时代知识产权与发展权的冲突是切实存在且不可忽视的，二者的根本属性不可改变，实现手段上的差异是客观存在的，国与国之间的发展不平衡必然存在，种种冲突看似无法化解，但只要对其冲突根源有更深刻的理解，调和数字知识产权与发展权之间的冲突是可以实现的。

（四）数字知识产权与发展权的冲突根源

在数字时代，网络边界不断被突破，这引发人们对知识产权的独占和垄断属性的质疑，厘清数字知识产权与发展权的冲突根源是协调其冲突的前提也是重点，是对质疑的最好回应。在数字时代背景下，数字知识产权的新客体不断出现，导致数字知识总体上有扩张倾向，这是与发展权发生冲突的直接原因。就国内而言，数字时代知识产权制度的扩张主要体现在知识产权客体的增加，例如大数据技术衍生的数据库、区块链技术以及各种新型商业方法等都可能受到知识产权的保护。这种扩张，在一定程度上会造成过去社会共享的资源转移到私人领域，知识财富的公有领域相对减少，造成社会公共利益与财产私益之间的冲突。知

---

① 中华人民共和国国务院新闻办公室发表：《发展权：中国的理念、实践与贡献》，《人民日报》2016年12月2日。

② 周念利、李玉昊：《数字知识产权规则"美式模板"的典型特征及对中国的挑战》，《国际贸易》2020年第5期。

识产权的过度扩张在一定程度上阻碍了知识产品的传播与扩散。不仅如此，知识产权作为一种合法垄断权，对知识资源自由共享与传播是一种障碍，这种障碍会造成知识共享的成本上涨。同时，知识产权保护所带来的行业壁垒，一定程度上给知识和技术的后续研究设置了一定的障碍，提高后续研究开发的成本，过度的知识产权保护反而成为科学技术发展的障碍，而科学技术的发展水平及可及性也与人的基本生存质量和全面发展水平息息相关。① 通过在数字时代将发展权的概念引入知识产权，希望对私权做出适当限制，以保持数字知识产权与发展权之间的平衡。

知识产权制度地域性和超地域性的矛盾。地域性是知识产权的根本属性之一，在知识产权保护全球化的背景下，知识产权制度表现出一定的超地域性，这是导致其与发展权冲突的根本原因。进入数字化时代，信息传输空前便捷，国际数字知识产品贸易不断扩大，适应数字化时代的一批国际条约和区域条约相继缔结，比如《世界知识产权组织版权条约》（WCT）和《世界知识产权组织表演和录音制品条约》（WPPT），虽然其中规定的是知识产权保护的技术措施和权利管理信息，但仍然在一定程度上跨越了数字知识产权保护的地域限制。《伯尔尼公约》要求各成员国保护其他成员国国民的作品，淡化了知识产权的地域性。随着经济全球化的不断深入，知识产权跨境活动日益频繁。通信、网络、物流、交通等技术的发展促进了跨境活动的发展，跨国经济往来加剧了知识产权地域性弱化的趋势，如果知识产权制度仍然采取较为严格的地域性，那显然与全球化不相适应。但是过度的超地域性，使知识产权制度领先于本国的科学技术水平和知识产权创新保护的需求，知识产权制度反而会阻碍一国的发展。总之，一国的知识产权制度不能超过一个国家的科技发展水平，否则就会打击国内的创新发展，这就是数字知识产权的地域性和超地域性所导致的与发展权的冲突。

其次，由于数字知识产权在国际贸易中对推动经济社会的发展起到了很大的作用，甚至影响到了国际人权的实现，在数字知识产权保护的

---

① 参见黎华献《知识财产利益权利化路径之反思》，《现代法学》2020年第3期。

问题上对各国特别是发展中国家的经济社会发展可能存在着负面影响，进而使发展权实现面临严峻挑战。与此同时，发展权也逐渐成为一项国际法律和全球治理的原则，但发达国家和发展中国家所追求的发展处于不同的阶段，具有不同的要求和实现条件。试图按照人权正义原则重塑国际社会治理的发展权与全球知识产权保护所强调的经济与效率必然存在着制度性的矛盾。

现有的国家知识产权贸易体系会向发达国家的需求倾斜，并阻碍发展中国家的发展。发达国家利用雄厚的资金和知识产权制度，掌握大量先进的知识和技术，建立起较完备的技术体系而后打着知识产权保护的旗号，一方面向发展中国家传输这些技术，另一方面迫使发展中国家提高本国知识产权保护的强度，以满足其需求。以至于发展中国家很难以较低成本获得这些知识和技术，知识产权制度成为发展中国家以较低成本发展科学技术的一大障碍。"发达国家从知识产权制度中获得了比较好的利益，而发展中国家则要为此付出沉重的代价，发展速度受到限制。"[1] 由于 TRIPs 协议将知识产权保护纳入了国际贸易体制，从 TRIPs 协议到《反假冒贸易协议》（ACTA）、《跨太平洋伙伴协议》（TPP）以及《跨大西洋贸易与投资伙伴协议》（TTIP），科技水平、创新能力稍显落后的发展中国家，面临着要么被迫接受发达国家主导的与本国技术创新水平不相适应的知识产权规则，要么只能被排斥在世界贸易体系之外，在经济全球化时代边缘化的两难境地。根据 TRIPs 协议"前言""承认保护知识产权的诸国内制度中被强调的保护公共利益的目的包括发展目的与技术目的"；也"承认最不发达国家成员在其域内的法律及条例的实施上享有最高灵活性的特殊需要以使之能建立起健全可行的技术基础"。[2] 可见，发达国家不应干涉欠发达国家的知识产权保护工作。

综上所述，数字知识产权与发展权之间的冲突根源在于知识产权的不当扩张以及知识产权超地域性的趋势。本质上都与科学技术上占据强

---

[1] 李玉红、徐飞：《知识产权制度的负面影响及其完善化》，《科学技术与辩证法》2001年第2期。

[2] 参见《TRIPs》前言。

势地位的发达国家密不可分。因此，二者冲突的协调，不在于否定知识产权制度的独占和垄断，而应该着眼于国内在数字时代对知识产权制度边界的合理探寻以及一国的科技发展。其中典型体现中美在数字知识产权上的分歧，主要体现在"源代码审查、数字版权的保护以及避风港原则的适用范围问题"[①]。例如，在跨境数据市场领域，它们均主张源代码的披露等不得作为市场准入的条件。就美国而言，针对特殊境外数据的交易问题，跨境数据监管聚焦于源代码的披露上。一些主要以市场利益为导向且多由数字技术发达国家为主导的贸易协定则在努力创造硬性规则，从而阻止源代码随着技术出口而被他国获取。美国尝试提出了自TPP后最为严格的跨境数据监管要求，即充分地禁止数据的传输限制与本地化措施、防止源代码的披露或转移以及加大对公共可用政府数据（Publicly Available Government Data）的访问等。显然，这样做的目的在于尽可能地摆脱他国对数据活动的介入，从而获得更多利用境外信息资源的空间。在特殊数据的交易规则上，USJDTA尤其重视源代码的问题。众所周知，源代码作为程序的原始设计基础，是整套数字技术的最关键支撑。因此，源代码一般都以商业秘密甚至是国家机密的方式而存在。事实上，拥有全球最先进科技的美国近年来一直在诟病一些国家引进技术的方法，认为这些国家正通过直接或间接的手段夺取本国的源代码。为此，USJDTA表示各缔约国不应以源代码的转让或访问作为对方软件准入的条件。再者，倘若一方的监管部门或司法机关需要对源代码行使特定的调查权，则需要采取必要的措施以防止未经授权的披露。由此可见，维护源代码跨境后的机密性是美日等发达国家把控技术外流的主要途径，而且凭借贸易语言的安排，这种诉求将在他国国内得到转化与落实。就特殊数据的交易规则而言，USMCA采取了迄今全球最为严格的控制手段，目的在于防止数字技术的外流以撼动先进国家的领导甚至是垄断地位。因此，USMCA禁止缔约方以源代码的转让或访问作为软件或含有软件产品的市场准入条件，同时允许因管理机构或司法机关

[①] 张俊娥、董晓红：《从USMCA看中美数字贸易规则领域的分歧及中国应对策略》，《对外经贸实践》2021年第2期。

的执法需要而对源代码实施披露，但前提是能提供相应的安全保障措施。对比 CPTPP 来说，看似篇幅简短的条款却表现出更为苛刻的条件，因为 USMCA 抹去了几种适用条款的例外情况，这些情况包括以下三个方面：(1) 所涉的软件不应包含与"大众市场软件"相对的定制软件和用于关键基础设施的软件；(2) 不得妨碍经正常商业谈判而为源代码设置的条件限定条款及其执行；(3) 不得不排除一方作出的源代码修改要求，以便所涉软件符合与本协议不抵触的国内法律或法规。由此可见，在 USMCA 协议下，各缔约国对于源代码交易规制的自我把控空间将更为狭窄，禁止以转让或访问作为源代码进入一方域内开展导入、分发、出售或使用的条件将覆盖所有类型的软件。换句话说，技术输入国获取源代码的途径将大大减少，美国也将依靠这样的操作而继续巩固自身的优势地位。这些问题发生的本质原因如上所述，主要是知识产权的不当扩张以及知识产权超出地域性的趋势。

四 数字知识产权立法的权利冲突分析

中国经过 70 多年的法治建设历程，到今天已经取得了巨大的历史性成就。在法治建设的过程中，权利冲突一直是一个非常普遍的法律现象。这是由于随着社会的发展，权利不断地扩张。人们已经不再满足于之前能够吃饱喝足的生存权，而是越来越追求对物质、文化等各个方面的发展的权利。我国法律的发展史也是公民的权利不断被写入法条的历史。在社会、文化、经济的发展过程中，人们对于权利的需求也在日益增长。进入数字时代，数字知识、数字信息成为社会发展中的重要资源，成为社会生产和分配的核心要素。数字产权突破了传统知识产权形态，具有新时代的权利内涵和外延，构建了新型的权利秩序和规则。数字产权的出现不可避免地将与其他权利产生碰撞和摩擦。例如，大数据的数据收集与个人信息保护之间的冲突，数字创作主体之间的冲突，数据保护与社会发展之间的冲突，等等。数字产权立法要及时对这些问题进行回应，分析权利冲突产生的根源，并不断完善数字知识产权法律制度体系。

(一) 数字知识产权立法中权利冲突界限

由上述论证可知，权利冲突的界限一直以来都是学界讨论的热点问题，到目前为止也没有十分清晰的界限判断标准，甚至在界定冲突的标准上存在一定的分歧，但基本达成共识的一点是对于非法行为导致权利的冲突受损不属于权利冲突的范围，即权利具有天然的正当性。权利冲突应当是指合法性、正当性的权利[①]之间所发生的冲突，冲突必须在现行法律秩序容忍范围之内。若要解决数字产权中权利冲突问题，同样离不开对冲突界限的讨论，即数字知识产权立法中的权利冲突也指的是合法性、正当性权利之间的冲突。

关于正当合法性的权利与权利之间相冲突的根源，我们仅从权利自身的性质出发进行研究，就涉及权利限度、权力滥用等理论问题。所谓的"权力滥用"，我们一般指向的是公权力的滥用问题，但实际上"权力滥用"也可以称为"权利滥用"，即私权利在行使的过程中也存在着滥用的问题。其实本质上来说，任何一种不管是"权力"抑或"权利"在行使过程中都会面临一个问题，那就是它使用是否恰当，我们称之为"权利的限度"。权利的界限指的是，在权利行使的过程中必须符合一定的条件，比如时间条件、地点条件、空间条件等，即行使权利要在一定的时间和空间范围内。在知识产权中，这一点其实非常典型。知识产权本就在私人权利与公共利益之间寻求一种平衡，个人获得的权利的保护是有一定范围的，如著作权中仅保护文字的表达而不保护思想，专利法和商标的保护也都分别有着各自的期限和条件。对于这些权利做出的限制就是防止个人权利的滥用，消除信息传播的障碍。

我们前面已经谈到权利冲突的前提条件是以合法性以及正当性为前提的，在数据世界中，利用非法手段窃取他人信息，利用他人智力成果等非法行为产生的冲突不属于我们所说的权利冲突范围。在我国的数字化知识产权立法过程中，首先应当明确的是具有正当性和合法性的各种权利的边界，合法正当的权利必然包含法定权利。其次，从权利冲突的角度来分析，推定权利、道德权利和自然权利也是导致权利冲突发生的

---

① 苏力：《〈秋菊打官司〉案、邱氏鼠药案和言论自由》，《法学研究》1996年第3期。

原因之一,而这种冲突在数字产权中的表现更为明显。数字产权在很多情况下,突破了传统意义上的权利形态对道德和法律提出了挑战,例如人工智能和大数据的应用,数字产权将道德与法定权利间的冲突有进一步加大的趋势。

受数字化和信息化的影响,人们生活数字化程度越来越高,不仅个人的生产生活在向数字世界转移,涉及政府、社会等公共层面的活动数字化比例也在增加。小到个人的学习生活,大到劳动就业、社会保障、政治参与等方面都在向着数字化发展。传统的权利冲突发生在现实可见的物理世界中,数字化时代的到来,权利冲突也将跨越现实物理世界从而存在于数字虚拟世界中。数字世界虽然是虚拟无形的,但人们在数字世界中进行信息的交流,数字技术与人民生产生活、社会发展深度融合,以数字和信息为主体,逐渐形成了人的数字化生存和发展所需求的基本权利。① 这些权利中有固有的权利,也有伴随数字产权而形成的新的权利,新旧权利的更迭与并存,权利界限也变得更加模糊,急需相应的法律制度进行规制。

(二) 数字知识产权立法中权利冲突实质

面对冲突,我们需要从权利其本身来探究发生冲突的实质原因,对此马克思曾对权利限制予以揭示,他认为权利不可能超越经济体制和社会文化发展的限制。② 虽然看似是法律制度赋予了我们个人种种权利,但这种权利归根结底是与经济、文化等方面密不可分的。权利并非单纯的客观或主观的事物,而是主客观相结合的结果。③ 利益代表客观根源,价值观代表主观需求,这种主观和客观的内容是利益和价值或价值观的结合,权利是通过客观与主观的博弈平衡的产物,这是权利的实质,也即权利冲突的实质。④

---

① 陈沁瑶:《数字人权的法理基础及其保护路径》,《克拉玛依学刊》2022 年第 2 期。
② 中共中央马克思恩格斯列宁斯大林著作编译局编译:《马克思恩格斯选集》(第三卷),人民出版社 1972 年版,第 12 页。
③ 王林、李凡:《权利冲突逻辑结构的理论思辨——以权利冲突界定的"靶式结构"为视角》,《时代法学》2008 年第 3 期。
④ 刘作翔:《权利冲突的几个理论问题》,《中国法学》2002 年第 2 期。

首先，权利冲突在数字知识产权立法中表现为利益的冲突。关于利益的定义以及范围目前没有明确的界定，基本的共识是，利益是人们为了满足生存和发展的需要，对一定对象产生的客观需求，是人类为了满足自身的需求和欲望的一系列物质或者精神产品，包括金钱、名誉、地位等，即利益就是能够满足人类需求的一切事物。社会进入数字化时代，数据和信息成为人民生活和社会生产的重要资源，人们在数字世界投射时间、金钱、情感，数据与信息与人们产生链接，它们已经不单纯是一串数字代码，而是映射人类情感，具有人类所需求的利益，这些利益不仅包括经济利益还包括人格利益。一方面，每个人的需求不同，在利益追求上呈现出多样性。另一方面，人们对于利益的追求具有趋同性，代表着人类利益的数据和信息成为人们的共同追求。在物质世界中，资源是稀缺和有限的，虽然数字世界无边无际，组成数据的代码无穷尽，但是真正能够成为人们共同追求的利益的信息同样是有限和稀缺的。这导致每个人的需求与他人的需求不可避免地发生重叠，利益冲突由此产生，这是引起权利冲突的实质根源。

其次，数字知识产权立法中权利冲突还表现为价值的冲突。数据是有价值的，根据马克思主义的劳动价值理论，人们通过数字化劳动赋予了数据以价值，[①] 但是我们这里所说的价值与劳动价值理论中的价值不同，劳动价值理论是一种纯粹客观的价值，价值的多少完全取决于付出的劳动，而我们所说的价值是主观层面的，与付出劳动的多少没有关系，是一种人类的主观需求和主观认识，这种认识包含着对事物的认知、思考、理解等理念。人类的主观认识具有差异性，受多重因素的制约与影响，这种差异性则会导致冲突的产生。

权利冲突是社会前进的催化剂，一项制度并不是永恒的，制度背后充满着各种利益和价值的冲突。设计这项制度最终形态的过程，其实就是对各方利益与各种价值冲突的协调的过程，包括哪个利益更应该优先考虑，其他相互冲突的价值中，哪个更应该兼顾，一定程度上

[①] 温旭：《对数字资本主义的马克思劳动价值论辨析》，《思想理论教育》2022年第6期。

取决于时代的需求，当时代变化时，曾经对制度的利益价值协调方式已经不符合时宜，该制度也不再合理。面对数字化时代的到来，数字知识产权的权利新形态势必带来了权利属性上的冲突。这种冲突是必然的，但同时也是充满无限可能性的，这需要我们在各种权利冲突中找到平衡点。

（三）数字知识产权立法中权利冲突的原因

现实中人与人之间利益冲突产生的原因在于利益和价值实现方法的矛盾，其根源在于社会制度体制上存在的缺陷，即人的利益实现方法本身的固有弊端，以及人的利益的实现不合理所导致的各种利益的相互关系的演变。[①] 透过实质分析数字产权立法中权利冲突产生的原因，可以将其概括为以下几个方面。

数字技术对传统知识产权理论的挑战。传统知识产权作为一项舶来品的制度，在我国生根发芽也不过 40 多年的时间。我国在知识产权理论研究以及制度架构上还有很多不完善的地方，现在加上数字技术的冲击，使得对于数字信息产权界定变得更为模糊。我们可以类比知识产权在世界其他国家的发展，从该制度诞生到之后经历的每一次技术的变革，知识产权制度都面临了巨大的挑战，科技的发展让知识产权内容更丰富的同时，也在不断考验着传统知识产权的基本理论和制度，而在数字经济时代该问题显得更为突出。数字技术给传统知识产权制度带来了前所未有的挑战，除了对理论和制度产生了冲击之外，对于道德伦理等社会方面也造成了不小的冲击。

中国公民个人权利意识的不断增强与社会文化公共领域传播发展的矛盾和冲突。中国法治建设经过了 40 多年的发展，中国公民的法治意识、权利意识得到了很大的提升。公民权利意识的不断加强一方面代表着我国法治发展取得了伟大成就，但同时另一方面，公民权利个人意识的过于强大在一定程度上对法治的发展又产生了一定阻碍，这在知识产权制度中表现得尤为明显。知识产权制度天生就存在个体与公共的利益博弈，在两者之间不断权衡，从而做出最适宜的界限，不影响个人权利

[①] 柳建龙：《论基本权利冲突》，《中外法学》2021 年第 6 期。

的同时又促进社会文化的传播发展。而数字化时代的到来，数字产权的确立却有进一步加大两者之间鸿沟的趋势。例如，数据信息的生成处理是基于公共领域社会文化传播的发展，但收集处理过程中又会涉及公民个人信息的数据，若公民权利意识过于强势，将会导致两者间出现不可调和的矛盾。

实际上，国内保护与国际保护之间存在矛盾。知识产权具有地域性，只在授予或确认其权利的国家有效。由于经济、历史、社会等原因，每个地区的知识产权发展程度不同，相关制度也各不相同。特别是在数字化时代，各地对于数字产权的认定存在巨大差异，因此数字产权很难突破地域限制得到全面保护。另一个原因是，作为知识产权出口大国的美国等国家越来越限制知识传播，尤其对于大数据的控制更加紧张，这影响了数据的传播与交流，进一步拉大了发展中国家与发达国家之间的数字鸿沟，国际交流中数字产权仍然面临很大的阻碍。

权利冲突意味着现有的社会秩序和法律秩序被破坏，权利人的利益受到损害，从而对社会的和谐发展产生一定影响。然而，从社会发展的角度来看，权利冲突也有其积极的作用。冲突的产生和存在引起了人们对解决冲突的反思，推动了社会的进步。正如美国社会学家科塞指出，冲突经常起到整合社会关系的作用。在冲突中，人们可以表达自己的观点，维持各种利益的平衡，同时冲突也可以引起新的规范、规则和制度的建立，促进社会的不断发展和完善。通过对权利冲突的研究，我们不仅可以丰富权利理论，加深对权利问题的理解，甚至可能改变我们原有的一些权利理论和思维方式。因此，解决数字知识产权立法过程中的权利冲突问题，不仅有益于我国知识产权制度的实践和理论创新，也有助于形成和谐的社会秩序和健康的发展，以及有利于建立法治国家。

第四章
数字知识产权立法的规则论

为解决数字知识产权立法冲突问题,我国需要先了解全球数字知识产权竞争的基本格局,并明确自身的定位。在此基础上,我国可以参考其他国家和地区的数字知识产权立法经验,制定适应我国国情的数字知识产权规则,以进一步优化法律体系。

第一节 数字知识产权竞争的全球格局

一 数字知识产权竞争的三足鼎立之势

在早期的电子技术时代,美国和日本在电子技术产业领域的知识产权贸易顺差非常明显。尤其是在第二次世界大战之后,日本利用自身电子产业的优势迅速崛起成为世界第二大经济体,从而形成了日美竞争的全球经济格局。为应对日本崛起所带来的挑战,在 20 世纪 80 年代,美国对日本进行了 301 调查和单边制裁,特别是在半导体和其他信息技术领域。这些行动导致了日本经济的衰退,使其错失了信息和通信技术时代的发展机会。

在 1990 年,信息和通信技术(ICT)革命从根本上降低了知识流动的成本。这种转变的核心是为数字供应提供各种信息和通信技术(ICT)产品的基本基础设施。技术知识是这些信息和通信技术产品和服务所固有的,特别是"数字化大大增加了信息贸易或知识密集型服务贸易的机会"。仅在 2017 年,世界知识产权组织就估计,全球价值链平均生产价值的30.4%是由无形的资本以技术、设计和品牌价值以及工人的技能和管理技术等形式产生的。然而,当前全球知识产权贸易治理的规范体系对于数字时代的治理显得滞后。特别是伴随云计算、物联网、数据分析等国际数据传输和存储服务的兴起,决策者普遍认为可能需要一个新的或加强的法律制度来处理跨境数据流动的问题。随着全球范围内越来越多的公司建立或外包数据中心,服务器的位置可能会对确定某些事项的管辖权产生相关性问题。例如,当前广泛存在的争议是,数字技术贸易加剧了隐私、网络安全、防范欺诈、黑客攻击和其他网络犯罪的风险。因此,像欧美和中国等国家都在加强对数字技术交易领域的监管。另外,最近对新兴数字问题的知识产权反应明显,这些问题与数字商业模式特别相关,包括互联网服务提供商(ISP)的责任、"安全港"条款和孤儿作品等问题,对于这些问题的解决各国缺乏一致性。此外,还有一些正在出现的在线侵权、数据挖掘和人工智能的知识产权相关问题也需要达成协议来解决。

当前的全球数字技术交易竞争在总体上呈现出中美欧三足鼎立之势。发展中国家和发达国家之间存在较大的差距,特别是在数据能力方面发展中国家呈现出明显的劣势,这将导致发展中国家在相关贸易谈判领域表现出消极态度。虽然发展中国家内部也存在矛盾,但它们都在追求更低的数据流动门槛,以促进自身的创新发展。而发达国家虽然也存在内部矛盾,但普遍追求设定更高的数字技术交易和数据自由流动门槛来保障数字技术红利的本地化。因此,在数字知识产权时代,南北问题仍然突出。尽管TRIPs协议主要关注工业产权贸易保护问题,但对数字知识产权在网络环境下的保护问题未能充分回应,这加剧了南北失衡。例如,就目前数字技术竞争的总体局面而言,除了中国之外,大部分发展中国家在数字经济中的话语权较弱。再加上日本的衰落,因此当前全球数字技术贸易格局呈现出中美欧三足鼎立的态势。

二 中美欧之间的数字技术交易矛盾

中美欧之间的数字技术交易矛盾主要体现在以下几点。第一,数字税问题。近年来,数字经济以数据为关键生产要素,商业模式发生了显著变化。① 互联网企业可以轻易地突破国家边界，在没有设置实体机构的情况下开展业务，传统的税收规则难以应对该挑战，同时也带来了贸易摩擦。例如，法国等欧洲国家推动针对谷歌、亚马逊、苹果等大型科技企业在本国经营活动征收数字税，遭到美国的强烈反对。美国随后对多个贸易伙伴的数字服务税发起了"301 调查"，但最终决定暂缓实施相关报复性关税措施，以推进多边渠道的国际税改谈判②。第二，数据隐私和保护问题。欧洲对个人数据的保护要求较高。例如，欧盟通过实施通用数据保护条例（GDPR）来加强数据隐私保护。然而，美国的数据保护标准较低，因此，在数据交易方面存在一定的冲突和分歧。欧盟通过立法规定了严格的条件来规范数据的跨境传输，以确保数据保护水平不会因数据向第三国或国际组织传输而降低。这导致了"安全港决定"和"隐私盾决定"被宣告无效，进而使美欧数据跨境流动协议失效。这表明美国的数据收集制度与欧盟的个人数据保护原则存在差异。第三，数字市场准入问题。美国在数字发展方面相对全面，其在数字基础设施、数字能力和数字应用领域处于领先地位。美国在数字人才和技术创新方面表现出色，尤其在吸引和留住全球数字人才方面具有较强的吸引力③。然而，美国企业在欧洲市场面临准入障碍，例如，在电子商务、云计算和数字支付等领域的市场壁垒和不公平竞争行为。这导致了美国对欧洲数字市场的不满和贸易争端。第四，数字知识产权交易的问题。美国和欧盟作为数字经济知识产权治理体系的主要参与者，围绕数据、开源和标准必要专利等数字经济重点知识产权问题进行治理规则布局，以构建符合本国利益的数字经济发展环境。然而，美欧在数字知识产权交易方面存在分歧。例如，欧洲对数字版权的保护要求较高，要求平台对用户上传的内容进行版权审核和监管，但是美国认为这种做法可

---

① 路广通：《解析数字税：美欧博弈的新战场》，《信息通信技术与政策》2020 年第 1 期。
② 《美国与欧洲五国就数字税争端达成妥协》，新华网，http：//www.news.cn/world/2021-10/22/c_1127984877.htm，访问日期：2023 年 2 月 5 日。
③ 张蕴洁、冯莉媛、李铮等：《中美欧国际数字治理格局比较研究及建议》，《中国科学院院刊》2022 年第 10 期。

能限制言论自由和创新,并对平台的责任不清晰①。

此外,欧洲和中国之间在数字技术交易规则领域也存在分歧。一方面,欧洲认为中国在数字技术领域存在市场准入障碍和不公平竞争行为,例如,中国对外国数字技术公司的市场准入限制、技术转让要求以及知识产权保护等问题。欧洲担心这些措施会对欧洲企业的市场进入和竞争能力造成不利影响。另一方面,中国认为欧洲对中国数字技术企业的投资和市场准入存在一定的限制和歧视。欧盟对数据跨境流动的监管过于强调保护个人权利,忽视了多元价值的协调,实质上将个人权利保护凌驾于经济发展和国家安全之上②,该观念难以得到中国法律价值体系的认同。

中美数字技术交易矛盾主要体现在数字市场竞争和技术角逐两个方面。一方面,美国通过系列法案加大了对我国数字企业的打压力度。从2018年8月美国出台的《外国投资风险评估现代化法案》(FIRRMA)到2019年5月总统发布"总统令"否决投资交易项目的案例有五件,这五起总统否决案都和中国企业有关,否决次数最多分布的行业也集中在电信网络行业。在2020年3月,美国总统特朗普签署的《2020安全的5G和未来通信》采取了系列组合对策来打压中国数字企业的发展。例如,美国以安全风险为由对中国的5G产业发展进行遏制。美国通过施压盟国对中国企业的5G产品进行封杀,谋求5G领导力和标准话语权,并积极寻求华为5G产品的替代品。另一方面,美欧采取了单方措施来限制中国数字经济发展所需的材料、技术和研发等要素。这主要包括以下几点。(1)禁止软、硬件材料流入中国。美国《出口管理条例》以"中国企业通过逐步加强本土化,破坏基于国家安全的管控限制"为理由,对中国企业及其全球附属公司采取出口管制措施③。另外,2021年2月拜登签署了一项行政命令,该行政命令涉及美国数字知识产权领域

---

① 秦乐、李红阳:《美欧数字经济知识产权治理趋势研究》,《信息通信技术与政策》2022年第6期。

② 杨帆:《后"Schrems Ⅱ案"时期欧盟数据跨境流动法律监管的演进及我国的因应》,《环球法律评论》2022年第1期。

③ 2018年,特朗普政府通过的《外国投资风险审查现代化法案》和《出口管制改革法案》将涉及美国关键技术、关键基础设施和数据收集的重大在美投资项目以及半导体、人工智能、网络安全、虚拟现实等新兴技术行业,都被美国纳入了国家安全审查范围。

交易相关的硬件和软件材料领域,旨在确保美国的供应链安全,此外中国半导体的供应链上游会受到美国的阻断。(2)禁止芯片流入中国。美国和欧盟出台芯片法案①试图将半导体这一关键核心技术的研发、制造等控制在本土范围内。例如,《美墨加三国协议》(USMCA)协议将"算法""密钥"和"商业秘密"新增至"开放禁令"列表,强化"互联网服务提供商"的数字知识产权保护责任,②该责任条款会阻止有关软、硬件材料向中国转移。此外,荷兰和日本在美国邀请下也一起对与中国有关的芯片贸易和技术交易进行封锁。③因此,这种情况也倒逼中国对芯片进行自主研发与生产。(3)美国通过颁布其他法案来限制中国参与相关技术领域的产学研合作。例如,《2021战略竞争法案》授权美国政府成立技术伙伴部门,负责与欧盟、亚太盟友和印太盟友等国家建立技术合作关系,共同研发、应用、治理新兴技术,并建立相关规范和标准。该法案也旨在阻止中国深度参与全球数字经济的产学研合作。在2022年8月,拜登政府正式签署出台的美国《芯片+科技法案》禁止中国公司参与美国制造计划,禁止联邦研究人员参加外国人才招募计

---

① 欧美国家纷纷通过立法抢占技术制高点,例如,2022年2月8日欧盟委员会公布《欧洲芯片法案》(A Chips Act for Europe)。在2022年7月19日,美国众议院通过了520亿美元《芯片法案》(CHIPS PLUS)。截至今日,《芯片与科学法案》与《外国投资风险评估现代化法》(FIRRMA)以及《2018年出口管制改革法》(ECRA)共同构成中美科技竞争的三大立法基础。FIRRMA设置了单向阀门,阻断了中国企业通过资本运作方式获取美国先进技术资产的渠道。ECRA强化了美国在前沿技术上的出口管制,带来了中美在前沿科技上的"脱钩"。类似FICCMA和ECRA,《芯片与科学法案》同样强调单向限制,其所设置的"护栏"和"研究安全"条款将进一步干扰中美科学家进行科研沟通合作,获得美国资金的芯片制造商至少在10年内不能在中国或其他"受关注国家"进行新的高科技投资——除非他们生产的低技术"旧芯片"只为当地市场服务。

② 周念利、李玉昊:《数字知识产权保护问题上中美的矛盾分歧、升级趋向及应对策略》,《理论学刊》2019年第4期。

③ 据美国的一项研究预测,如果没有政策干预,美国在全球半导体制造业中的份额将在整个21世纪20年代持续萎缩,甚至降到10%以下。于是美国加强了对他国的游说加入对中国的芯片的制裁中来,继荷兰同意制定法律对向中国出售的芯片制造设备实施出口管制后。在美国的游说和强大压力下,在2022年12月12日,日本东京电子有限公司(Japan's Tokyo Electron Ltd)对华芯片出口实施有效制裁。参见《日本同意加入美国对华芯片出口限制;中国将在WTO提起诉讼》,微信网,https://mp.weixin.qq.com/s/mbSJUHm2ZCNjAgRI4wUV9w,访问日期:2022年12月10日。

划，并限制联邦财政拨款流向主办或支持中国孔子学院的机构。在《芯片+科技法案》的影响下，我国本土半导体产业表现为不同程度的差异化，对中游制造环节的威胁最高，其次是上游设计环节，而下游封测和终端应用受到的影响最小。①

第二节 数字知识产权相关地域的立法模式

一 以GDPR等欧盟主导的基本权利立法模式

在当今数字经济时代，数据被视为财富的关键。它影响了人们生活的各个方面，影响着资本的投资、金钱的流向和城市的运转，推动着全球产业链的复杂运作。然而，个人信息的采集、挖掘、分析、存储和保护成为数字经济时代的重要议题。围绕个人信息，涉及数据安全和数据泄露的法律问题不断出现。例如，个人信息所有者的权利、数据库的权益和争议，个人隐私的泄露以及网络管理的问题等。此外，数据安全和跨境流动也成为时代发展的重要课题。针对个人信息的泄露，世界各国早在20世纪90年代开始修订草案，制定相关法律法规。2016年欧盟出台的《通用数据保护条例》（以下简称GDPR）率先对个人数据进行全方面的梳理，主要侧重将个人信息作为基本权利独立于隐私权和人格权，纳入保护框架之内；美国后续颁布通过《加利福尼亚消费者隐私法案》（以下简称CCPA）紧跟步伐侧重在促进个人信息流通基础上保护个人数据；而我国也于2021年通过《个人信息保护法》规定了数项权利，深受GDPR的影响。

欧盟不满足于各成员国在立法和实施上的差异化保护，这妨碍商品、人员、服务和资本自由流动，妨碍单一市场（The Single Market）建立。② 2016年4月，《通用数据保护条例》（General Data Protection Regulation，

---

① 杨忠、巫强、宋孟璐、孙佳怡：《美国〈芯片与科学法案〉对我国半导体产业发展的影响及对策研究：基于创新链理论的视角》，《南开管理评论》2023年第1期。

② 李欣洋：《欧盟作者、表演者公平报酬制度研究——从"畅销条款"到〈数字化单一市场版权指令〉》，《东南大学学报》（哲学社会科学版）2021年第S2期。

GDPR）正式出台，于2018年5月25日在欧盟正式生效。《通用数据保护条例》对欧洲统一数据市场的建立和发展提供了良好规范和治理模式，法案通过提高对公民基本权利的保护水平达到规范个人信息流通的作用，从而更好地促进数据时代经济的高速发展。

（一）GDPR 的立法理念、立法原则和基本原则

GDPR 是为个人数据处理及跨境流动订立的规范及保护规则，有利于保障个人信息和隐私安全。本质上是源自对作为主体的人的保护，[1] 为个人对本人信息在网络上的传播和授权赋予详尽权利，从而促进境内数据流通，更好地保护个人信息基本权利。这主要体现在以下几点。

1. 权利本位的立法理念

首先，《通用数据保护条例》是一种基本权利保护法。GDPR 为个人信息处理过程中的自然人保护和数据的自由流动制定规则。将个人信息的特定部分纳入基本权利和自由的范围，而不再仅仅是将其归入隐私权的范畴之内，这意味着数字经济时代特定的个人信息不再局限于民法意义上的人格权和宪法定义下的隐私权，赋予了更加完备的保护方式，个人信息具有的财产属性和人身属性将在数字经济时代得到重新定义。在欧盟内部，个人数据的处理不应当受到限制，应当自由流动，也就是说，GDPR 适用于欧盟国家，任何一个国家在基本原则的框架之内不能随意作出改动。

GDPR 将个人信息视为个人尊严和自由，是一项基本人权。任何可识别的个人信息在网络时代都可能成为隐私和私生活泄露的杀手，一个身份证号码、一条短信验证码就能完成所有权的转移。在财产意义上，个人信息不只是一串代码，更是数据分析的仓库。个人数据的处理应得到主体的自愿同意，尊重主体的意思和自由，赋予主体以选择权。早在1982年，欧洲委员会就制定《个人信息自动处理中的个人保护条约》，问责制度和数据最小化被认为是个人信息保护中最关键的元素，这也是《欧洲人权公约》的具体贯彻。欧洲将个人尊严和家庭生活视

---

[1] 蒋学跃：《人格与人格权的源流——兼论宪法与民法的互动关系》，《法学杂志》2007年第5期。

为公民最重要的权利之一。条例的出台是欧共体保障个人基本权利的直接后果。

对于主体在纯粹的个人活动和家庭生活做出的数据处理行为公约并不规制。个人数据处理活动既包括自动化的处理，也包括非自动化的处理。欧洲人权法院认为，对于个人数据被侵犯的标准应当做如下理解：（1）是否侵犯了身体的、精神的完整；（2）属于个人隐私；（3）识别身份和自主决定。数据保护在隐私的概念范围之中。法院判决认为，利用收集到的个人信息对个人和数据库所做的分析应当是有限的。收集时应明确告知数据主体收集的目的，后续的使用不应当超出目的范围之外，否则将会对言论自由、隐私和个人生活造成不可挽回的影响，甚至会对个人自决产生影响。[①] 因此，GDPR立足于基本人权保护是为了尊重个人信息自决自由，源自人权意义上的隐私权。因此，法院认为，个人数据权完全有必要从隐私权独立出来成为一项权利。个人信息与个体人格，个体隐私具有千丝万缕的联系。既不可能将个人信息作为一项财产继而成为个人的绝对权利，这与数据流通的发展潮流相违背；又不可能只单独作为一项人格权放入民法范围中，个人信息包含的利益太过复杂。于是，《欧盟基本权利宪章》在第7条规定隐私权后，第8条紧接着规定个人信息保护上升为一项独立的公民基本权利。

其次，GDPR是一部欧洲数据市场统一法，是欧洲一体化的再进行。1991年，《马斯特里赫特条约》通过，此条约旨在建立欧盟统一市场，促进欧洲一体化的进展，为GDOR的制定奠定了基调，在GDPR的法律框架之下，最终目的是要实现欧盟境内的数据自由流通，形成欧洲统一数据市场。

GDPR语境下，主要是指"Personal Data"，即个人数据，将个人数据定义为关于特定自然人或可识别的自然人的任何信息，无论是直接还是间接的方式，尤其是姓名、身份证号码、位置信息等。GDPR更是对"处理"一词进行了细致入微的阐释。"处理"意指对个人数据或数据

---

① 张忆然：《大数据时代"个人信息"的权利变迁与刑法保护的教义学限缩——以"数据财产权"与"信息自决权"的二分为视角》，《政治与法律》2020年第6期。

集进行的任何操作或连续操作，既包括单个的，也包括一连串的。单个的操作例如收集、记录、组织、制作结构、储存、加工、使用、披露，一连串的操作比如整合或组合。GDPR对"数据画像""匿名处理""归档系统""控制者""处理者""接收者""第三方"作出了明确阐释，并特定对数据主体的"同意"作了清晰的规定，数据主体的"同意"必须是数据主体通过声明或清晰明确的行为示意的对关于他或她个人信息处理的同意，这种意思表示必须是自由做出的、明确的和没有歧义的。此外，GDPR对于生物遗传表现出了特别的重视，此法案对遗传数据、生物识别数据、健康相关数据进行了解释。

2. 统一立法模式的立法原则

（1）保护与发展平衡原则

在保护方面，个人信息的自由流动在人力资源和服务、投资等行业扮演着重要角色，个人信息的使用将受到限制。必须秉着明确合法具体的使用目的收集个人信息，且后续使用不得与该目的相背离。在数据流通层面，该法案确立了原则禁止，有合法授权则允许的原则。欧洲委员会中的建议案曾明确，保护个人信息权利是目的，消除个人信息在欧盟内部的流通障碍不能因此荒废。GDPR在两者当中并未做出取舍，而是互相兼顾。白皮书《增长、竞争力与就业——进入21世纪的挑战与道路》在1993年发布，内容强调数据时代不可逆信息化，数据将会成为新的生产力，要促进数据的流通而不是阻碍数据的扩散。信息分析将会给投资、贸易、服务等领域和人力资源市场分布带来新的发展生机。而统一的个人数据保护法律制度是统一信息市场的基石，面临个人信息屡遭侵犯而保护不足的缺陷，这也是保护个人信息权利的必然要求。促进各部门和成员国之间的数据分享，并将数据分享（Data Sharing）作为数据战略的一个关键支柱。

于是在《公约》第1条第3款明确指出：在欧盟缔约国内部，个人数据的自由流动不应以保护自然人为由而被限制。更加体现了《马斯特里赫特条约》的原则和宗旨，为建立一个经济和货币联盟，废除内部边界承认共同公民，建立共同的外交和安全政策，在司法和内政上实现密切的合作。

（2）原则统一例外变动原则

从原则上看，条例的内容对欧盟各成员国具有统一的法律效力，但各成员国可进行一些变动和细化。条例从未打算取代各国的监督与管制，而是提供个人数据的系列准则，从而建构统一数据市场。

（3）管辖权原则

GDPR 的管辖权采用了"长臂管辖"原则，无论数据控制者是否在欧盟境内，只要向欧盟内部的个人提供了数据相关服务，都被纳入管辖范围。这一原则大大扩宽了 GDPR 的适用范围。一方面，它可以管辖境内的数据控制者向境外提供的数据服务；另一方面，欧盟境内个人使用境外的网络数据服务也被纳入管辖范围。因此，GDPR 有望成为管辖范围最广的数据保护法案。

3. 个人数据处理的基本原则

企业在处理个人数据时应遵守以下原则：目的有限原则、最少数据原则、准确和更新原则以及确保安全原则。根据目的有限原则，企业获得的数据只能用于最初的目的，不能用于其他用途。根据最少数据原则，企业只能收集必要的数据，不得获取与目的无关的信息。根据准确和更新原则，企业应确保数据的准确性和完整性，并及时更新数据。此外，企业在处理数据时应采取措施避免数据泄露，确保数据的安全性。

4. 主体的权利、义务和救济

在体例上，《一般数据保护条例》分为总则和分则，总则包括第一章一般条款和第二章原则，分则包括第三章数据主体的权利、第四章控制者和处理者、第五章个人数据在第三国或国际组织的转移、第六章独立监督机关、第七章机关之间的协调合作与一贯性、第八章救济责任和惩罚、第九章特殊处理情形的相关条款，第十章和第十一章分别讲到了最后相关委任法案和实施法案，最后条款。GDPR 主要对数据主体设定了权利，而对数据控制者和处理者设定了诸多义务，监管由统一的监管机构负责，救济与一般的侵权无异。GDPR 还规定了组织、机构和协会在数据保护法中的作用。

5. 数据主体的权利

数据主体享有七大权利，分别是访问权、修改权、被遗忘权、限制处理权、数据可携权、拒绝权与不受制于自动化决策的权利。数据主体的访问权利内容和范围因个人信息是否从数据主体获得而不同,但无论收集主体是控制者还是第三方,数据主体都可自行获得向企业提供的个人数据,例如数据主体向控制者提供的个人数据的范畴、使用目的等。在个人发现数据处理者对数据进行了不当的处理后,个人有权请求控制者修改或删除个人数据,对这些处理表示限制或反对。在个人无法解决这类问题时,个人还可以向监督机关投诉,请求监督。赋予数据主体以访问权有助于增强个人对数据利用的了解和控制,并采取相应措施维护自己的权利。除此之外,数据控制者应当回应数据主体的请求,提供一份正在被处理的数据副本。为了避免不必要的成本,一般以电子方式提供。

修改权和被遗忘权是当个人数据发生错误时,数据主体享有要求数据控制者修改关于其不正确的个人数据的权利,在一定情况下,数据控制者还应当提供补充说明。数据主体可在下列两种情况下提出请求:一是数据有误,二是数据不完整容易引起误解。在收到用户请求后,数据控制者或处理者应当及时更正。

被遗忘权是指当用户撤回其同意数据控制者处理个人数据时,可要求删除相关的数据。[①] 这项权利起源于一项法院判决,当事人要求谷歌网站删除关于他的负面信息,因这些信息给当事人的生活造成很大影响。关于当事人不当的负面信息一直储存在网站上侵犯了当事人的权利。删除权的行使应当满足一定的条件:(1)当个人数据不再为用途所需要时;(2)用户不再同意;(3)用户表示反对其处理,其数据处理者没有其他正当理由抗辩;(4)收集的数据是用于信息社会服务。

类似于传统删除权,但被遗忘权更多体现在若数据控制者对相关个人数据进行公开传播,除自己应在数据主体要求删除外,还应当要求其他相关数据传播者删除数据链接,[②] 停止传播。法案也规定了不可适用被遗忘权的情形,若是为了行使表达和信息自由、为保护公共利益(健

---

① General Data Protection Regulation § 17. EU. § 679 (2016).
② General Data Protection Regulation § 17. EU. § 679 (2016).

康)、科学研究或历史研究时,不再适用。被遗忘权可以很好地保护数据主体的后续隐私,但是随着互联网络快速发展,这一权利的实现并不现实。

限制处理权,是指数据主体在特定情形发生时,有权对数据控制者或者数据处理者的数据处理行为进行限制,即使数据控制者或者数据处理者正在进行的处理行为已经事先经过了数据主体的同意。数据主体行使此项权利包括以下四种情形。

第一种情形,数据控制者或处理者所使用处理的个人数据与实际信息不相符合,数据主体基于异议可要求控制者或处理者暂停使用并对个人数据的准确性进行核实;第二种情形,数据控制者或处理者的处理目的和手段违反相关法律,即存在违法手段,数据主体可以要求对数据处理行为进行适当限制;第三种情形,当数据控制者或处理者并未使用该个人数据,而数据主体因行使法律上的主张而要求对其进行限制;第四种情形,则是针对控制者根据 GDPR 第 21 条的目的进行的抗辩,对数据控制者的正当理由进行判断,从而限制这种处理行为。这是条例赋予数据主体十分重要的权利,是该条例的一大特点。

数据可携权,是指数据主体有权获取其提供给数据控制者的相关个人数据,个人数据形态应当是 Structured、Commonly Used 和 Machine-Readable,且数据主体有权将此类数据从该控制者处传输至其他控制者处[①]不受障碍。

行使可携带权也需满足两个前提条件:一是必须是征得用户同意勾选用户须知;二是采取方式为自动化获取。数据可携权为数据主体获取数据控制者处理过的数据提供便利,数据主体可以自行获取这些数据,并且可以另作他用,可以存储于私人空间或云空间。这些数据不会丢失,且能重复使用,这一部分的数据可以传输至另一存储空间,例如,主体可以从游戏 App 导出游戏队友名单用于制作联系人表格,或者导出朋友圈照片用于传输其他社交软件。

拒绝权与不受制于自动化决策的权利是数据主体对数据控制者或处

---

① General Data Protection Regulation § 17. EU. § 679 (2016), 20.

理者处理数据有拒绝权,① 尤其是数据用于直接营销的目的时,主体有随时拒绝的权利,拥有数据者不得再使用。

数据主体还拥有不受自动化决策影响的权利,② 如果一个同意或运行是基于自动化决策所做出的,因此行为是计算机程序、神经网络代替人类意思表示做出的,用户有权免予其影响。在使用自动化决策程序时,控制者应考虑到潜在风险,保障数据主体的权利和自由。

6. 控制者的对应义务

(1) 数据处理的基本义务

提供控制者相关信息。当控制者获取数据主体的个人数据时,③ 应当向被收集者提供控制者相关信息。首先是身份信息,应提供身份、联系方式、代理人联系方式、责任人联系方式、预定使用目标以及处理法律依据;其次,应当进一步提供数据存储期限或者决定相应期限的适用标准;最后,应当提示数据主体的相关权利,应当提示数据主体的删除权、访问权、数据可携权,向监督机关提出投诉的权利。

对个人数据的修改、删除或限制等处理的通知义务。关于法案第16条、第17条、第18条数据主体的相关权利行使,控制者有义务将相关处理方式通知数据主体。处理者和控制者达成的一致协定应当要求处理者"通过科学合理的技术与组织方式"帮助控制者履行其责任。

需要公开的可识别的个人信息除非必要应进行匿名化处理,遵守数据跨境转移规则。

(2) 儿童特殊利益保护

向儿童提供的信息和后续处理需要获得相应监护人的同意,儿童是指不满16周岁的自然人。

7. 监管及救济

(1) 构建统一安全的监管体系

GDPR 建构了一套统一的全面适用于欧盟的监管体系。欧盟成员国

---

① General Data Protection Regulation § 17. EU. § 679 (2016), 21.
② General Data Protection Regulation § 17. EU. § 679 (2016), 22.
③ General Data Protection Regulation § 17. EU. § 679 (2016), 8.

各国内部均需要设立一个监管机构。相关数据主体有权向监督机关投诉。投诉的管辖遵守属地原则,数据控制者处理者应向相应控制者或处理者营业机构所在地法院寻求司法救济。并且若数据相关方处在成员国境内,则所有成员国的监管机构都有权力监管当地案件。

(2) 配备符合资质的数据保护官①

每一掌握大量系统数据的数据控制者或处理者需指定数据保护官(Data Protection Officer, DPO),DPO负责监督企业数据隐私的保护,确保数据在每个环节安全运行,围绕数据的生命周期进行工作的DPO对个人数据保护起着十分重要的作用。DPO主要承担以下职责:向数据控制者或处理者定期提出通知和建议;监控数据运行的合规性;作为监管机构和企业的连接点;制订数据安全保护计划并执行;受理数据主体投诉;向监管机构报告企业数据安全运行情况和问题处置情况;等等。②

(3) 赋予严格的侵权打击措施

对侵犯数据主体的个人数据权予以严厉打击,企业将会面对巨额罚款和严厉制裁。罚款有两个层次:如若是一般性的违法,罚款上限不超过1000万欧元,或者在有承诺的情况下,最高不超过上一个财政年度全球全年营业收入的2%(两者中取数额大者);对于严重的违法,罚款上限不超过2000万欧元,或者在承诺的情况下,最高不超过上一个财政年度全球全年营业收入的4%(两者中取数额大者)。

(二) 评价和借鉴

1. 对GDPR的辩证看待

GDPR对公民个人信息的保护在公民基本权利框架进行,以人为本,尊重个体意愿。将个人数据受保护定位为公民基本权利保护法,不仅符合个人数据全球流通的特征,而且更有利于其保护力度的增强。保护公民基本权利而不是私权或人格权,从而纳入了不同的保护框架和范围,在国际上取得共识,便于国际谈判和对抗。GDPR的出台一方面保

---

① General Data Protection Regulation § 17. EU. § 679 (2016), 38.
② General Data Protection Regulation § 17. EU. § 679 (2016), 39.

护个人信息权利,另一方面服务于欧洲统一数据市场需要。该条例从提高对个人数据保护水平出发,从而促进数据的流通,形成良性循环。GDPR 力图通过高标准制度、强有力执法实现对个人数据权利的保护,① 虽然被称为最严厉的数据保护法,但无疑这种立法模式为统一数据市场的良好生态打下了牢固基础和定型框架。据 ATLAS 统计,2021 年,共有 412 家企业因违反 GDPR 被罚,其中包含亚马逊等互联网巨头,罚款总额更是高达 10 亿欧元。

GDPR 的推出反映了个体在特定时代对数据安全保护的需要,它赋予主体七大权利环环守护数据传输的每一个环节。这七大主体权利分别是访问权、更正权、被遗忘权、限制处理权、可携带权、反对权,以及不受制于自动化决策的权利。

2. 数字知识产权适用统一立法模式的优劣

(1) 数字知识产权适用统一立法模式的优势

相比于行业监管模式和混合立法模式,统一立法模式有自己的独特优势,与欧盟天然的统一市场相契合。欧洲国家相似的人权思想观念、经济发展水平市场环境、政治制度和法律演进历史是统一立法模式适用的前提,换到拉美国家或亚太地区适用起来会有诸多困难。所有欧盟国家的协调之下统一的法律标准减少了适用的重重关卡和阻力,成为普遍共识。统一个人数据立法是欧洲委员会的智慧结晶,形成的法律规则严密而科学,比起行业监管多种法律制度的适用更成体系,比起混合立法模式更加统一。因此,统一立法模式是欧洲国家的最佳之选。

统一立法模式适用于个人数据保护有下列优势。第一,统一立法模式使得个人数据保护在多国之间达成一致的规则,提供了统一的保护标准,个人信息作为一项绝对的基本权利,权利的内容,救济和监管不会触碰到地域盲区。GDPR 既对成员国之间个人信息流动进行保护,又对成员国境内的个人信息流动进行保护。个人信息权得到一致的保护,遇到不同处理方式的风险极低。第二,个人数据采用统一立法模式的法理

---

① 邵国松、黄琪:《个人数据保护全球融合的趋势与挑战》,《上海交通大学学报》(哲学社会科学版) 2021 年第 4 期。

基础在于信息的基本权利，有利于保护人权，尊重个人权利和自由，是人权理念随时代更新的一大进步。第三，在救济与责任方面，统一立法模式为一并提供多种救济途径且适用不会出现矛盾混杂的问题。第四，统一立法模式通过完善的监管和救济途径使个人隐私得到最佳的保护，为数字经济注入强心剂，符合欧洲一贯注重个人主体权利和个人主义的做法。第五，GDPR 提供的充分监管和救济涵盖范围广泛，对侵害数据主体的行为和控制者施以法律制裁的程序方便简单。

（2）数字知识产权适用统一立法模式的劣势

第一，统一立法模式要收拾以前管理的烂摊子。建立统一一站监管模式，首先，需要清理现有的法律法规和司法解释，与新法相抵触的旧有的法律适用面临修改和废止的问题。留给立法者和执法者必然是两难选择，应当如何选择适合国情民情的法律条文，是否要建立监督机构都是要考虑的问题。建立一个统一的法律体系需要很长的时间成本，而新的法律条文的出现是否能通过实践的检验。中国有关个人信息保护的立法有多部法律，且个人信息权利属性在我国定位与欧盟并不一致，这就导致保护方式和监管力度都有所不同。其次，全面排查现存问题具有操作难度，规制已经被公共部门和私营机构收集的个人信息要花费巨大的精力。忽视这一现状无法达成保护个人信息的目的。我们需要采取更为经济方便操作的方式方法。

第二，统一立法模式保护过度，与初始目的相违背。GDPR 为数据主体设定了七大权利，数据主体在数据运行的每个环节都可以予以反击和抗辩。一定程度上增加了诉讼数量，阻碍了数据流通。此外，GDPR 的诸多规定本身就是阻碍数据的快速处理，增加了很多不必要的环节，不适应数据经济时代的发展。

第三，国家行政机关和企业的数据处理的界限并未进行清晰明确的划分。国家机关的处理权利和私营企业因权力和掌握数据的数量的不同，之后的相关限制也应不同，通用数据条例没有对此进行进一步的发展。

第四，统一立法模式一开始设定的目标过高，与实践格格不入，易生冲突。对监管的主要对象——行业巨头有心无力，对中小企业形成诸多限制。无法做到法律的稳定与发展相结合。重视"公正信息准则"（FIP），包括数据收集的限制，数据质量原则，以及通知、访问和改正的个人权利，非常详细和准则化，实施起来难度过大。

统一立法模式使个人信息权利成为一项普遍公认和明确的权利，统一式的立法为保护提供相同的标准，即使不同的机构也要适用相同的法律，从而形成对个人信息保护监督的统一机构，这对我国形成完整成熟的个人信息保护体系具有借鉴意义。

我国《个人信息保护法》于十三届全国人大常委会第三十次会议表决通过，于2021年11月1日开始施行，虽然和GDPR属于不同的立法模式，但立法理念和法案重要程度是一致的，我国还需要从GDPR中不断借鉴完善相关权利及保护救济模式。不断更新个人信息处理等认知概念。

二 CCPA等美国主导的强监管立法模式

欧盟出台《一般数据保护条例》之后，美国紧随其后在2018年6月28日出台《加州消费者隐私法案》（California Consumer Privacy Act of 2018，CCPA），是又一部在数据隐私领域影响重大的法律，历经两年多的数次修订后，于2020年7月生效实行。比起欧盟的统一立法和基本权利保护，美国更加注重强调数据主体的消费者身份，依赖行业监管模式。在保护基础上，不同于欧盟的隐私信息分离趋势，美国是通过隐私权包容对个人信息权益保护的典型代表。[①] CCPA是一部保护消费者隐私和数据安全的法案，而美国成熟的行业协会制度为分散式的行业监管模式提供了先天的土壤。CCPA虽然是一部州级法案，但是加利福尼亚州庞大的经济体量，加上影响全球信息产业的科技公司都孕育于此，任何一个互联网企业都不可避免地受到此法案的影响。

（一）CCPA的法理基础、立法理念和适用门槛

1. 个人数据保护的法理基础

不同于GDPR将个人数据作为一项基本权利予以保护，CCPA并未

---

① 张建文、时诚：《〈个人信息保护法〉视野下隐私权与个人信息权益的相互关系——以私密信息的法律适用为中心》，《苏州大学学报》（哲学社会科学版）2022年第2期。

突破隐私权框架，仍将个人信息作为隐私进行保护，将消费者对个人信息具有控制能力作为保护基础。普通法体系下人格权被纳入隐私权之中，而在大陆法系人格权被分为宪法上的人格权和私法上的人格权。实际上，二者都是以保护自治和人的尊严为目的。① 特定的个人信息可归属于隐私的范畴，个人信息也具有公开性和社会性。CCPA 采取的"隐私保护"模式在这一区分的基础上进行。尽管 CCPA 在个人信息类型上采取了广泛的范围定义，包括一切能识别身份或家庭信息的数据。因此，CCPA 排除了集合数据、去身份数据、政府公开数据、个人车辆和所有权信息等。

在权利内容上主张信息的可利用和可转移，避免将信息权利绝对化，交给个人以较大的控制权，这一理念在 OPT-OUT 模式中也有所体现。《消费者隐私法案》更侧重考虑个人信息去标识化、匿名化的共享开放和价值利用，着眼于自由选择权退出、披露权、公平交易权，规定了更具可操作性、边界性、独创性的行为准则和豁免情形。②

总体来说，在这种宽泛的隐私概念下，隐私权的边界须结合特定社群和场景进行确定。这也导致美国始终无法建立统一的个人信息保护制度，而只能在特定行业或领域建立个人信息保护的特殊规则。

2. CCPA 的立法理念

（1）数据的开放和保护之平衡把握

信息的保护与开放之平衡，为了促进数据产业发展，美国在个人信息保护理念上更加注重对个人信息的利用，而非严格保护。

正如美国的《大数据与隐私报告》指出：一是信息所具有敏感性，以及与来自一般商业活动、政府行政或者来自公共场合的大量数据的难以分割性，使得规制这些信息的使用比规制收集更合适。二是提出"财务激励计划"，赋予个人信息财产属性。企业可以为个人信息的收集、出售或者删除提供财务激励，包括向消费者支付赔偿金。如果消费者通

---

① 丁晓东：《个人信息保护：原理与实践》，法律出版社 2021 年版，第 17 页。
② 陈慧慧：《比较视角看 CCPA 的立法导向和借鉴意义》，《信息安全与通信保密》2019 年第 12 期。

过提供其数据而产生价值，企业还可以据此以不同的价格、费率、水平或质量向消费者提供商品或服务而不构成歧视。

（2）以 CCPA 为核心的分散式立法

CCPA 是美国首部关于个人数据保护的立法，吸收了欧盟 GDPR 的立法理念和部分内容，两部法案具有极大的相似性。CCPA 指明，《加利福尼亚州宪法》将隐私权纳入全体人民"不可剥夺"的权利之一，赋予每位加利福尼亚州人法定且可执行的隐私权。① 在以 CCPA 为核心的框架下，建立多个行业规则，是美式个人数据保护的基本模式。CCPA 对个人信息收集、买卖和共享三个环节予以重点关注，具有极强的针对性和实操指导性。商业利益至上的行业立足于保护消费者的隐私和数据安全。

3. CCPA 适用的具体规则

（1）个人信息定义范围广泛，后文会有具体介绍；

（2）适用门槛较高。

CCPA 具有较高的适用门槛，重在规制商业领域的数据使用，适用于在加州以获取利润为目的开展经济活动的企业，该经济业务有所涉及个人信息的收集和处理。相比之下，GDPR 并无适用门槛，只要是处理数据的活动均受到条例规制。满足下列条件的企业将纳入范围：

（1）年收入总额超过 2500 万美元；

（2）处理 5 万人以上的个人信息；

（3）年收入一半以上来源于销售消费者的个人信息；

（4）消费者的权利、义务和救济。

CCPA 赋予消费者六大主要权利来维护消费者的个人信息安全。分别是知情权、信息获取权、删除权、公平对待权、加入及退出权。

知情权、消费者知情权包括收集知情权、出售披露知情权。其中收集知情权是指企业在收集消费者个人信息时，有权要求企业告知收集相关信息的使用目的、收集内容、用途以及是否跨境转移，是否转移第三

---

① 魏书音：《从 CCPA 和 GDPR 比对看美国个人信息保护立法趋势及路径》，《网络空间安全》2019 年第 4 期。

方机构等。数据控制者在收集时应明确告知提示消费者以上信息，未经消费者同意，其收集的信息不能继续使用。

出售或披露知情权也是消费者对企业的要求披露权，只是在数据使用的销售和商业使用环节。目的是保障消费者对个人信息利用程度的知情权。

访问权[1]。消费者可以自由访问企业收集或处理过的个人信息。访问权是个人信息知情权的延伸权利，虽然消费者拥有此项权利，但这项权利的行使是有限的，每一年提出两次申请。

删除权[2]。企业对消费者的删除权负有告知义务，对于企业收集公开的个人信息，侵犯个人隐私的，消费者有权要求企业对发布信息予以删除，后续也应当停止使用。企业在收到消费者删除请求后应当立即删除相关信息，对于已经提供给第三方的，第三方也要停止使用。删除权也存在如下几种例外情形：

（1）企业与消费者之间的正常交易或履行合同必须收集的个人信息；

（2）诊断安全事件；

（3）修补漏洞的需要；

（4）保障言论自由；

（5）遵守《加州电子通讯隐私法》；

（6）为公共利益而进行的研究；

（7）仅仅用于符合消费者合理预期的企业内部使用；

（8）遵守其他法律义务；

（9）其他企业内部合法使用消费者个人信息的情形。

选择退出权[3]。选择退出权也被称为"选择权"，消费者有权在任何时候要求企业不得销售其个人信息。企业应尽到告知义务，在其平台显眼位置提供"Do Not Sell My Personal Information"选项，在尽到合理

---

[1] California Consumer Privacy Act of 2018, 110 (a).
[2] California Consumer Privacy Act of 2018, 105 (a).
[3] California Consumer Privacy Act of 2018, 120 (a).

告知的前提下，只要消费者未拒绝，企业便默认消费者同意出售其个人信息。加州的消费者有权"选择退出"（OPT OUT），其个人信息被"销售"。相关企业必须向消费者告知此权利（包括在其网站上提供清晰明显的链接，标题为"请勿出售我的个人信息"），并且必须采用指定的方法让消费者选择退出（包括免费电话号码以及选择退出的网站地址）。相关企业必须尊重消费者的选择退出，并且必须等待12个月才能寻求重新授权以出售其个人信息。未成年人的个人信息的特别保护：根据CCPA，只有在消费者的父母或监护人肯定的批准（选择参加）出售后，才能出售13岁以下的未成年人的个人信息。对于13—16岁的未成年人，也需要获得肯定授权，但这些未成年人本人就可以提供授权。反歧视规定：如果消费者选择行使CCPA赋予的权利，相关企业不得因为这个原因歧视消费者。也就是说，相关企业不能对该行使权利的消费者拒绝出售商品或提供服务，对此类商品或服务收取不同的价格或提供质量较低的商品和服务。

公平交易权①。公平交易权也称为反歧视权，CCPA禁止企业因消费者行使个人信息保护权利而对消费者进行限制或歧视行为，不得因此拒绝提供商品或服务，不得因此对消费者差别对待。

个人诉讼权。CCPA的一个重要突破是它赋予消费者提起个人诉讼的权利。CCPA第1798.150条规定，"由于企业违反义务，未实施和维护合理的安全措施以及与信息性质相符的做法来保护个人信息，从而导致未经授权的访问和泄露、盗窃或披露，消费者可提起民事诉讼。"消费者可就每次安全事件追讨100—750美元的损害赔偿，同时还可申请禁止令等其他法律救济行为。

然而，CCPA也给个人诉讼权附加了较高的门槛，在个人信息保护执法落地中的作用有限。CCPA的私人诉讼权仅针对数据泄露事故，只有在企业因自身原因导致消费者个人数据泄露时，消费者才可提起个人诉讼。对于企业尚未造成损害的不合规行为，个人诉讼权并不支持。

---

① California Consumer Privacy Act of 2018, 125 (a).

(4) 主要救济方式

消费者提起诉讼。消费者在被侵权后有提起诉讼的权利，只不过 CCPA 在赋予消费者这一权利的同时，也对它的发动设置了严苛的条件。消费者提起诉讼需满足三个要件：第一，仅限于特定的信息泄露；第二，企业未尽到保护义务；第三，已造成实际损害。截至目前，加州法院尚未成功受理一例起诉企业违反 CCPA 的个人诉讼案。由此可见，CCPA 并不将个人诉讼视为保障消费者权益的主要手段。CCPA 以罚款为主要承担方式，对每一次违法行为处以最高 2500 美元的行政处罚，对每一次故意的违法行为和每一次涉及未成年消费者个人信息的违法行为处以最高 7500 美元的行政罚款。

（二）CCPA 与 GDPR 的比较与思考

1. CCPA 和 GDPR 具有多方面共同性

首先，两者都诞生于相同的时代，具有一致的立法目的。两者的目的都是通过规范企业处理数据的行为加强对个人数据和隐私的保护，促进数据流通。CCPA 一方面借鉴 GDPR 的统一立法模式，对个人信息进行保护，另一方面又高度重视产业利益，力求消费者利益、行业利益和技术创新的平衡。①

其次，都赋予数据主体对个人信息几大主要权利，构成数字经济时代网络用户权利的基本范式。

再次，两部法案都照顾到了儿童利益。都要求在涉及儿童个人信息的收集时，应当征得父母或监护人的同意和授权。未经同意，不得使用。

最后，两部立法都对违规行为设定了较重的处罚，GDPR 规定企业会面临最高处以 2000 万欧元或上一年全球营业额 4% 的行政处罚；CCPA 则规定企业会面临支付给每位消费者最高 750 美元的赔偿金以及最高 7500 美元的罚款。

2. CCPA 和 GDPR 存在几大区别

首先，与欧盟的一般数据保护条例（General Data Protection Regula-

---

① 孙权、沙泽阳、王曦等：《个人信息保护法案对比研究及对我国的启示》，《上海保险》2020 年第 11 期。

tion，GDPR）相比，CCPA 对个人信息的定义更加宽泛。

其次，CCPA 规制商业数据处理活动和针对数据合法处理的目的性更强。

再次，两部法案在同一模式上存在显著差别。CCPA 延续美国的一贯做法，高度关注商业利益。在"知情统一"规则采用 OPT-OUT 模式，而 GDPR 采用 OPT-IN 模式。两者最大的不同在于主体要选择进入，OPT-IN 模式同意度更高，OPT-OUT 模式是选择退出模式，企业可以一直使用处理个人数据直到消费者选择拒绝；而 OPT-IN 模式必须获得主体同意才能使用处理个人数据。

最后，赋予消费者个人获得赔偿的权利，采取集体诉讼的救济路径。GDPR 更加注重个人信息保护，CCPA 更加注重个人数据的开放性。

三 RCEP 协议相关国家主导的混合立法模式

美国通过《跨太平洋伙伴关系协定》（TPP）、《全面与进步跨太平洋关系协定》（CPTPP）和《美墨加协定》三部曲建立起数字贸易规则。随着数字知识产权进入"数字化 3.0"时代，各国纷纷意识到数据背后的经济价值和战略价值，数据安全风险也让各国将数据保护放在国家竞争力层面去考虑，扛起数据保护的大旗。数据知识产权已经成为世界各国率先占据高位的重要领域。RCEP 在这样的背景下衔接 CPTPP 出台。不同于欧盟的将个人数据保护作为基本权利保护的模式，也不同于美国更加注重消费者地位支持数据自由流动的行业监管模式。以 RCEP、CPTPP 和 DEPA 等为代表的建立在多边主义基础上的更多是混合立法模式。未来亚太区域经济一体化呈现出制度替代、制度竞争、制度融合三种不同的潜在图景。①

所谓混合立法模式，是指主权国家或国际组织立法所采取的法律理念、方法、结构、内容、体例及形态。在数字知识产权领域内的混合立

---

① 孙忆：《CPTPP、RCEP 与亚太区域经济一体化的前景》，《东北亚论坛》2022 年第 4 期。

法模式体现为在签订国际条约、加入国际组织后，根据各个主权国家数字知识产权保护的特点，采用基本立法模式和单行法律法规模式相结合的方式进行保护。混合立法模式更能满足多边主义的要求，是现代国家普遍采用的模式。这主要是由数字知识产权的特性和经济发展的多样性决定的。具体分析如下。

(一) 混合立法模式概述

2022年1月1日，《区域全面经济伙伴关系协定》（RCEP）正式生效，文莱、柬埔寨、老挝、新加坡等6个东盟成员国和中国、日本等4个非东盟成员国正式开始实施协定。RCEP的签署历经了8年谈判，是全球规模最大的自由贸易区。RCEP的生效实施，标志着参与度最广、经贸规模最大、最具发展潜力的自由贸易协定正式形成，将对全球数据经济产生重大影响。

1. RCEP的立法理念、价值目的和立法原则

RCEP的体例是总分模式，序言和第一章言及本协定制定的目的和目标，首要目的是通过增强经济流通和联系，促进经济合作，实现经济一体化，建立全面合作互惠的经济伙伴关系框架。其次本协定意在提升不发达国家的经济水平，满足经济需求。最后，在服务贸易领域和投资领域创造自由便利的交易环境。

2. RCEP的具体规则和突出之处

协定主要涵盖了货物贸易、服务贸易、投资、电子商务、知识产权领域。对原产权规则、海关、技术标准、经济合作设有专章规定。对竞争的相关规则进行了具体规定以促进企业之间的良好合作，避免不正当竞争。第二章货物贸易领域重申了GATT 1944原则，缔约国在国内税和国内法规方面应当遵守国民待遇原则。

此外，协定纳入了电子商务专章，对促进电子商务设定了无纸化贸易、电子认证、电子签名的法律规范。

3. 混合立法模式的规则体现

一方面，RCEP协定提供原则性的立法或维持法律参考。协定的规则首先明确缔约国家应当采取或维持的法律框架，采用的法律框架应当

考虑相关国际组织或机构的国际标准、原则。① 其次，协定提供了法律框架的标准。例如，在电子商务专章关于个人信息保护规则，协定规定，每一缔约方应当采取用户个人信息受到保护的法律框架，而不会统一规定或指定适用的法律条约。具体适用法律框架由缔约国根据本国国内法律体系和国情决定，只要不违背 RCEP 的宗旨和原则。最后，RCEP 协定为贸易往来和数据流动提供参考的公约和示范法。为达成协定自由便利的目标，尽可能让缔约国减少不必要的监管负担。②

另一方面，缔约国内部应当完善 RCEP 协定规定的法律领域内的相关法律规定。中国已经出台了三部与数据安全和个人信息保护相关的法律，分别是《中华人民共和国数据安全法》《个人信息保护法》和《网络安全法》，其他相关内容散见于一些办法条例和《民法典》。可见，中国关于数据和信息保护的法律体系已初步形成规模，但仍需要进一步完善。

（二）RCEP 协议的特点和影响

RCEP 协议不仅是自由贸易协定，更代表着最大的自由贸易区的落地。电子商务和数据分析自成一家，服务、贸易和投资等领域是数字经济的重要组成部分。协定各方在签署 RCEP 后贸易投资发展迅速，电子商务发展迅猛。协定在保证缔约各方国家安全和公共目标实现的基础上，在电子商务领域不断减少阻力，破除障碍，通过建立协商和对话机制，促进最不发达国家跟上发展步伐，推动资源合理利用。

1. RCEP 具有独特的优势

一是参与国家范围广阔。RCEP 庞大的规模和参与度使得参与国家平等对话，自贸区提供的经济环境促进了资源的跨境自由流动、电子商务治理、数据开发利用等领域的国际交流与合作。RCEP 有 15 个成员国，其中包括中、日、韩、澳大利亚、新西兰 5 国，东盟 10 国，从经济体量、人口、贸易总额三方面看，至少占全球总量的约 30%。RCEP 的建立和生效，不仅有助于中国积极推进双循环战略的实施，也为缔约

---

① Regional Comprehensive Economic Partnership. Chapter12. §12.8.
② Regional Comprehensive Economic Partnership. Chapter12. §12.10.

国提供了很好的发展机遇和无限商机。①

二是平等协商，互相帮助。RCEP 的缔约国既包括发达国家如日本、新加坡，也包括不发达国家如老挝。由于各国经济发展水平不同，建立一个统一的法律体系面临着许多障碍，因此混合立法模式是 RCEP 的最佳选择。因此，RCEP 仅提供了原则性的法律框架，各国可以在不违背宗旨原则的情况下自行选择。自由贸易区的建立使得国家之间的资源交换更加顺畅，资源型国家和制造业国家可以互通有无，解决各国迫切问题，使各方能够充分共享发展成果。

三是关税减免程度高。亚太地区人口众多，具有先天交通的地理优势，将亚太地区的人口、交易、服务贸易整合起来，将使这片区域成为全球经济活跃地带，中国的加入将使经济储存大大释放。在关税减免方面，区域内大部分国家将实现零关税，各国的关税居高不下一直都是经济流通的最大阻碍。美、欧盟等发达国家更是为发展中国家设下了诸多贸易壁垒。RCEP 为发展中国家提供的交易环境和电子商务平台是前所未有的。RCEP 为亚太地区实现数字开放共享，促进经济贸易发展，形成广阔的经济开放空间，建立统一电商平台提供了可能性。

2. RCEP 具有广阔发展空间

RCEP 协议规定了跨境信息传输及计算设施的位置，并考虑到各国数字贸易发展的不同情况设置了适用例外，充分尊重缔约国自主决定不适用该条款，基于公共政策目标和基本安全利益。这也是 RCEP 与 TPP/CPTPP 和 USMCA 相比最显著的特色。

RCEP 协议的内部规则和实施也存在一些缺陷，例如对数据自由流动例外规则中"安全"内涵界定模糊、对个人数据保护要求不足等。另外，鉴于当前全球和区域内的地缘政治风险不断增加，以及国际贸易局势日益紧张，RCEP 的首要任务是进一步推动经济一体化发展进程。同时，考虑到各成员国之间存在文化、社会、经济和政治异质性，RCEP 还需要从长远考虑如何调和国家之间差异化的利益诉求。中国对

---

① 宋志勇：《RCEP 生效后中国面临的机遇、挑战及对策建议》，《东北亚经济研究》2022 年第 3 期。

数据跨境流动的基本态度是通过有效的数据安全保护达到良好的生态治理，从而促进数据跨境自由流动，加深国际经济合作和协商交流，并构建安全有效、稳定向前的数据管理体制。RCEP 的签订与生效不仅意味着我国国际经贸关系结构的再次调整，也对我国如何在这种调整下进行新型全球价值链治理提出了挑战。①

3. RCEP 协议的继承性与创新性

RCEP 协议通过加强各成员国的知识产权保护，不仅实现了发达国家 TRIPs–PLUS 的要求，同时也要考虑发展中国家的需求。② 例如，RCEP 协议的成员国可分为三个梯队：第一梯队包括日本、韩国、澳大利亚、新西兰、新加坡和中国等；第二梯队有印度尼西亚、文莱、菲律宾、越南、马来西亚以及泰国等国家；第三梯队主要有缅甸、老挝和柬埔寨。考虑到不同梯队国家的知识产权发展实际要求存在差异，RCEP 协议通过对 TRIPs 协议的继承和创新，促成了各方的共识。

从承继角度观察，RCEP 协议对 TRIPs 协议条款内容的借鉴主要包含两类。第一类是过渡期条款。考虑到不同成员方发展水平和知识产权保护能力差异，RCEP 协定为柬埔寨、老挝、缅甸等最不发达国家和后加入的东盟国家（包括马来西亚、菲律宾、泰国和越南）设定了更为细致的过渡期。这些过渡期条款不仅降低了发展中国家加入 RCEP 协议框架的难度，同时也让区域知识产权贸易发展趋向于公平。第二类是技术援助规则。为保障发展中国家得到有效的进步时间、技术和资金，RCEP 协议设置了明确的、具有可操作性的技术援助和技术转让条款，让 RCEP 协议相关成员国从低水平保护标准到高水平保护标准有一个逐步适应和过渡的期间③，更好地通过 RCEP 协议促进知识产权贸易的发展。此外，RCEP 协议所规定的技术援助方式主要有以下三点：（1）建

---

① 邱斌、张群、孙少勤：《RCEP 框架下的新型全球价值链治理》，《上海对外经贸大学学报》2022 年第 4 期。

② 马忠法、王悦玥：《论 RCEP 知识产权条款与中国企业的应对》，《知识产权》2021 年第 12 期。

③ 《RCEP 框架下的知识产权协调保护》，腾讯网，https://new.qq.com/rain/a/20220720A00X4I00，访问日期：2022 年 12 月 10 日。

构知识产权制度、组织和数据库；（2）提供培训和专家帮助；（3）协同打击犯罪等。这些内容设置体现了 RCEP 协议对 TRIPs 协议的继承与优化。

从创新角度分析，RCEP 协议的创新条款包括三类：第一类是创设传统知识保护条款，其中包括：（1）RCEP 协议第 53 条规定传统知识为客体，并配套了细化的实施保护规定；（2）RCEP 协议增加了对遗传资源的来源和起源的披露要求；（3）RCEP 协议规定了"促进与传统知识相关专利的质量审查"的条款；（4）RCEP 协议鼓励构建和使用与遗传资源相关的传统知识数据库或数字图书馆；（5）RCEP 协议允许每一缔约方在遵循国际义务的前提下制定适当的措施来保护遗传资源、传统知识和民间文学艺术；第二类是创设数字知识产权执法条款，其中包括：（1）RCEP 协议规定与数字环境中的技术保护和执法措施有关的规定；（2）当事人应当给予充分的保护，采取有效的制裁措施，以应对干扰著作权人、相关权人行使权利的有效技术措施，防止出现超越其权利的行为、许可和法律；（3）关于数字环境的执法问题，RCEP 协议主张在这种环境下对侵犯版权或其他相关权利和商标的行为，也应同样适用民事和刑事补救措施；（4）RCEP 协议第 4 款规定了非法复制版权作品和进口、买卖假冒商品的刑事诉讼程序和处罚的要求；第三类是创设机会均等原则，这主要体现在以下几点：（1）RCEP 协议缔约方会根据不同的经济发展水平和各国法律制度的差异来设计条款；（2）RCEP 协议设置了更多明确的、具有可操作性的技术援助和技术转让条款，致使上述科技落后的国家真正有能力在日后从知识产权的低层次保护向高层次保护迈进，最终旨在实现知识产权协调保护的可及性；（3）RCEP 协议条款设计在创新者权益保护与公共利益保护之间保持平衡。

跨境数据流动治理承载着保障国家网络安全、保证数据资源独立、保护个人隐私、促进数字经济等价值。美国、欧盟、中国分别基于商业利益导向、个人数据权保护、网络主权和国家安全利益形成了各具特色的跨境数据流动治理模式。[①] 三种治理模式代表着三种不同关于数据保

---

① 王燕：《跨境数据流动治理的国别模式及其反思》，《国际经贸探索》2022 年第 1 期。

护的价值取向，背后则反映了不同发展水平和价值观的利益期待。

第三节 借鉴相关数字知识产权的立法经验

从全球数字知识产权立法经验看，加拿大、澳大利亚、俄罗斯等国家和地区的经验值得了解，其中美欧的数字知识产权立法经验更为全面和系统。

一 加拿大的立法经验

虽然加拿大对数字知识产权没有明确规定，但是加拿大作为发达国家从20世纪开始就建立了一套发达的知识产权管理体系和保护体系，政府和企业都重视对知识产权领域的投入，拥有完备良善的法律体系，对于专利、商标、著作权都进行明确的立法，加拿大政府机关重视知识产权的行政管理和保护，立法机关关注知识产权的立法工作，司法机关加大对侵犯知识产权的处罚力度。正是由于各界重视知识产权等方面的工作，使得加拿大经济得到法治的保障，科学技术得到法律的支撑。以下分别介绍加拿大版权法、专利法、商标法。

（一）更快捷的版权授权

20世纪80年代，加拿大制定了《版权法》（Copyright Act），随后立法机关对其进行了5次修订。[①] 加拿大的版权法主要规定三方面的内容：一是政府重视版权的行政管理和行政保护工作。对于侵犯版权的，政府一旦接收到举报，就主动出击核验，对于侵犯版权的违法者处高昂的罚金，这也是加拿大国内侵犯他人版权情形较少的重要原因，行政机关的重视，为加拿大的营商环境营造了优异的外部环境，对加拿大著作权领域的发展意义重大。二是立法机关重视版权领域的立法工作。加拿大立法机关先后多次顺应经济和政治的发展对版权法进行立法、修改，

[①] 张明锋、宋伟：《数字时代加拿大版权法的改革探析》，《科技与出版》2011年第5期。

使得版权法体系内容十分充实，体系十分完备，实践可操作性强。三是司法机关加大对侵犯版权的处罚力度。一旦侵犯他人版权，将会被法院科处高昂的赔偿金和罚金，这就对违法者产生震慑。文字作品，比如论文、计算机软件、文章等；艺术作品，比如画作、摄影、雕刻等；戏剧作品，比如电影、戏剧、影视等。与美国作品获得版权的方式不同，美国的作者创作出作品后需要通过发表或注册的方式获得版权，而加拿大的作者创作出作品后，不需要通过发表或者注册的方式，就可以直接获得了自动版权，作者也可以通过注册或者出版的方式来保护自己的知识产权。但是，若员工在用工单位或者用工者的要求下完成某项创作，而双方当事人并没有提前就该创作的版权归属作出约定，那么其版权应当属于用工单位或者用工者个人。作为一种智力成果的知识产权，它可以作为商品一样来在市场上进行交易。版权所有者有权签约将版权出卖给他人，但是，作为版权的出卖方对于个人创作的作品依然拥有一定的权利。版权出卖方（原版权所有者）可以对继受者某些权利进行一定的限制，继受者可以在一定的范围内享有该版权享有的合法权益。因为加拿大《版权法》对于思想的本身作出明确具体的规定，比如何为认定侵权、何为不认定侵权等。对于未经过版权所有者同意而侵害其合法的权益时，司法机关（比如加拿大的法院、检察机关等）会作出强制规定，这对版权侵权起到了很好的震慑作用，让违法侵权者承担严重的责任，以此来挽回版权所有者的损失，保障其合法权益。

（二）更广的专利保护举措

20 世纪 80 年代，加拿大就对专利领域开展相应的立法活动，后期立法机关分别就专利法顺应体制的发展，进行了四次修改，这四次修改可以归纳为四个重要的方面。第一次修改主要关于专利的基本内容，因为这个时候是加拿大经济高速发展的时期，其当时的 GDP 在全世界排名靠前，国家刚刚兴起一批高科技企业，使得国内十分急需一部专利法，加拿大的首部《专利法》就是在这种背景下诞生了，第一部《专利法》只是对相应的概念作出规定，并没有像《版权法》那样十分详细，即使第一部《专利法》存在一定的缺陷，但这却弥补了当时缺乏专利法调控市场秩序的漏洞，这对加拿大专利法的发展史来说意义重大，值得同时期很多其他美洲国家、欧洲国家和亚洲国家学习，同时加拿大的第一部《专利法》借鉴了很多美国专利法中的法律规定，这为日后加拿大《专利法》的几次修改奠定了重要的基础。第二，对专利代理作出详细的规定，加拿大对于专利代理的规定领先世界上很多国家，为此成立专利局，对专利授予条件、程序都予以明确规定，专利申请的每个环节，比如专利申请，规定了申请对象、申请部门，专利的基本规则都对专利明确界定，比如哪些领域不予授予专利同时对于高科技领域也作出规定，比如跟原子相关的领域，比如某些授予行政机关的专利。总体而言，加拿大专利法对授予专利的范围十分宽广，这不同于一些限制某些领域拒绝授予专利的国家，这些都为加拿大日后专利高度发达打下了重要的基石，① 为加拿大高科技领域的发展扫清了法律障碍，正是基于此，加拿大专利申请量在世界上名列前茅。第三，有效防止了侵犯专利权，改善了加拿大知识产权的法治环境，20 世纪 80 年代以前，加拿大当时政府、企业以及国民对于专利这一概念十分模糊，根本不存在所谓的地方保护专利，随着国民法治观念的日益提高，大家对专利有了全新的认识，后来诞生了加拿大法律史上首部《专利法》，正是由于《专利法》的发展，才铸就加拿大经济的发展。第四，统一专利的保护期限，不同于其他国家专利的保护期限，加拿大对于授予专利的保护期限规定为 20 年，这在很大程度上保护了专利权人的财产权，专利持有者可以在保护期限内尽可能以最大的效能实现自己的专利带来的价值，鼓励国民申请专利。一定程度上促进了加拿大经济的增长，改善加拿大知识产权法治环境。一项发明被授予专利时，应该保护专利权人的想法和制造方法，这样可以保障专利权人的合法权益②。

综上所述，加拿大在专利领域的立法值得我们借鉴，这样不仅保障专利权人的合法权益，同时刺激国民努力创新，从而促进国家经济的发展，法治体系的进步。

---

① 刘艺工、刘利卫：《加拿大版权法合理使用制度探析》，《西部法学评论》2008 年第 1 期。

② 田晓萍：《国际投资协定中知识产权保护的路径及法律效果——以"礼来药企案"为视角》，《政法论丛》2016 年第 1 期。

(三) 更高效的商标维权机制

加拿大的第一部商标法于 20 世纪 80 年代问世，后来随着市场的进步和发展，先后四次对《商标法》进行修改。加拿大《商标法》的颁布以及四次修订主要包含以下特点。第一，关于不平等竞争作出明确规定，很多国家都把不平等竞争置于《反不正当竞争法》，而加拿大将这一领域放置在《商标法》领域，这主要考虑到商标权人通过注册商标来实现自身利益，而当时加拿大市场出现很多通过混淆商标来获得不正当竞争，以此来达到实现不法利益的目的，也是基于此加拿大当局颁布了《商标法》。第二，界定侵犯商标权的范围，对于侵犯商标这一客观事实，大部分国家都界定侵犯商标权是侵权行为，给权利人带来一定的损失，加拿大商标法对于侵犯商标权的规定不仅要求有侵犯商标的侵权行为，还要有足以使得公众产生误认，对于造成损害的结果没有明确规定，这在很大程度上是加大对商标的保护的力度，这一特点不同于很多其他的美洲国家，对商标的保护实质性意义较大，这一点也是值得很多国家去学习的。第三，对商标的区分程序非常严格，对于文字、图形的组合，应结合到不同的商品上来区分，比如"奥里给"作为一个驰名商标，在很多国家的《商标法》中规定，只要你使用一般都构成侵权，但是在加拿大的商标法中你不仅要使用"奥里给"这一驰名商标，同时你还要在相同或类似商品上使用才构成侵权，比如被侵权者是在矿泉水中使用该驰名商标，你要在矿泉水或者饮料上使用才构成侵权，如果在调味品上使用则不构成侵权，这点不同于大部分国家的驰名或者著名商标的规定。以上是关于加拿大《商标法》的相关规定。

二 澳大利亚的立法经验

澳大利亚作为英联邦的成员、英国的前殖民地，其立法模式很大程度上都有英国的影子，知识产权领域法律体系也同样借鉴了很多英国、美国的立法经验和立法模式，这一点不同于其他英国的殖民地的国家[1]，

---

[1] 程永顺：《澳大利亚知识产权保护印象——及对我国相关问题的思考》，《电子知识产权》2003 年第 3 期。

但同时澳大利亚的知识产权领域的立法也不同于英国，有自身的特色。比如澳大利亚的司法机关在著作权法中规定允许高校在一定程度上复制他人的作品，而英国则没有这方面的规定，这是澳大利亚结合当时的社会背景所作出的立法特色。在19世纪70年代到80年代一直处于经济繁荣期，经济、政治、科技都不断地发展，成为澳洲发展最快、进步最飞速的国家之一，也是在这个时期促进了澳大利亚知识产权领域法律体系的发展。澳洲很多城市非常重视专利的申请，这个时候的商标和版权以及外观设计制度在世界上都非常出名，也为很多国家所借鉴。以下重点介绍澳大利亚的知识产权体系中的特色设定。

（一）颇有特色的图案设计法

2003年，澳大利亚颁布了新《图案设计法》，这大大提高了澳大利亚的设计美誉度，尤其是建筑行业、平面设计在世界知名度都较高，这些值得很多的国家和地区学习，澳大利亚的《图案设计法》自20世纪公布以来，先后多次对此部法律进行修订。《图案设计法》的发布实施对于澳大利亚的建筑行业、平面设计产业拥有重大意义，在此部法律颁布之前，当时澳大利亚的设计产业鲜为人知，正是由于此部法律的颁布实施推动了加拿大的设计产业发展，使得其相应的产业闻名于全球。

（二）具有特色的《名称保护法》

澳大利亚的《名称保护法》对公司的名称和商号给予明确的法律保护。比如美国一家公司如果想在澳大利亚设立相应的子公司或者分公司，其必须通过向商标注册行政主管部门提出公司的名称或者商号申请。①《名称保护法》规定注册以"先申请，先使用为原则"，如果公司在他国商标或者名称非常著名，那么在澳大利亚也不会因该理由而得到注册使用，一切都要按照澳大利亚的规定去注册。但是对于该申请，澳大利亚商标管理部门并不会予以驳斥，但以下的这些情况除外：一是商业的字号，提交注册的名称与澳大利亚国内已有的名称相同会导致公众产生混淆。比如澳大利亚的一些州，提交注册的名称与澳大利亚国内已

---

① 张华：《澳大利亚的专利体系》，《全球科技经济瞭望》2002年第12期。

有的名称相同会导致公众产生混淆的，会被驳回。二是公司的名称，申请注册的名字与已经有的名字相似。三是申请的名称有悖于社会的公序良俗或者违反法律的强制性的规定不仅不允许使用，同时也违法，比如"TMD"就违反了公序良俗以及商标法的规定，在大众观念中，这就属于骂人的，因此禁止使用。澳大利亚《名称保护法》规定，公司的名称只可以被注册一次，已经被注册公司的名称不会被再次使用，哪怕这个公司已经破产。比如我国的海外贸易在澳大利亚开展商事活动，后期业务越来越出名，那么他人使用该名称会让社会产生混淆，一旦出现消费欺诈行为，加拿大的相关法律就会给予保护。

三　俄罗斯的立法经验

早在苏联时期，就已经构建知识产权法律体系的雏形，苏联的《发明专利法》是刚建国就已颁布了，先后多次进行修改，形成了采用专利证书和发明者证书的双轨制的专利法律体系，而发明者证书和专利证书有本质上的区别，比如就保护范围而言，有的发明者证书相较而言更加宽阔。当苏联解体后，俄罗斯为了适应国际发展的变化，经过几十年的发展，俄罗斯的法律体系借鉴了苏联的规定，对于知识产权领域的法律体系也吸收了苏联知识产权的法律规定，总体上比较先进，随着俄罗斯经济的发展，对知识产权法律体系重构的意愿不断增强，《俄罗斯联邦专利法》《计算机程序和数据库法律保护》《集成电路布图设计法律保护》《俄罗斯联邦版权和邻接权法》《俄罗斯联邦商标、服务标志和商品原产地名称法》《育种成果法》等法律，构成了俄罗斯知识产权法律体系的重要组成部分。在商业频繁活动的当下，俄罗斯通过修改本国知识产权相关法律，以适应商业活动中对知识产权领域的法律适用。比如专利法对符合发明和实用新型法律要求的科学技术领域的智力活动成果以及符合工业设计相关要求的设计领域的智力活动成果给予法律保护。

（一）系统的专利保护法律体系

俄罗斯颁发专利是为了对符合发明和实用新型法律要求的科学技术领域的智力活动成果以及符合工业设计相关要求的设计领域的智力活动

成果给予法律保护。承认发明、实用新型和工业设计的专有权,必须经过联邦知识产权局("俄罗斯专利局")颁发的专利或根据俄罗斯联邦国际条约在俄罗斯联邦境内有效的专利证书。克隆人及其克隆人的方法、修改人生殖细胞遗传完整性的方法、将人类胚胎用于工业和商业目的以及智力活动的有关结果,如果这些方法违反公共利益、人道主义和道德原则,则不能给予专利保护。专利赋予权利人对发明、实用新型或者工业设计的专有权,包括对专利产品和按照专利方法生产的产品的进出口权。发明人拥有专利权,但也可以按照约定(如劳动合同)或者在普遍继承的框架内转让给继承人。发明的主题可以是产品(特别是装置、物质、微生物菌株、植物或动物细胞培养物)或方法(通过物质手段对物质对象执行动作的过程),特别是早期已知产品的使用或具有新目的的方法。发明需具有新颖性、有创造性的步骤,以及在工业上的适用。发明的新颖性是根据专利申请日世界上现有的技术水平进行审查的。对发明的保护,仅对需要国家专门机构批准的作为动植物保护的补救措施或手段的专利,可以延长不超过 5 年。专利权自专利发布公告之日起生效。智力活动的结果,如果是新的、工业上适用的,可以作为一种实用新型加以保护。实用新型受专利保护 10 年。工业设计如果是新的、原创的,就应该受到保护。工业设计法律保护的一般期限为 25 年(基本期限为 5 年,每次可延长 5 年,但累计不得超过 25 年)。① 在俄罗斯,有可能对侵犯专利权的行为采取广泛的补救措施,特别是对正在申请的发明提出意见(不适用于实用新型和工业设计),在专利纠纷委员会对已发布的专利提出异议,并就委员会的不利决定向知识产权法院提出上诉,向经济法院提出侵犯专利权的诉讼,向联邦反垄断局和警察局提出申请等。上述行为的结果可以是:将侵权货物从交易流通中移除,移除主要用于生产侵权产品的材料和工具,赔偿或支付赔偿金(法定赔偿金),金额在 10000—5000000 卢布,或是类似使用专利物品的正常许可费用的两倍。

---

① 刘向妹、袁立志:《俄罗斯知识产权制度的变革和现状》,《俄罗斯中亚东欧市场》2005 年第 1 期。

（二）完备的商标保护法律体系

下列名称可注册为商标：文字、比喻、三维符号及其组合，以任何颜色或颜色组合执行。对音、味商标没有具体规定。商标可以私营企业主个人的名义注册，也可以法人的名义注册，自然人无法注册。商标注册后受到《商标法》的保护。未注册商标以所有人名义注册后，第三人先行使用并不意味着使用该商标的合法性。在整个审查期内，商标申请一经在官方公报上公布，可以予以驳回。反对意见可包括关于申请的指定不符合给予法律保护（相对和/或绝对）的要求的论点。注册商标可以在商标有效期内（以绝对理由为准）或者商标注册后5年内（以相对理由为准）向专利争议委员会提出上诉。商标的使用期限为自注册之日起3年或者以后的任何一天。以不使用为由撤销商标的，由知识产权法院审理。根据2017年7月1日第147号法律所作的修订，在提出不使用索赔之前，利害关系人应将信函发送给争议商标的所有人，其中表达了撤销商标或商标转让的建议。权利人自发函之日起2个月内未向俄罗斯专利局提出商标撤回申请或者未与利害关系人订立商标转让协议的，利害关系人可以在30日内向法院提起不适用撤销诉讼。商标的保护期为10年，可续展10年而不受限制。商标所有人有权自行决定使用商标，并禁止未经授权在相同或相似的商品和服务上使用相同或混淆的相似商标。[①] 商标权人可以对侵犯商标权的行为采取多种救济措施，特别是：对未决商标申请提出异议，在专利纠纷委员会对注册商标提出异议，对委员会的不利决定向知识产权法院提出上诉，向经济法院提起侵犯商标权的诉讼，向联邦反垄断局和警察局等提出申请。上述诉讼的结果可以是：将侵权货物从贸易流通中移除，移除主要用于生产侵权产品的材料和工具，赔偿或支付赔偿金（法定赔偿金），金额为10000—5000000卢布，或是类似商标使用的正常许可费用的两倍，或是假冒商品费用的两倍等。

---

① 马伟阳：《俄罗斯商标法评析——兼析〈中国商标法〉的修改》，《中华商标》2010年第8期。

(三) 较有特点的域名立法

俄罗斯区域内的域名".ru"可以在没有相关商标的强制性事先注册的情况下注册。有时会导致与其他当事方的商标相同或相似的域名的不公平注册。① 但是，只有在相应的网站有关商标证书所示货物/服务的销售建议或其他宣传材料的情况下，法院才承认这种注册侵犯了有关注册商标的权利。为了加强权利人对域名注册欺诈的保护，2013 年修改了《中华人民共和国民法典》第四部分，加入了规定中间人法律责任的特别规定（在包括互联网在内的网络上转移材料的实体，或通过使用网络提供共享接收所需材料或信息的可能性的实体，或提供在该网络中访问材料的机会的人）。中间人对基于共同理由在网络上转让材料而侵犯知识产权的行为承担法律责任。例如，在下列情况下，中间人不承担责任：（1）它不是本次转让的发起人，指定材料的接收人无法确定；（2）它在提供通信服务时不更改指定材料，但转让过程技术引起的除外；（3）它不知道也不应该知道使用有关知识产权客体是非法的；等等。②

四 欧洲的立法经验

在过去的几十年里，欧洲经历了数字技术的迅猛发展和互联网的快速普及，这给知识产权保护带来了新的挑战和问题。因此，欧洲也制定了一系列法律和政策，以保护数字知识产权并促进创新和发展。

（一）欧洲数字知识产权立法的成熟探索

欧洲研究图书馆协会（UBER）对数字知识产权的早期关注是一个事实。2014 年 12 月 9 日至 10 日，在海牙召开的会议上，来自全球多个领域的 25 位专家共同起草了《数字时代知识发现海牙宣言》（以下简称《宣言》），该宣言旨在解决数据存取利用中存在的法律缺失、出版商许可限制、技能差距和基础设施不足等障碍，并呼吁立即改变现行的

---

① 张建文：《俄罗斯知识产权立法完全法典化的进程与特点》，《科技与法律》2009 年第 1 期。

② ［俄］尼古拉·斯瓦尼热：《大国思维：梅德韦杰夫总统访谈录》，外交学院俄罗斯研究中心译，法律出版社 2010 年版。

知识产权法以及消除其他阻碍数据存取的障碍。2015年5月6日,《海牙宣言》正式发布,并得到了国际图联(IFLA)、美国研究图书馆协会(ARL)等50多个国际组织的签署。该宣言倡导通过消除障碍,推动对社会所产生的大量数据进行存取和分析,以应对气候变化、自然资源消耗和全球化等挑战。然而,目前的法律框架,包括版权制度,并不都支持将新方法引入研究领域,特别是内容的挖掘方面。《海牙宣言》所倡导的原则包括将促进研究活动作为重要目标,强调知识产权不应限制事实、数据和思想的自由流动,许可证和合同条款也不应限制个人使用。[①] 后期,欧美在数据知识产权治理规则方面达成了以下共识:(1)针对不同类型的数据采取差异化的保护标准。例如,对于化学和药品数据的保护得到认可,但保护的力度和范围可以根据本国产业发展状况进行适当调整。(2)要平衡公法和私法,在保护权利人利益的同时,限制其权利的边界。赋予权利人有限的排他权,禁止他人以不正当手段获取并使用数据,但同时需要根据实际应用场景进行分析,减少对公共利益的侵害。

(二)欧洲数字知识立法的全球化影响

欧洲的数字知识产权立法的重要基础在于数据法律体系。欧盟以个人信息保护作为基本权利进行立法,体现了重视个人隐私和个人权利,其是以权利本位制定的法律体系。但并非以权利为重,而是采取数据流动和权利保护两者相平衡的跨境数据治理模式,呈现出非常强势的干预特征。个人数据权从隐私权中独立出来作为一项基本权利,并通过"长臂管辖"原则建立了一套严密的个人数据跨境流动监管体系,使得域外国家要进军欧盟市场必须事先学习GDPR,从而提升了《通用数据保护条例》在全球的地位。另外,欧盟强调通过规则来引导全球化,并致力于制定完整的标准必要专利许可规则体系,鼓励通过谈判解决许可纠纷。其一,明确标准必要专利许可规则的导向。例如,欧盟于2022年2月14日就标准必要专利问题在全球范围内征求意见,主要关注透明度、

---

① 陈传夫、朱强、周德明等:《知识产权立法博弈进行时国际图联与多家图书馆协会签署〈数字时代知识发现海牙宣言〉观察》,《图书馆杂志》2015年第9期。

许可谈判步骤、争端解决机制等方面，并计划于 2022 年底发布标准必要专利许可框架。由于欧盟产业主体同时具有专利权人和实施者的双重身份，因此欧盟制定的政策更倾向于平衡专利权人和实施者之间的利益，其政策对全球标准必要专利许可规则具有示范作用。其二，维护自身司法管辖权。例如，欧盟于 2022 年 2 月 18 日向世界贸易组织提出磋商要求，指控中国法院通过多起持续发起的禁诉令判决，限制了欧洲企业在其他国家通过行政、司法等手段维护自身合法权益。随后，美国、日本、加拿大也要求加入该磋商。①

五 美国的立法经验

美国数字知识产权立法经历了从国内立法奠基到区域贸易协议扩张的过程。这为美国企业在全球市场上保护其数字创新成果提供了支持和保障。早在 1995 年，数字时代才刚刚起步，美国政府就颁布了《知识产权和国家信息基础设施》白皮书。自此以后，美国陆续通过了一系列相关法案，包括《录音制品数字表演权法案》《诱导侵权责任法则》《反电子盗窃法》《数字千年版权法》等。

（一）网络环境下的数字知识产权保护

美国的数字知识产权问题主要在网络经济环境下产生，以满足实践需求。第一，数字著作权保护。1998 年，美国通过了《数字千禧年著作权法》（DMCA），该法案在数字著作权保护方面起到了重要推动作用。DMCA 规定了数字著作权的保护措施和违法行为的惩罚，既保护了版权人的权益，又为网络服务提供商提供了合理的免责机制，促进了数字内容的创作和传播。2000 年，美国通过了《数字千禧年著作权法修正案》（DMCA 修正案），进一步完善了数字著作权保护的法律框架。修正案扩大了数字著作权的保护范围，加强了对数字技术的保护，防止了数字内容的盗版和非法传播。其中，《数字千年版权法》于 1998 年推出，是美国网络版权保护的重要法律，涉及网上作品的临时复制、文件

---

① 秦乐、李红阳：《美欧数字经济知识产权治理趋势研究》，《信息通信技术与政策》2022 年第 6 期。

的网络传输、数字出版发行、作品合理使用范围的重新定义、数据库的保护等。该法律规定，未经允许，从互联网下音乐、电影、游戏、软件等行为是非法的。按照《数字千年版权法》，除非营利性图书馆、档案室或者教育机构外，任何人第一次侵权将被处以 50 万美元以下罚金，最高刑期为 5 年，或两者并处。再犯者则被处以 100 万美元以下罚金，最高刑期为 10 年，或两者并处。《数字千年版权法》制定的"安全港"条款规定，网络服务提供商在收到警告后，如果立即撤下侵权内容，就不用为用户的侵权行为负责。美国娱乐业巨头维亚康姆公司曾起诉优兔（You Tube）视频网站上有大量视频侵权并索赔 10 亿美元，美国法院就以"安全港"原则认定该网站并未侵权。现在，"安全港"原则已被世界多国采用。值得一提的是，过去几年内经多次修订，《数字千年版权法》现已允许手机、平板电脑和智能电视的操作系统"越狱"。这意味着在美国，用户能破解苹果公司 IOS 操作系统，安装苹果商店以外的软件。

第二，数字专利保护。美国专利法是美国数字专利保护的基本法律依据。该法规定了专利的申请、审查和保护程序，保护了发明人的创新成果。同时，美国专利法还规定了专利侵权的民事责任和刑事责任，为专利权人提供了有效的维权手段。另外，美国专利与商标局（USPTO）是负责管理和保护专利权和商标权的机构。USPTO 通过审查专利申请，保护了专利权人的合法权益。此外，USPTO 还提供了专利检索和信息服务。

第三，数字商标保护。美国商标法规定了商标的注册、保护和维权程序。该法为商标注册提供了严格的审查程序，保护了商标权人的合法权益。同时，美国商标法还规定了商标侵权的民事责任和刑事责任，为商标权人提供了有效的维权手段。与数字专利保护类似，美国专利与商标局（USPTO）也负责管理和保护商标权。USPTO 通过审查商标注册申请，保护了商标权人的合法权益。此外，USPTO 还提供了商标检索和信息服务，为商标申请人提供了便捷的商标查询和注册渠道。

第四，网络知识产权保护立法。2011 年底至次年初，两份反盗版法案《禁止网络盗版法案》和《保护知识产权法案》在美国闹得沸沸扬扬，除好莱坞和一些大唱片公司支持外，谷歌、脸书等网络巨头以及维基百科等都持反对态度，最终不得不搁置。这两项法案声称是要打击在美国境外侵犯美国公司知识产权的行为，但它授权美国司法部可切断流向涉嫌提供盗版电影、音乐和其他内容的网站的资金、广告和访问权限。这意味着由于某个用户上传含侵权内容的视频，优兔这样的网站可能会被全站关停。两项法案还提高了对互联网用户未经授权在网络上分享版权内容的刑罚，比如6个月分享10首音乐或电影类的版权作品将面临最高5年的刑期。除立法外，美国也积极采取执法行动，打击猖獗的网上假冒商品经营和销售活动。过去7年里，美国国家知识产权协调中心、美国联邦调查局与国际伙伴合作，每年都联手关停大量非法网站。2016年，全球最大的盗版电影、电视剧和音乐分享网站KAT价值超过10亿美元的盗版内容被查封，就是这一跨境合作的成果。①

（二）数字知识产权的创新框架

在数字贸易规则谈判中，数字知识产权保护一直是美国的核心关切之一，并形成了一种独特的模板，被称为数字知识产权规则的"美式模板"。美国通过推动这种模式，致力于制定高标准的知识产权保护规则，包括强力保护知识产权和高标准的执法要求。作为全球实力最强大的软件服务供应商，美国强调禁止强制性技术转移，并制定相关贸易规则，禁止要求企业转让技术、生产流程等其他产权信息。② 实际上，美国国内立法是数字知识产权规则"美式模板"的发展基础。美国国内相关立法主要包括1976年《美国版权法》《数字千年版权法》（Digital Millennium Copyright Act，DMCA）和《通信规范法》（Communications Decency Act，CDA）。1976年《美国版权法》第一次将版权保护期限扩展到70年，DMCA则首次关注了数字环境下的版权保护问题。DMCA和CDA规定了在线知识产权侵权行为中互联网服务提供商（Internet Serv-

---

① 《综述：美国严打网络侵权》，新华网，http://www.xinhuanet.com//world/2017-04/26/c_1120877046.htm，访问日期：2023年12月3日。

② 来有为、宋芳秀：《数字贸易国际规则制定：现状与建议》，《国际贸易》2018年第12期。

ice Providers，ISPs）责任的限制，为 ISPs 提供"安全港"，使符合"通知和删除"条件的 ISPs 豁免侵权责任。这些规则成为美国日后参与数字知识产权相关谈判的基石。[①]

（三）FTA 协议中的数字知识产权规则

美国参与的 FTA 协议中涉及的数字知识产权规则分为四类，分别是"数字版权保护""数字商标权保护""数字技术（源代码、算法）保护"和"数字知识产权执法"。其中，"数字版权保护"规则旨在保护数字环境下的版权及其相关权益；"数字商标权保护"规则则着重保护数字环境下的商标权；"数字技术保护"规则涉及源代码和算法的非强制转让议题；而"数字知识产权执法"规则主要对数字知识产权侵权行为进行规制。[②] 特别是在拜登上台后，他将在对外贸易政策议程中赋予数字贸易更高权重，以捍卫美国高科技产业的相关利益和知识产权的国家。目前来看，比较明确的至少有两点：一是拜登政府在国家知识产权保护方面的态度会更加强硬。他曾表明"将尽一切可能对付偷窃美国知识产权的国家"。TPP 第 14 章第 17 条明确要求缔约方不能以源代码的强制转移及公开作为软件类等产品市场准入的前提条件。该规定充分显示出美国对源代码知识产权保护的坚定立场，但该条款仍留有"后门"，即规定"源代码非强制转移及公开"只适用于"商业软件"，不适用于"基础设施软件"。USMCA 的规定更加犀利，第 19 章第 16 条将"源代码开放禁令"扩展适用于"基础设施软件"，进一步强化了对源代码知识产权保护的力度。但 USMCA 中该条还规定"缔约方监管机构或司法机关有权查看源代码，但未经授权不得披露"，其目的是为政府监管部门留有执法空间。UJDTA 中的第 17 条"源代码条款"直接承袭了 USMCA 中的"源代码保护"规定。除此之外，有关数字知识产权保护规则（UJDTA）呈现的如下动向值得关注。

[①] 周念利、李玉昊：《数字知识产权规则"美式模板"的典型特征及对中国的挑战》，《国际贸易》2020 年第 5 期。

[②] 周念利、王达、吴希贤：《RTAs 框架下的数字知识产权规则能否促进数字内容贸易？》，《世界经济研究》2023 年第 10 期。

在 UJDTA 协定的文本中，明确增列了"保护算法和加密技术"的内容。加密技术可以有效保护隐私数据和核心技术，防止被泄露和窃取，因此在企业获得客户信任方面具有重要的竞争优势。为促进本国企业开拓国际市场，美国一直致力于加强对加密技术的保护。然而，由于 TPP 和 USMCA 各缔约国对保护加密技术的态度不一致，因此在 TPP 的"电子商务章"和 USMCA 的"数字贸易章"中都未包含保护加密技术的内容，只在 USMCA 的第 12 章《行业附件》第 12.C.2 条中有所提及。UJDTA 协定的第 21 条"使用密码的信息通信技术产品"明确规定，缔约方不得要求企业公开或转让密钥和算法。美国认为，如果要求企业使用特定的密钥和算法技术，将增加研发成本支出，降低数字产品的市场竞争力，并且要求转让或提供密钥、算法或在加密技术方面强制性合作，将增加知识产权泄露的风险。通过在 UJDTA 协定文本中单独增列密码和加密技术保护内容，美国进一步强调了其强化数字知识产权保护的立场。为了保障政府的执法能力，对算法和加密技术保护作出了例外规定。由于加密技术难以破解，密钥的持有方对加密产品拥有独家解释权，政府的数字产品监管执法能力也会受到限制。因此，UJDTA 第 21 条补充规定了"密钥算法保护条款的例外情况"，即缔约方的政府执法部门，尤其是金融监管部门，有权要求企业提供与密钥相关的信息。目前，金融服务与数字技术的结合越来越紧密，美国金融服务业的快速发展离不开先进的数字技术和产品的应用和支持。尽管美国一方面积极推动加强数字知识产权保护，但另一方面对金融工具和市场监管保持高度警惕，实施严格的管控。考虑到加密技术往往难以破解，为了增强政府的执法效力、保护政府（包括中央银行）的网络安全和政府部门的信息安全，美国在加强保护数字加密技术的知识产权的同时，也对政府的执法需求作出了例外规定。

《美日数字贸易协定》（UJDTA）与美国主导的 CPTTPP、USMCA 相比，有值得关注的调整和变化。首先，UJDTA 强化了对数字知识产权的保护力度，但同时为保障政府执法能力作出了例外规定。其次，UJDTA 将"知识产权"和"广播"重新纳入"数字产品的非歧视性待遇"的例外规定，呈现出明显的"USMCA-"特征，但同时明确缩小了

"广播例外"的实施范围,实现了对 TPP 相关规则的深化。总体而言,UJDTA 框架下的数字贸易规则整体变化不大,但在"数字知识产权保护"方面出现了一些变化。以往的 TPP 协议主要规定了对源代码的保护措施,而 USMCA 和 UJDTA 则增加了对使用密码的信息通信技术产品的规定。上述的数字知识产权规则都力图扩大数字知识产权的保护范围、延长保护期限并加强执法措施。例如,CPTPP 和 USMCA 都将源代码和算法纳入数字知识产权保护范畴,并规定了更严厉的惩处措施来打击数字知识产权侵权行为。在数字知识产权规则方面,TPP 中的"安全港"规则、"技术保护措施"规则和"电子权利管理信息"规则等进行了分析,认为 TPP 有望在成员国之间实现对网络中介责任的版权规则的程序性和实质性协调。美国有意在 TPP 中推广世界知识产权组织(WIPO)的"互联网条约""技术保护措施"和"电子权利管理信息"的高度复杂和规范的条款。数字知识产权保护是数字贸易谈判中的重要议题之一,各类区域贸易协定谈判中最大的分歧之一就是关于"源代码或算法保护"的问题。为提高数字知识产权保护水平,DEPA 和 CPTPP 协定都对"源代码"作了相应规定。DEPA 第 3.4 条详细阐述了信息和通信技术(ICT)产品的概念,并要求缔约方不得强制实施密码技术或设计商用 ICT 产品的技术法规或合格评定程序。CPTPP 作为首个包含"源代码"条款的区域协定,明确禁止缔约方强制要求厂商提供或转让其所拥有的源代码作为进入该国市场的条件。然而,相比之下,RCEP 并未涉及"源代码"条款,只在"电子商务对话"中提及考虑在源代码领域开展对话。

美国建立起商业利益居于主导地位的数据跨境自由流动依靠行业监管的法律体系。在欧盟位于基本权利主体的数据主体摇身一变,在美国数据保护体系里处于"消费者"的地位。虽然主张数据的自由流通,依靠行业监管,CCPA 也赋予了消费者诸多权利,比 GDPR 过犹不及。在严密的 GDPR 衬托之下,显得 CCPA 少了很多限制,其实,CCPA 为数据保护也制定了严密的保护和监管规则。美国要求成员方提供责任限制的安全"避风港"规则,提出了收集、使用限制和安全保障等个人信息保护原则。美国在数据治理管辖权方面采用了与欧盟相同的"长臂管辖"原则,要求在境外开展业务的公司向其提供数据,从而像欧盟一样拥有大量的数据。2018年,美国通过《澄清海外合法使用数据法》解决了微软一案,为存储境外数据提供了合法依据。美国还可以通过国内法律程序获取境外数据,进一步推动了反数据本地化的浪潮。美国以商业为主导的体系还为个人数据保护提供了一套完整的救济体系,CCPA对个人数据泄露和数据非法交易有着严格的打击措施。

美国商会全球创新政策中心(GIPC)与知识产权界的利益相关方于2023年9月13日共同签署并发布了一个新的框架,旨在推动全国范围内关于知识产权的对话。该框架的目标是确保美国在全球保持领先地位、竞争优势和创新方面的作用。签署该框架的各方认为,它有助于制定和连接一系列政策,包括:1. 维护美国的全球创新领导地位:通过制定有利于创新的知识产权政策,加强美国在全球创新领域的领导地位,并与美国的价值观保持一致;2. 促进关键技术和新兴技术的发展:建立一个支持性的法律框架,促进国内和全球的创新,尤其是在先进技术和突破性医学等新兴领域;3. 支持创意产业:倡导和支持美国的创意产业,因为它们在国内和国际上都具有文化、教育和娱乐价值;4. 打击知识产权犯罪:利用公共和私人资源,重点减少数字盗版和假冒行为等知识产权犯罪;5. 为企业家赋能:简化激励措施,消除障碍,充分吸引和支持美国企业家。

根据美国商务部的数据,仅在美国,知识产权支撑了超过7.8万亿美元的国内生产总值和4700多万个工作岗位。这进一步凸显了知识产权保护的重要性。[①] 美国通过立法的方式维护自身在数字经济时代的权益,这也给其他国家带来了挑战。例如,虽然数字知识产权规则的"源代码"等条款给中国带来了不小的挑战,但中国作为成长中的数字贸易与知识产权大国,在数字知识产权保护领域与协定成员国存在越来越多的利益诉求重合。中国应秉持"求同存异""坚守底线""合理对接"原则,积极参与DEPA协定知识产权相关条款谈判。一是在政府机构或

---

① 《美国商会等公布新的知识产权原则》,中国国际贸易促进委员会,https://www.ccpit.org/a/20230926/20230926if97.html,访问日期:2023年12月3日。

政府控制的相关实体安装、使用许可软件和商业秘密保护议题方面尽可能争取达成一致标准。二是针对涉及数字知识产权保护的核心利益所在的与"源代码保护"有关条款，中国应坚守国家网络主权和安全不退让底线，继续坚持对基础网络设施和关键设备源代码进行审查，以防止可能对网络安全造成的威胁。同时，我国也应完善国内知识产权保护法制，承诺他国企业向审查机构披露的源代码不会被泄露或转移给其竞争者，从而打消对方疑虑。三是合理对接 DEPA 协定中的合理成分，加大针对网络盗版的执法力度，保护知识产权人的合法利益，提高数字知识产权保护水平，本着平等、互利、诚信的态度参与全球数字知识产权治理，不断推动向创新型国家转变。

第五章
数字知识产权立法的发展论

为进一步解决数字知识产权立法冲突问题,我们需要以发展的眼光来应对这个问题。各国需要贯彻数字知识产权立法的发展观,同时也需要协调政府、产业、学术界和研究机构在金融、用地等方面的立法要素,以确保立法的全面性和科学性。就我国而言,我国需要统筹国际和国内双循环的产学研立法机制,促进国内外立法经验的交流以及贯通国内数字知识产权的软硬法体系,构建适应数字化时代的立法框架。

第一节 协调政产学研金用的立法要素关系

一 数字知识产权立法中的要素关系阐释

在数字知识产权立法中,数据和技术是最重要的两个要素。数字知识产权的产生离不开产学研合作。进入21世纪以来,全球创新主要集中在颠覆性技术的经典创新和非经典创新两个方向。颠覆性技术的经典创新能够长期驱动整个经济社会的可持续发展。每个时代的颠覆性经典创新主要出现在工业革命的初期和中期。而非经典创新的风险较低,企业可以自行控制,商业化过程相对简单,只需依靠技术积累,确保产品的升级换代以防止被竞争对手超越。

曼斯费尔德(E. Mansfield)等学者在对美国17项创新成果进行研究时得出了一个重要结论:技术创新的社会回报率远远超过创新企业自身的回报率。因此,作为国家发展的主要领导者,政府应积极创造合作创新的机会。然而，颠覆性的经典创新在产业经济发展中面临存活概率低和风险资本投入大的挑战，这需要政府政策的支持。同时，由于风险投资者追求利润，他们通常不会在项目的非商业化阶段投入资金。因此，在基础研究和应用研究阶段，大学、政府和科研机构承担了投资的责任。只有在方案审核和商业化测试阶段，风险投资者才真正介入项目。这种现状表明，在项目进入商业化阶段之前，政府的协同作用非常重要。在这方面，数字知识产权的立法是政府协同的重要着力点。

在数字化技术的快速发展和革新中，高校、科研机构、企业间开展协作、共享利益的产学研合作模式成为国家科技创新战略的重要举措。不同主体之间的协同合作能够进一步刺激科技研发动力并且优化资源配置，进而推动科技成果高效转化与落地。产学研创新战略并非新兴产物，但是在数字技术时代想要取得突破性进展，需要进一步超越传统产学研合作模式。[1] 当下，技术创新、研发与落地所牵涉的主体更加广泛，在更宽泛的领域上开展合作成为必然。充分的实践经验已经证明，传统的"高校—研究机构—企业"的固定三角模式已经无法覆盖技术从研发到应用于市场的整体流程。[2] 并且，党的十八届三中全会报告中就已经提出，要"建立产学研协同创新机制，……，建设国家创新体系。"[3] 从报告内容可以看出，产学研协同创新机制的最终目的是推进国家创新系统，所以只激励三个主体的积极性与协作性还远远不够，更需要政府政策的便利与支持、金融资金的可靠与稳定以及技术市场高效的反馈。[4] 目前，"政产学研金用"的新模式成为更加符合创新实践和国情的创新体系。

"政产学研金用"的技术孵化模式涉及多个主体。政府及有关部门

---

[1] 曹武军、韩俊玲：《政产学研协同创新的演化博弈稳定性分析》，《贵州财经大学学报》2015年第4期。

[2] 王凡：《高校科技成果转化中"政产学研金服用"模式探讨》，《中国高校科技》2021年第6期。

[3] 《中共中央关于全面深化改革若干重大问题的决定》，中国政府网，http://www.gov.cn/jrzg/2013-11/15/content_2528179.htm，访问日期：2022年6月27日。

[4] 杨阳、王穗东、郁秋亚：《政产学研用融合创新与高校创新能力提升的路径突破——基于苏州纳米科技协同创新中心的案例研究》，《中国高校科技》2020年第Z1期。

（政府）要进行政策创新，主导创新环境的营造，推动完善数字技术创新的协调联动机制，搭建创新合作的基础设施与平台。同时，政府也可以充当技术用户的角色，向科研机构、高校和企业等研发链条的上游角色提供反馈建议。企业（产）作为数字技术创新的重要体，是整个创新网络的核心所在。企业负责将技术成果转变为技术产品并向市场推广。因此，要充分强调企业本身的创新活力与动力。高校与各类研究机构（学、研）是试验、开发、应用和推广新技术、新材料、新方法的孵化器。除了加强数字技术的研发与创新工作之外，学校和研究机构还应关注市场动态，了解市场所需要的技术类型，开展定向研发工作。各类资金来源（资金）对于高校和科研机构来说至关重要。金融资本是除政府投资之外的主要融资渠道，它可以有力地支撑高科技成果的转化。数字技术的落地和产品转化也离不开各类金融机构提供多种类型的资金，共同分担风险促进有效转化。

新技术的使用方和体验者（用户）如消费者可以通过多种沟通渠道将自己对技术创新成果和产品的需求与建议反馈给开发方，加强开发与市场的联系。[①] 目前，我国数字技术的发展和创新受益于"产学研金用"这一协同合作模式的推动。近年来，数字技术在我国迅速发展，数字知识产权的市场规模也不断扩大。特别是在数字版权领域，根据国家版权局网络版权产业研究基地发布的《中国网络版权产业发展报告（2020）》，中国互联网版权产业规模预计在 2020 年将达到 11847.3 亿元，首次突破一万亿元大关，较 2019 年增长 23.6%。[②] 这体现了中国网络版权作为一种数字知识产权产业，能够发挥产业优势、抵御疫情冲击，实现了整体的平稳快速发展，产业结构持续优化升级。同样，数字专利权与数字商标权的数量也在不断增长，数字经济的版图持续扩张。中国信息通信研究院发布的《中国数字经济发展白皮书（2021 年）》显示，2020 年中国的数字经济规模达到 39.2 万亿元，在 GDP 中所占的比

---

① 刘赞英、康圆圆、王岚：《文化耦合视角下"官产学研资"一体化的创新模式研究》，《河北师范大学学报》（哲学社会科学版）2010 年第 5 期。
② 《中国网络版权产业发展报告（2020）》，国家版权局，https：//www.ncac.gov.cn/chinacopyright/upload/files/2021/6/9205f5df4b67ed4，访问日期：2022 年 6 月 27 日。

例达到38.6%，其增速是GDP增速的3倍多。① 可见我国数字技术和数字知识产权的资源丰富、优势明显，激发、维持和保护数字知识产权的政产学研金用合作新模式具有重要意义。

在新技术背景下，知识产权作为新的表现形式，加强产学研协同合作模式最为直接有效的方式是建立完善的法律制度，并充分协调各相关立法要素之间的关系。为了保障数字资产的产学研模式能够有效运行，高效率规避投资和开发风险，我国需要建立合理有效的保障机制。产学研协同合作模式涉及多元主体，需要各主体形成合力来为新数字技术的产生提供不可替代的资源。数字技术的开发往往以项目为工作结构，包括立项、投资、研究、试验、需求调研、实体转化等多个阶段，最终向市场创造价值。这个过程周期较长，因此需要建立保障措施，以确保协同创新相关各方的利益，促进产学研的再合作。为此，建立完善的法律制度是关键。这包括确保知识产权的合法保护和侵权行为的打击，以鼓励创新和知识产权的产生。此外，还需要建立透明、公平的合作机制，明确各方的权责，促进合作关系的稳定和长期发展。同时，各相关立法要素之间的协调也是重要的，确保法律制度的完整性和一致性。通过建立完善的保障机制，可以提高产学研协同合作模式的效率和效果，降低投资和开发风险。这将有助于推动新数字技术的研发和转化，促进产学研的再合作，实现更好的创新与发展。② 在立法过程中，要充分考虑到与同一技术相联系的多个主体，厘清各主体与客体之间的关系，明确参与主体的责任与义务，对各主体贡献度的清晰划分要贯穿项目全过程。即使在单个项目结束后，依然要做好后续的系统整合和再开发等保障工作，挖掘项目在更高层次上进行产学研合作的可能性。并且，"政产学研金用"链条上的各个主体协作成功的另一条件是基于共同利益的信任。在技术创新的实践当中，各个主体之间的合作机制与流程均需要信任托底。因此，协同创新的成功运作需要完善相应的政策法规体系，建

---

① 《中国数字经济发展白皮书（2021年）》，中国信息通信研究院，http://www.caict.ac.cn/kxyj/qwfb/bps/202104/P020210424737615413306，访问日期：2022年6月27日。

② 洪林、夏宏奎、汪福俊、叶美兰：《产学研协同创新的政策体系与保障机制——基于"中国制造2025"的思考》，《中国高校科技》2019年第4期。

立健全产学研协同创新政策的保障机制,① 例如政策保障、人才保障、投资保障以及收益保障,以降低合作失败或资源浪费的风险。因此,在进行产学研立法时,我国要充分考虑立法层级、立法依据、立法体系和法律修订等要素。

首先,为确保产学研相关立法的法律地位和效力,要充分考虑产学研立法的层级问题。在我国法律体系当中,与产学研相关的有全国人民代表大会颁布的《中华人民共和国科学技术进步法》(1996 年颁布,2007 年修订)、《中华人民共和国促进科技成果转化法》(1996)、《中华人民共和国科学技术普及法》(2002),以及在其他部门法中的相关条例,国务院颁布的《国家科学技术奖励条例》及其实施条例等,国务院各部委颁布的《关于促进科技成果转化的若干规定》(1999)和《高等学校知识产权保护管理若干规定》(1999)等和各直辖市、省、自治区制定的地方性政策法规。目前,全国人大直接颁布的与产学研直接相关的法律数量较少,在进一步的立法当中要充分考虑法律的制定主体和相关层级,使其法律地位与产学研在我国数字知识产权创新和宏观科学技术创新战略中的重要性相匹配,体现法律在知识社会中的回应性特征。②

其次,在制定相关法律时,应充分考虑数字知识产权产学研的原则性、理论性和实践指导性。数字知识产权涉及多个主体的产学研协同合作模式,各主体角色多样化且关系错综复杂,因此需要法律提供明确的指导。良好的法律应具备概括性、周延性、逻辑性和指向性等特点,因此在制定产学研合作相关法律时,应高度重视合理性和科学性。在网络化和数字化的背景下,传统的知识创造和知识产权保护方式可能已不再高效。因此,需要优化现有的知识产权保护方式,以适应数字化时代的需求。③ 知识产权的授权、确权与维权以及知识产权的创新合作等问题需要在理论上进行系统的分析与梳理。与知识产权、创新创造相关的原

---

① 羊守森:《河南省产学研协同创新保障机制研究》,《中国高校科技》2017 年第 3 期。
② 易继明:《知识社会中法律的回应性特征》,《法商研究》(中南政法学院学报)2001 年第 4 期。
③ 姚瑞卿、袁小群:《基于区块链技术的数字出版知识产权管理——以知识服务应用为例》,《出版广角》2019 年第 17 期。

则与理论需要在法律中保留和体现。例如,科研人员、科研机构与技术中介之间极易产生关于产权归属和利益分配的摩擦与争议,要从理论上区分产学研各个主体的职责和联系,避免产学研合作中出现产学研不清晰而导致纠纷的情况。在实践指导的意义上,随着当下各类技术和管理模式的全方位发展和更新,法律要激励数字知识产权产学研新模式的建立。例如,将区块链技术应用到数字知识产权产学研中的合作平台搭建、技术开发共享、技术成果转化和风险收益承担等问题上,在实际上适应经济与社会发展的现状,为企业、高校等机构提供操作上的指导。

再次,在立法体系问题上,目前我国有关产学研立法的法律法规并不算少,但是较为分散、缺乏联系与衔接,在具体问题上,可能还存在着重复性立法或者法律空白的问题。在全国人大的立法层级上,缺乏统筹全局的以产学研为核心的立法。并且,一些相关的综合性科技法律条款都使用相同的宣示性语言表达国家对产学研的原则性支持,缺乏实质性的内容,缺乏与之配套的具体化的下位法。[①] 地方性政策法规往往内容翔实,但立法层级较低,作用有限。各地管理经验难以指导更大范围的产学研模式。要建立一个多层次、相互补充的产学研法律体系,这个体系应包括国家政策导向、标准化管理和地方发展策略,需要建立完善的政策法规,涵盖产学研合作协调方式、科研成果转化、经济金融投资、科研机构与科研中介管理与改革以及市场产品反馈等方面。[②]

最后,在法律的更新与修订的问题上,应该密切关注产学研合作的现实发展情况。举例来说,目前我国科研中介机构的兴起是产学研协同合作创新中出现的一个新情况。科研中介机构是一种中介组织,它在高校、科研机构(科技供给方)与企业、市场(科技需求方)之间搭建起联系、组织和协调的桥梁。科研中介机构以科学技术为交易产品,其业务范围涵盖科学技术流动、科研成果转化、科技创新评估、优化资源

---

① 薄建国:《我国产学研立法存在的问题及对策》,《河北大学成人教育学院学报》2016年第1期。

② 于钧泓:《促进高校产学研合作的法律对策》,《中国高校科技》2016年第4期。

配置、高效决策与管理等服务内容。① 在科技中介领域的法律法规方面，中国在 2014 年发布了《关于加快科技服务业发展的若干意见》，该文件对科技中介机构的业务开展提出了一些要求，具有指导意义。然而，这些要求和措施的表述过于宏观和笼统，而且科技中介机构的形式多样，难以进行统一高效的管理。因此，在立法方面需要更多关注实际情况，及时修订和更新法律。

二 数字知识产权立法中的 AI 问题应对

人工智能的迅速发展给数字知识产权保护规则带来了新的挑战。首先，人工智能创造带来的知识产权主体和客体界限模糊的伦理问题；其次，人工智能对劳动理论和人格理论的颠覆性影响；再次，还应关注激励不足、许可成本上升、垄断与不正当竞争等经济问题；复次，还应关注主体资格、发明课题范围和权利归属等制度问题；最后，还应关注人工智能参与创造所带来的数字鸿沟和数据安全等问题。

人工智能技术的成熟和发展可能会使数字知识产权权利主体的权益受到限缩，我们在数字知识产权立法中需要根据 AI 自身的特点，合理地扩大和缩小解释"避风港"原则或者正确使用技术中立原则以达到个人激励和社会成本的平衡。② 数字技术的迭代加剧了对数字知识产权发展权的强影响，其中最为典型的是一种伦理秩序与发展权之间的危机，这在 AI 领域表现得多。例如，2023 年 5 月联邦法院裁定人工智能生成的艺术作品不受版权的保护。正如豪威尔法官写道，版权从来没有授予过"没有任何人类指导之手"的作品，补充说"人类创作是版权的基石要求"。同年，《纽约时报》也禁止新闻报道用于人工智能模型训练并考虑起诉 Open AI。凭借技术领先优势，美国在全球人工智能领域率先布局，近年来密集出台了一系列相关领域重要政策文件。2020 年 10 月 15 日，白宫发布《关键和新兴技术国家战略》，提出通过"促

---

① 朱鹏举、郭铭鹤：《美国大学科研成果转化中的中介参与及其界面管理》，《中国高校科技》2021 年第 7 期。

② 郑飞、马国洋主编：《人工智能法学》，中国政法大学出版社 2023 年版，第 214 页。

进美国国家安全创新基地"和"保护美国技术优势"确立两大支柱，强化美国在先进计算、人工智能、人机接口等20个关键和新兴技术领域的竞争优势。2021年1月1日，美国正式颁布《2020年国家人工智能倡议法案》，并以确保美国在人工智能研究和开发方面继续保持领导地位为首要目标。两个月后，人工智能国家安全委员会发布《最终报告》，就助力美国赢得人工智能竞争制定相应措施和具体行动路线。就在2023年1月，美国国家标准与技术研究院发布《人工智能风险管理框架1.0》，旨在为设计、开发、部署、应用人工智能系统提供参考。另外，美国注重为人工智能发展注资，尤其是国防科技应用研究。2022年8月，美国国会颁布《芯片与科学法案》提出向半导体行业提供527亿美元的资金支持，向企业提供240亿美元的投资税抵免，并向人工智能、机器人技术、量子计算等前沿基础和应用研究提供2000亿美元的科研经费支持。[①]

欧盟以人类尊严和隐私保护等基本权利保护为出发点，在全球率先布局人工智能监管规范体系。自2016年起，欧盟就着手探索构建人工智能技术监管体系，以防范技术发展对人类基本权利的侵蚀。2019年，欧盟高级专家组发布《可信人工智能伦理指南》，提出可信人工智能的概念，确立了"以人为本"的人工智能发展和治理理念。2021年4月，《人工智能法案（提案）》发布，引入风险分级监管、市场准入和监管沙盒等制度，确保欧盟市场内人工智能技术和应用的安全性。欧盟出台的《AI法案》也不是"空中楼阁"，此前已有数据隐私、科技行业反垄断、社交媒体管理等一系列法案作为基础。例如，Google原本计划本周在欧洲发布聊天机器人Bard，但在爱尔兰数据保护委员会的干预下，Google不得不推迟发布，以进行隐私评估。[②] 在司法实践中，美国联邦法院裁定，人工智能生成的艺术作品不受版权保护。[③]

[①] 《综研观察丨深圳如何逐鹿人工智能时代》，腾讯网，https://mp.weixin.qq.com/s/VbAIiQcHplYl4gzJMDOGlA，访问日期：2024年4月16日。

[②] 《史上第一部AI监管法案来了！欧盟已通过草案》，腾讯网，https://mp.weixin.qq.com/s/S0ONPND9psC8PTQqTMXloA，访问日期：2023年12月3日。

[③] 《美国联邦法官裁定：人工智能生成的艺术作品不受版权保护》，腾讯网，https://mp.weixin.qq.com/s/1vy83YPmBybxicUJISqerg，访问日期：2023年12月3日。

就我国目前人工智能产业发展需求来看，主要有以下几点：一是强化人工智能技术研发，鼓励人工智能前沿研究和原始创新，构建原创引领、广泛赋能的人工智能研发总体布局，夯实人工智能理论基础，多路径探索，推动人工智能技术发展；二是构建开源开放的创新生态，鼓励人工智能技术开源发展，建立高水平的开源开放生态体系，共创人工智能前沿成果；三是推动人工智能应用赋能，加快人工智能在科学研究、医疗服务、文化创意、生态治理等领域的部署落地，以高水平应用促进经济社会高质量发展；四是坚持科技向善的理念，建立健全人工智能治理框架、标准规范和评估评测体系，加强人工智能安全可信、隐私保护等技术研发，发展负责任的人工智能；五是拓展开放协同的国际合作，积极开展国际学术交流、人才培养等活动，围绕人工智能基础前沿理论，以及在应对气候变化、环境保护、生命健康等领域的应用开展合作，共同推进科学发现和技术进步。①

从着重AI产业的发展迈向技术监管治理。自2016年起，"人工智能"便被写入我国五年发展规划当中。2017年，国务院发布《新一代人工智能发展规划》，作为我国在人工智能领域的第一个综合性部署文件，确定了人工智能产业发展的总体思路、战略目标和任务。随着人工智能技术的广泛应用，深层次问题不断涌现。2020年，国家标准化管理委员会发布《国家新一代人工智能标准体系建设指南》，标志着我国人工智能进入产业促进与技术治理并重的新阶段。2021年9月，《新一代人工智能伦理规范》发布，将伦理道德融入人工智能全生命周期，为从事人工智能相关活动的自然人、法人和其他相关机构等提供伦理指引。2022年发布《互联网信息服务深度合成管理规定》，防止人工智能用于深度造假。直至2023年7月13日，《生成式人工智能服务管理暂行办法》发布，在全球范围内率先对生成式人工智能进行规制。

实质上，新技术衍生了新型的数字知识产权问题，同时也对原有的知识产权制度造成了冲击，这种冲击在著作权和专利权领域体现得尤为

---

① 《科技部：人工智能法草案已列入国务院2023年立法工作计划》，腾讯网，https://mp.weixin.qq.com/s/Cd1T8emV4sFVDHh-9EuOaw，访问日期：2023年12月3日。

明显。比如，人工智能对著作权的挑战主要包括两大内容：（1）基于人工智能生成物的权利体系引发的问题，主要包括权利主体和权利内容的问题；（2）若人工智能技术引发他人的著作权权益被侵害的风险时侵权责任机制的使用问题，著作权的立法目是"对著作权制度的设置与运行起到制衡作用"。[①] 将版权扩展到人工智能是没有用的，因为已经有足够的知识产权工具可用。立法上的差距，如果有的话，可以通过合同、技术措施、慷慨地应用合理使用和三步测试来弥补。

为应对 AI 技术所带来的挑战，我国在数字知识产权立法中需要把握以下几点。第一，推动人工智能技术与实体融合发展。第二，发挥市场引领和政府引导的合力作用。第三，处理好创新发展和安全底线之间的关系。知识产权和人工智能法的未知领域为立法者提供了一个重要的机会，以协调国际层面上人工智能的收购。总的来说，该条认为，应少关注执行和垄断，更多地关注准入和报酬。第四，与人工智能相关的知识产权政策应该认识到颠覆性技术的社会价值，并抵制保护从现状中受益的定居市场参与者。知识产权法不应为新的市场进入者制造障碍。应该鼓励基于三螺旋模型的智能跨部门公私合作，因为这种合作、多学科的方法具有很强的协同效应。第五，机器学习可以帮助人类以可计算定律的形式设计出更好的规则。欧盟应该从不太成功的立法尝试中吸取教训，包括阻止信息传播的商业秘密法、侵犯人权的版权改革以及导致贸易失衡的自成一体的数据库权。在长期的立法程序阻碍快速创新的情况下，应考虑法律上的沙盒。另外，通过机器学习，计算法可以实现更一致、更有效和更透明的立法。这种人机混合合作将增加法律确定性和公众信任。

三 数字知识产权立法中的循证决策介入

在数字知识产权立法中引入循证决策机制。知识产权学界关注证据循证决策在支撑国家科技发展、技术创新以及企业知识产权管理方面的

[①] 《数字经济时代知识产权面临的挑战与保护》，腾讯网，https://mp.weixin.qq.com/s/rUlRPdNCKFdA_IwpxADQeQ，访问日期：2023 年 12 月 3 日。

作用。"循证"源于萨科特（Sackett，D.）所提出的"循证医学"。①早期就有学者建立在循证医学基础上来研究法医学教育的未来发展，②同时也关注法律职业伦理教育问题。③循证教育的研究着力点主要在于通过教育决策、政策以及法律的制定与调整来实现目标。

欧美国家已经早先将科学决策和循证决策应用到了知识产权贸易政策制定和立法领域。自从20世纪90年代以来，循证决策的想法在政策界存在吸引力，并在贸易纠纷解决中得到广泛应用。世界贸易组织的成员国可以为了保护人类、动物或植物的生命或健康而制定可能限制贸易的法规。其中重要的方式是设定科学原则与科学证据审查标准。例如，在关税贸易总协定（GATT）、SPS协定和TBT协定中嵌入科学证据标准的条款。其中SPS协议全称为《实施动植物卫生检疫措施的协议》第1条第2款，规定应以科学原理为根据（国际标准、准则或建议）。其中第9条规定："磋商和争端解决，涉及科学或技术问题的争端中，由专家组、技术专家咨询组或向有关国际组织咨询进行解决。"

为了优化数字知识产权立法，我们需要引入循证决策机制，并发挥专家智库和产学研合作立法的模式的作用至关重要。这样可以更好地利用各方面的知识和经验，制定出更科学、更合理的数字知识产权规则。

第二节 贯通国内外产学研的软法与硬法规范体系

一 引入软法与硬法融贯的理念

在21世纪初，软法（Soft Law）的概念在欧洲、日本和我国都流行起来，常见于学术论文、学术报告中。法国学者Francis Snyder于1994

---

① 薛二勇、李健、田士旭：《循证教育政策研究：一个应然命题的实然问题》，《教育研究》2022年第12期。

② 廖志钢：《中国的法医学教育向何处去——刑诉法第120条的负面效应》，《法律与医学杂志》1997年第2期。

③ 柴鹏：《法律职业伦理现状及其培育——以实证调研数据为基础》，《证据科学》2015年第2期。

年界定了软法的概念,即"在原则上无法律约束但具有现实效果的行为准则"。"法"意味着对人的行为的约束力与强制性,同时以一定的规范形式出现,这体现着人们共同制定、认可并遵守的行为规则。因此,从规则的遵守上来看,有学者认为"软法"亦法。① 但软法是非典型意义上的法,其制定主体一般并非国家正式的立法机关(国家正式立法机关制定的非法律性条款也算是软法),而是由超国家或次国家共同体,例如 UN(联合国)、SC(安理会)、WTO(世贸组织)和律师协会、医师协会、高校、村委会等组织制定的规则。与之相对应的"硬法",其制定主体往往是国家。

即使软法是法,但其并不具有硬法所具备的国家强制力,更多是由人们的信任、承诺、舆论保障实施的。软法的出现对于社会来说是具有必要性的,现代社会国际上普遍存在着法律需求与法律供给的矛盾,尤其是我国目前经济发展迅速,出现了许多新型的法律关系急需有相应的法律调整,在这种背景下,软法的出现能够弥补硬法涵盖不到的社会生活方面。并且,超国家性质的软法例如 WTO 规则是全球化发展之下高效链接各个国家规范开展合作的方式。同时,软法具有很强的灵活性,适用于千变万化的复杂的社会生活,有利于实现个体正义。②

根据软法的功能与作用以及哈耶克曾经提出的关于"社会乃一种自生自发的秩序"的论述,③ 对产学研合作中蕴含的社会关系进行调整除了依靠自上而下的具有强制力的法律规范,也可以利用现存的软法例如产学研行业内自发的实践经验与不成文的习惯建立起相应的机制,将软法与硬法相结合协调产学研合作。自 1992 年"产学研结合开发工程"实施以来,我国陆续出台了一些与产学研合作相关的法律法规,其中最有代表性的就是 1993 年出台的《中华人民共和国科技进步法》(以下简称《科技进步法》)和 1996 年颁布的《中华人民共和国促进科技成果转化法》(以下简称《促进科技成果转化法》)。《科技进步法》在经

---

① 姜明安:《软法的兴起与软法之治》,《中国法学》2006 年第 2 期。
② 姜明安:《软法的兴起与软法之治》,《中国法学》2006 年第 2 期。
③ 刘小平:《哈耶克:自由的两条理路和两种法律观的混淆——对〈自由秩序原理〉一书的文本分析》,《河北法学》2007 年第 8 期。

过修订之后，增加了更多与产学研合作相关的内容，并且，我国出台《促进科技成果转化法》后，成为全球首个为科技成果转化进行专门立法的国家。①《科技进步法》第三十三条规定，以确定的立法形式支持引导企业与研究机构合作开展产学研结合。随后，为充分发挥各地区的优势与特色，地方政府在《科技进步法》的指导下将抽象性较强的原则性表述转化为地方较为具体的规定。例如，河南省发布了《河南省中长期科学与技术发展规划》和《河南省产业技术创新战略联盟发展工程实施方案》。2007年，《科技进步法》修订后与产学研相关的内容达到了12条，并增加了许多具体的措施。其中第十二条规定国家建立科学技术进步工作协调机制，协调科学技术研究开发与高等教育、产业发展相结合等重大事项。第二十六条规定引导科学技术研究开发机构、高等学校、企业共同推进国家重大技术创新产品、服务标准的研究、制定和依法采用。这些条款体现了更加细致的规划。

《促进科技成果转化法》对产学研结合进行规定的内容主要包括三个方面：鼓励产学研合作、规范技术交易场所和机构、解决科技成果转化中的问题。首先，在鼓励产学研合作方面，《促进科技成果转化法》明确提出通过产学研合作的方式来促进科技成果的转化。这一方面属于原则性内容，强调了产学研合作对于科技成果转化的重要性。其次，在规范技术交易场所和机构方面，《促进科技成果转化法》第十七条和第十八条对技术交易场所的设立进行了具体规定。这些规定包括技术交易场所应当依法设立，具备相应的条件和资质，并且要加强对技术交易市场的监管和管理，保障交易的公平性、公正性和合法性。最后，在解决科技成果转化中的问题方面，《促进科技成果转化法》第二十六条、第二十九条和第三十条明确了产学研合作中的知识产权归属和收益分配问题。这些规定强调了知识产权的保护，规定了知识产权的归属和转让的程序和条件，同时也明确了产学研合作中的收益分配原则。除了《促进科技成果转化法》之外，我国法律体系中还存在其他与产学研相关的规定。例如，《科技进步法》对科技进步和技术创新进行了规定，强调了

---

① 李恒：《产学研结合创新的立法研究》，《科技与法律》2010年第1期。

科技进步的重要性和支持政策。此外，还有《中华人民共和国专利法》《中华人民共和国著作权法》等法律文件，用于保护知识产权和促进产学研结合。这些法律文件共同构成了我国法律体系中与产学研相关的规定。

在产学研经费法律制度上，全国人大常委会颁布的《中华人民共和国预算法》（以下简称《预算法》）、《中华人民共和国会计法》（以下简称《会计法》）均具有相应条款规定。同时，国务院及科技部、教育部等部门也颁布了一些部门规章，例如《国家自然科学基金条例》《国家自然科学基金资助项目资金管理办法》等。但这三部法律并不属于产学研合作的专门立法，具有一定的分散性。

产学研人才法律制度包括《中华人民共和国教育法》《高等教育法》《职业教育法》《中华人民共和国中小企业促进法》等。其中，《高等教育法》第十二条规定了"国家鼓励高等学校之间、高等学校与科学研究机构以及企业事业组织之间开展协作，实行优势互补，提高教育资源的使用效益"，但也仅仅是作了原则性的规定，没有详细的联合培养规划。

在产学研知识产权法律制度上，主要包括科技成果的转化问题以及知识产权的归属与保护。《科技进步法》和《科技成果转化法》具有纲领性的作用，规定了产学研合作的基本原则。《专利法》《公司法》和《合同法》等法律中也有相关的规定。政策性的法规有《关于促进科技成果转化的若干规定》《关于加强技术创新发展高科技实现产业化的决定》和《国家知识产权战略纲要》等。一些地方政府也结合自身情况出台了许多地方性法规。

综上所述，我国与产学研相关的硬法具有指导性强但灵活性和具体性稍显不足的特点，而软法的行为规范形式与治理方式契合了产学研现代化的需要，但缺乏一定的权威性。因此，将传统硬法体系与软法融合以互相弥补，扬长避短，能够在确保存在权威性强、具有纲领性作用的同时，不断随着时代的发展更新产学研内涵，灵活地采取协商式、对话式的方式处理产学研合作中的问题与争议，方能取得更好的效果。在融合的具体表现形式上，可分为以下几点。

第一，建立高效的行业自律机制。在产学研合作当中，利益分配是影响合作是否顺利的关键性因素。从实践来看，采取契约化的方式是处理利益分配比较可行且有效的手段。但与此同时，各行业协会应当对本行业内的产学研合作起到促进与引导作用，应当积极推进产学研合作与支持。同时，各行业自律组织应当对产学研合作展开监督与审核，把握好产学研合作当中的互惠性与互利性，例如从院企合作、技术开发伦理和市场信誉维护等多个方面对产学研合作的规范性进行审核，降低产学研合作中的成果流失的风险。同时，在市场经济之下，产学研合作主要由利益驱动，各行业自律协会对产学研合作中的利益归属问题能够提供更符合行业习惯的解决方法，更有利于争议解决。由此，将行业自律协会的规则、产学研各个主体的自律规范与我国产学研的法律体系相结合，能够为不同行业的产学研合作提供多重保障与维护。

第二，利用区块链技术建立高效合作关系。在区块链进入3.0时代后，建立一个融合了政产学研金用的交易系统是区块链技术在教育领域和实体产业的探索。在区块链网络中，产学研合作的模式转变为基于透明规则的开放式合作。在其规则之下，参与产学研合作的主体无论规模，都可以创造一个值得信赖且能够被完全执行的规则体系，利用技术手段实现合作主体的平等地位。根据协同发展理论，可将当下产学研平台拟解决的问题与区块链技术的优势相结合，在调控、过程、绩效、保障四个维度上对产学研生态圈进行划分。① 从相关研究和实验数据来看，区块链技术能够解决出现在产学研领域当中的成本控制、信任建立与风险调控等多个方面的问题，在未来随着区块链技术应用程度的加深，可能会对产学研的合作逻辑与协同体系带来颠覆性的变革。② 因此，要将对区块链等新技术的使用与产学研法律体系的实施相融合，共同促进产学研合作的绩效水平，例如可以根据区块链网络追踪成果转化核心动力与转化结果，为知识产权归属问题与利益分配提供依据。

---

① 朱琦：《区块链赋能的政产学研金合作机制——基于结构方程模型（SEM）的研究》，《安阳工学院学报》2022年第1期。
② 郑磊、郑扬洋：《区块链赋能实体经济的路径——区块链Token经济生态初探》，《东北财经大学学报》2020年第1期。

第三，完善产学研知识产权纠纷联动机制。从整个社会环境来看，要逐步建立起健全的职业道德和个人诚信体系，尽量避免产学研合作过程中知识产权侵权的情况。同时，要加快完善"归属清晰、权责明确、保护严格、流转顺畅"的现代知识产权制度。在解决产学研合作过程中出现的知识产权合作纠纷时，应当避免硬法过于强硬和原则化，要给予参与技术创新的主体一定的知识产权归属讨论权。同时，可以发挥知识产权服务机构的咨询功能，完善知识产权评估体系，明确各方实际投入的人才与物质比例，寻找技术创新关键点，更加具体细致地解决知识产权方面的纠纷。

鉴于当下仅仅依靠硬法规制产学研存在的不足，要在硬法的支持与指导下加强软法的应用，发挥软法的协调灵活性、执行高效性，促进软法保护与硬法规制的有效衔接，推动完善我国产学研合作创新与治理，提高我国产学研合作的实际效能。

二 提升产学研融合中的创新能力

数字知识产权经济的产学研融合能够提升国家整体的创新能力。我国需要从以下几个方面提升产学研融合中的创新能力。

首先，明确政府和法律在产学研协同合作中的地位、角色和功能。产学研的推动力量不仅来自政府和法律等具有权威性来源，还来自市场。产学研的最终成果应满足市场需求，德国借助市场作用促进产学研合作，而美国和日本主要通过行政手段干预产学研一体的研发技术过程。我国经济制度以公有制为主体，多种所有制共同发展，因此在产学研成长初期，为了与国际产学研合作水平相衔接，更好地促进国际技术合作创新，应以政府力量和法律调控为主要手段，推动产学研协同创新机制快速、规范成长。随着这一机制的逐渐成熟，市场规律将发挥决定性作用，在稳健发展时期，应同时发挥法律、政策与市场调控的作用。我国产学研合作目前处于初期发展阶段，可以借鉴美国和日本促进产学研合作的方式和方法，尽快完善相应的法律体系，为产学研创造一个有保障的发展空间。

其次，要重视产学研合作中的人才机制。人才机制主要包括两个方面：人才培养与人才激励。在人才培养方面，主要在于高校如何面向产学研的实际需求培育对口人才，并为人才提供向上逐级发展的渠道。例如德国代表性的产学研模式——双元制，将企业的学徒制与职业性学校的职业教育结合起来，形成了完善的人才培养方案和从大学直接到企业的就业渠道。在人才激励上，主要是体现在对科研人才奖励机制与岗位限制的解除。在法律的保障之下，设立专项基金奖励致力于技术研发并推动科技成果转化的优秀人才。

再次，要进一步强化地方性政策法规的体系建设。从英国的立法经验来看，强化地方执行政策的效力并对其进行有力的监管与考核，督促地方根据地方特色的变化制定合理的政策性法律，十分有利于地方产学研合作与科技成果的转化。德国作为联邦制国家，联邦政府与州政府的合作与配合也值得借鉴。上文在德国部分提到的"卓越大学"计划是联邦政府与州政府共同发起的"卓越计划"当中的重要一环，除此之外，双方还实施了"促进青年科学家的计划"和"创新大学"等双向合作类计划，在联邦政府的总体布局之下，各州能够根据自身特色制定相应的激励机制，有效弥合了德国工业与科技发展的联系，也有助于产学研协同的创新集群的形成与发展。

最后，要加强对产学研合作专门机构的立法规定。随着产学研合作主体的扩充与内涵的丰富，产学研合作的主体成员多，彼此关系复杂，由专门的产学研中介机构负责对接与协调以降低交易成本的做法在实践中是比较常见的。从日本和德国的立法与政策经验可以看出，发达国家对于科技中介机构的重视程度。但在法律规定上，科技中介机构的角色和定位并不明晰。相关政策多集中于对产学研链路上各个主体的激励，应确定科技中介机构在产学研合作链路上的主体地位。同时，可以建立国家层面上的整合科技资源的专门机构来宏观调控信息与资源。

三 构建产学研法治体系

从构建产学研法治体系出发，各国需要做好以下几点。首先，构建产学研法政策规范体系。这主要可以分为以下几点。（1）构建科研成果商业化的法律体系。例如，美国通过《美国技术杰出法》（1991年）、《全国合作研究及生产法》（1993年）、《国家技术转化与进展法》（1995年）、《技术转移商业化法案》（2000年）等法律的制定与完善有效地促进了科技成果的商业化。（2）构建科研成果转化的法律体系，例如，1980年的《拜杜法案》《贝赫—多尔专利和商标修正案》和《联邦技术转移法》（1986年）等法案为形成产学研体系奠定了坚实基础。美国的这些立法经验也影响到了其他国家的产学研合作机制，我国2007年修订的《科技进步技术法》规定"项目承担者可以获得知识产权"就参照了《拜杜法案》的内容，这也被称为中国版的"拜杜规则"。此外，我国需要通过立法来赋予高校教授、院士等科研人员所有权和使用权，并设计技术职业经理人机制来促进科技成果转化，例如，在2020年2月，中共中央全面深化改革委员会专门审议通过的《赋予科研人员职务科技成果所有权或长期使用权试点实施方案》凸显了我国对职务科技成果权属保障的重视。[①]（3）构建以政产学研为核心的法政策体系。从美国经验来看，美国改变了以往由私人部门主导关键产业科技发展的思路，强化了政府"大科学"体系的引导地位。2021年美国颁布的《无尽前沿法案》将关键的产业科技上升到国家战略高度，强化制造业链条安全、促进科研成果保护与商业转化等策略。值得注意的是，美国已经把中国视为数字经济竞争的主要对手。在《无尽前沿法案》中，"中国"出现了6次，同时也是该法案中唯一提及的外国国家名称。因此，我国需要防范高端技术领域的"专利壁垒"和"卡脖子"的问题，其中完善产学研的政策体系成为关键。

其次，加强国际科技合作。具体措施包括以下几点。（1）建设以企事业单位为主体的民间国际科技创新合作平台，发起国际科学技术组织，并将国际合作的范围从"研发机构"扩大至"合作平台"和"国际组织"。同时，我国应利用世界知识产权组织全球服务体系来提高海外知识产权布局效率，建立国际趋势跟踪研究基地，加强对商业秘密保护、互联网企业"走出去"等前沿问题的研究。据中国《科技进步法》

---

① 沈健：《"教授特权"政策适用性研究》，《科学学研究》2022年第1期。

第八十一条的规定，国家将赋予民间机构更高的权力来开展国际科技合作。（2）建立产学研合作机制。第一，支持科学技术研究开发机构、高等学校、企业和科学技术人员积极参与和发起组织实施国际大科学计划和大科学工程。例如，根据中国《科技进步法》第八十条的规定，应促进国际科学技术资源的开放流动，形成高水平的科技开放合作格局，推动世界科学技术进步。第二，提升海外知识产权信息服务能力，建立健全国外展会知识产权服务站工作机制。便利知识产权的海外获权，强化知识产权审查业务合作，拓展"专利审查高速路"国际合作网络，重点推动相关国家共享专利、植物新品种等审查结果。例如，自2007年开始，中、美、欧、日、韩五大知识产权局开展审查业务合作，构建了"专利审查高速公路（PPH）"。

最后，加强对境外人才的吸引。具体措施包括以下几点。（1）鼓励外资企业、外籍科学技术人员等承担和参与科学技术计划项目，共同攻克造福人类发展的科技前沿技术。例如，2021年中国新修订的《中华人民共和国科技进步法》鼓励我国各类科技创新主体主动参与国际科研合作，积极融入国际创新网络，扩大科学技术计划的对外开放合作范围。（2）完善境外科学技术人员参与国家科学技术计划项目的机制。例如，中国新修订的《科技进步法》增加了"国家将大力完善相关社会服务和保障措施作为支撑"等规定；吸引外籍科学技术人员到本国从事科学技术研究开发工作；又如，我国最新修订的《科技进步法》增加了杰出科学技术人员可以优先获得在本国的永久居留权或者取得本国国籍等规定。

第三节　铸牢数字知识产权贸易的人类命运共同体

全球知识产权贸易长期处于西方现行知识产权法律体系、哲学体系和话语体系的强力控制之中。比如西方国家在全球知识产权贸易中不断强化"因为智力成果，所以拥有财产权"的法律理念。这种法律理念也正是欧美国家主导全球知识产权规则的困境本源。而为破除这种知识产权发展"话语独断"的困境，各国可一道从以下几个方面着手。

一　拥抱全球知识产权贸易中的"知识平权"

首先，秉持主权优先的理念。从现有理论研究和实践观察，欧美国家往往从自己的哲学和人权体系出发，否认东方文明的现代性价值，这不仅对发展中国家的主权和安全造成了威胁，同时也不符合公平和正义的原则。[①] 为此，在全球知识产权贸易制度建构中各国需要重视主权价值，具体从以下几点做起。（1）保障知识产权资源中的主权利益。除了经济主权利益之外，传统知识还涉及民族认同感、民族共同体意识、社会公正、种族平等和利益分享等领域。例如，1992年联合国环境规划署发起的政府间谈判委员会第七次会议通过的《生物多样性公约》将公平合理分享利用遗传资源所产生的利益作为其三大目标之一，并重申了遗传资源的国家主权原则；又如，我国《非物质文化遗产条例》的出台对增强民族自信心、传承中华优秀传统文化、维护中华民族共同体意识具有重要意义。[②]（2）防范"制裁条款"对主权权益的损害。在国际知识产权贸易协议中，"制裁条款"是一种国家主权让渡条款。然而，发达国家却利用"制裁条款"来干预他国的经济主权。例如，美国以中国对知识产权的保护力度不够为由提起诉讼，试图把有利于美国的知识产权保护标准纳入TRIPs协定之中，这实际上是对经济主权的破坏。（3）警惕以人权为名来损害主权权益。2022年6月24日，中方在人权理事会第50届会议倡议中应关注跨国公司在发展中国家侵犯人权行为，警惕先进资本主义国家利用域外法权推行"新殖民议程"。例如，当前TRIPs协议规定各国应在与贸易有关的投资措施领域遵守国民待遇、不歧视待遇、一般取消数量限制、一般性取消对外资企业的出口

---

①　吴汉东：《中国知识产权制度现代化的实践与发展》，《中国法学》2022年第5期。
②　《非物质文化遗产条例》第四条：保护非物质文化遗产，应当注重其真实性、整体性和传承性，有利于增强中华民族的文化认同，有利于维护国家统一和民族团结，有利于促进社会和谐和可持续发展。

实绩、当地成分、外汇平衡等要求。这些要求等同于让发展中国家把本国的经济主权拱手相送。

其次，突破民族狭隘性。虽然罗尔斯正义原则可以用来批判知识产权贸易的功利主义和效益主义，强调物质资源的实质平等，但是机会平等并没有得到足够的重视。这是因为罗尔斯正义原则并未将公平理论国际化，且限定在民族国家范围内。当前，欧美面临亚洲国家的创新挑战，选择回归重商主义，即在推动知识产权贸易逆全球化的同时，也加强了知识产权贸易保护主义。为此，各国需要突破民族狭隘性；另外，鼓励信息自由和平等流动。信息资源本身并不具有天然的民族和国别属性。理性人只有获取信息才能制订人生计划，信息是其他善实现的基础，甚至可能是最为重要的基本善。① 实质上，有关的国际知识产权立法也秉持了"基本的善"。例如，《多哈宣言》澄清了健康权与专利强制许可等制度的关系；《WIPO发展议程》强调保护公有领域、保护遗传资源及传统知识；世界卫生组织颁布的《公共健康、创新及知识产权全球战略与行动方案》也旨在促进创新和药品可及性并行。但是这些立法实施效果有限，同时立法的覆盖范围也难以对最少受益者予以补偿，因此亟须完善。

最后，增强知识产权法治文明间的平等对话。TRIPs协议造就了两个根本不同的知识文明世界之间的冲突：一个是原住民世界，另一个是西方文明世界。如中美之间的知识产权法治文明冲突由来已久，这在晚清时期的中美知识产权经贸谈判中就已经有所体现。在1902年6月，美国提交的商约草案第31条和第32条分别涉及专利和版权。美方在商约谈判中提出了对等保护华人在美国的专利和版权。然而，张之洞很快识破了这个伎俩，并指出："此时中国人岂有能创制新机、在美国设厂者？不过借此饵我，允保护美人专利耳，真愚我也！"② 另外，美国在意识形态中将中国制造视为知识文明的主要敌人，并宣称中国的造假存

---

① 胡波：《专利法的伦理基础》，华中科技大学出版社2011年版，第100页。
② 邵则宪：《传统之大美——中国文化如何成为全球治理的建构者》，清华大学出版社2019年版，第1页。

在于儒家文化的根源之中。① 哈佛大学教授 William Alford 在《窃书为雅罪》一书中论证了中华文化的好古观念，这对中华文明产生了不尊重知识产权的刻板印象。但实际上，古代的中华文明创造了精美的瓷器工艺、刺绣工艺以及精妙的中医药等知识成果，其中部分成果不仅是现代西方哲学体系无法解释的，同时也是现代工艺无法复制的。正如国外学者彼得·德霍斯所指"中国古代在科学与创新方面取得了傲人的成就，但并没有依靠知识产权制度本身"②。换言之，中华知识产权文明的世界身份是一种"大雅之美"，而"美"是更具文化生命力的表达，而不拘泥于现代知识产权的文化表达方式。

二 推动全球知识产权证据制度的一体化

推动知识产权制度的一体化也是实现知识平权的制度保障。在2000年，美国哈佛大学的 Jo Mcginnis 和 Movsesian Mark 教授提出了世界贸易宪法的主张（"The World Trade Constitution"）。他们认为 WTO 体制构成了世界范围内国与国之间贸易活动的组织和行为的纲领，类似于美国《宪法》的作用。③ 实质上，知识产权制度一体化④主要通过条约方式、共同体方式、示范法的方式以及法律制度移植的方式来实现⑤。共同体方式在法系文化差异大的地区很难实现知识产权一体化的目标。⑥ 而知识产权证据制度的统一，是各方最容易达成共识的领域。具体理由如下文所示。

---

① 张网成：《知识产权或成西方备战中西文明冲突的工具?》，《中国软科学》2010年第3期。

② ［澳］彼得·德霍斯：《知识财产法哲学》，周林译，商务印书馆2008年版。

③ ［美］约翰·O.麦金尼斯等：《世界贸易宪法》，张保生、满运龙译，中国人民大学出版社2004年版。

④ 知识产权制度一体化，是指各国知识产权制度之间的差异性不断缩小、同一性不断增强的过程。

⑤ 林应钦：《知识产权制度一体化问题研究》，知识产权出版社2014年版，第63—100页。

⑥ 例如，在欧洲，专利制度的发展采用了一种共同体的方式。但是在实践中，欧盟成员国的申请人仍然可以选择通过本国规定的程序申请国内专利，这导致了不同法律体系之间的冲突。

首先,统一知识产权证据规则的现实基础有以下三点。一是证据价值基础。求真求善的价值是各国证据规则设置的共识,这为相对统一知识产权证据规则提供了价值基础。二是法律移植实践。长期以来,知识产权证据制度从北向南单向的法律移植虽然饱受诟病,但不可否认,这种长期单向的法律移植也为相对统一的知识产权证据规则提供了现实基础。三是证据规则的扩张趋势。例如,传统知识领域的证据规则呈现出扩张趋势,这种扩张趋势有以下几点。(1) RCEP 协议第 53 条规定涉及传统知识披露时要求提供事先知情同意的证据。这主要是考虑到在实践中,通过口头披露就致使传统知识难以获得专利权的问题。因为,口头披露因其特变性质仅可能出现在当事人之间的诉讼程序中,而专利审查员很难在专利检索和专利审查中发现相关口头披露的证据。(2) 为防范外来者通过专利制度盗窃传统知识,有学者指出证据规则设计可以拓宽先进技术规则,以便明确涵盖传统知识,或者概括性承认口头证据或某些国外文献等证据材料赋予证据资格。[①]

其次,在广泛的国际公约中均达成了证据裁判共识。(1) 有关国际条约已经体现了证据裁判精神。中美共同加入的《世界人权宣言》《公民权利和政治权利国际公约》等"国际人权法"[②],对于证据裁判之人权保障作用进行了相应的规定。例如,基于对第二次世界大战中的法西斯秘密警察滥用刑罚侵犯人权的反思。据《世界人权宣言》第 10 条和《公民政治经济权利公约》第 14 条,判断一个人是否有罪,需要设置依法设立独立的、不偏不倚的法院,并经公正、公开的审判之后,才能给人定罪,这是证据裁判精神的典型体现。(2) WTO 和 WIPO 所构建的知识产权贸易救济措施中体现了证据裁判精神。[③] 例如,任何 WTO 成员都被禁止通过单边制裁来解决贸易纠纷,也就体现了证据裁判的司

---

① [德] 莱万斯基编著:《原住民遗产与知识产权:遗传资源、传统知识和民间文学艺术》,卢璐等译,中国民主法制出版社 2011 年版。
② 《世界人权宣言》连同《公民权利和政治权利国际公约》及其两部任择议定书,以及《经济、社会、文化权利国际公约》,被统称为"国际人权法案"。
③ 张保生主编:《证据科学论纲要》,经济科学出版社 2019 年版,第 15 页。

法文明之理念，如《关于争端解决规则与程序的谅解》（DSU）[①]第23条和《建立世界贸易组织协定》第16条第4款都明确禁止成员国采用单边措施。各国在协商制定有关证据规则时需要达成利益平衡。（3）双边贸易协定谈判中的证据裁判条款也体现了证据裁判精神。例如，2020年1月生效的《中美经贸协定》的以下几条就充分地体现了中美共同认可的证据裁判精神。一是商业秘密案件确立了举证责任转移的规则。根据《中美经贸协定》，在侵犯商业秘密的民事司法程序中，如果商业秘密权利人已提供包括间接证据在内的初步证据，合理指向被告方侵犯商业秘密，则举证责任或提供证据的责任（在各自法律体系下使用适当的用词）转移至被告方。二是简化公证和认证程序。据《中美经贸协定》，文书认证规定在民事司法程序中可通过当事人之间认可或以接受伪证处罚为前提的证人证言来引入或确认真实性的证据，双方不得提出证据认证的要求，包括要求领事官员盖章或盖印等。对于无法通过当事人之间认可或以接受伪证处罚为前提的证人证言引入或确认真实性的证据，中国应简化公证和认证程序。三是强化证人出庭质证程序。据《中美经贸协定》，应给予当事方在案件中邀请证人或专家，并在庭审中对证人证言进行质询的合理机会。四是在技术转让中确立证据知晓规则。据《中美经贸协定》，双方应确保公布与本协议所涉事宜相关的行政程序规则并提供实质性通报，其中也包括证据规则的知晓。

最后，知识产权贸易决策需要引入证据科学理念。当前部分知识产权贸易纠纷的产生源于循证决策的缺失。例如，在药品专利纠纷领域，美国认为外国的"强制许可"有关立法是一种威胁，并会导致药品价格降低，阻碍新药进入市场等，并以此为理由将其纳入《301调查报告》，但以上理由并没有相关证据支持。同样在技术转让方面，《301调查报告》指控某些国家对美国企业在技术转让方面施加压力，以此来设置贸易投资领域的市场壁垒，而《301调查报告》对于技术转让的论述

---

① DSU（Understanding on Rulesand Procedures Governing the Settlement of Disputes）系关于争端解决规则与程序的谅解的英文缩写。它是在关贸总协定1979年通过的《关于通知、磋商、争端解决和监督的谅解》的基础上修改的，DSU总共包含27条和4个附件。

是不全面的，其结论也难以令人信服。总体而言，美国的《301调查报告》在经济学、国际法和良好治理方面缺乏知情的、专家的和基于经验的投入，容易为一些政治行政机构的议程所劫持，而对它所针对的人没有适当的宪法和正当程序保障。实质上，《特别301报告》以美国强权为基础，缺乏国际法和国际法规则的规制，并非严格意义上的循证决策结果。为此，各国在做出知识产权贸易决策时应该注重引入循证决策机制，这也具备以下几点基础。第一点，科学和科学证据标准已经在贸易协定中初见雏形。自20世纪90年代以来，循证决策在贸易纠纷解决中得到广泛应用。一方面，世界贸易组织的成员国可以为了保护人类、动物或植物的生命或健康而制定可能限制贸易的法规；另一方面，是设定科学原则与科学证据审查标准。在关税贸易总协定（GATT）、SPS协定和TBT协定中嵌入科学证据标准的条款。例如，SPS协议全称为《实施动植物卫生检疫措施的协议》，其第1条第2款规定应以科学原理为根据（国际标准、准则或建议）。而该协议的第9条也规定："磋商和争端解决，涉及科学或技术问题的争端中，由专家组、技术专家咨询组或向有关国际组织咨询进行解决"。第二点，各法治国家的科学证据审查规则基础。1993年美国联邦最高法院出现的多伯特规则打破了对科学共同体判断（Frye标准）的盲从，并确立了科学证据检验的四因素：(1) 检验鉴定所依据的科学理论和技术方法必须能够得到检验；(2) 该项科学理论和技术方法必须公开发表并得到同行认可；(3) 有基础研究证明其错误；(4) 鉴定专家必须有资格进行该项鉴定，鉴定的结果是否可由其他专家用同样方法获得。[①] 上述的多伯特案赋予了法官调查专家证言的科学有效性及可靠性的守门人责任。同样，根据中国《知识产权证据规定》第二十三条的规定，人民法院应该结合多种因素对鉴定意见进行审查，包括鉴定人的资格、知识、经验、鉴定方法和程序、送检材料、鉴定意见的依据、鉴定人是否有回避事由以及是否存在徇私舞弊等情形。该条款基本上也就涵盖了多伯特检验四因素。第三点，知识产权领域的普遍伦理共识提供了循证决策的方向标。大多数国家的专利

---

① Frye v. United States, 54 App. D. C. 46, 47, 293 F. 1013, 1014 (1923).

法及相关判例仅承认自然人为发明人。如我国《专利法》第五条规定对违反法律、社会公德或者妨害公共利益的发明创造，不授予专利权。但部分国家已经通过司法判决赋予了 AI 制造专利的主体资格。因此，在协商制定知识产权证据规则时，各国需要保障科技向善的价值。特别是随着生物技术、人工智能技术等新兴技术的涌现，专利制度实践中的伦理挑战也日益升级，一系列专利伦理难题接踵而至，使专利制度面临着伦理层面的"不能承受之重"。为此，各国在制定上述领域有关的科学证据审查规则时需要保护伦理价值的底线。即，"生物技术专利再强大也不能改变人类生命体征的自然规律，以及人工智能再强大，其本身并不能成为发明主体"。

三 借鉴 RECP 条款经验促进知识产权贸易公平

RCEP 协议通过加强各成员国的知识产权保护，不仅实现了发达国家 TRIPs - PLUS 的要求，同时也考虑了发展中国家的实际需求。[①] 特别是考虑到不同梯队国家的知识产权发展实际要求存在差异，RCEP 协议通过对 TRIPs 协议的继承和创新，促成了各方的共识。

从承继角度观察，RCEP 协议对 TRIPs 协议条款的借鉴主要包含两类。第一类是过渡期条款。考虑到不同成员方发展水平和知识产权保护能力差异，RCEP 协定为柬埔寨、老挝、缅甸等最不发达国家和后加入的东盟国家（包括马来西亚、菲律宾、泰国和越南）设定了更为细致的过渡期。这些过渡期条款不仅降低了发展中国家加入 RCEP 协议框架的难度，同时也让区域知识产权贸易发展趋向于公平。第二类是技术援助规则。为保障发展中国家得到有效的进步时间、技术和资金，RCEP 协议设置了明确的、具有可操作性的技术援助和技术转让条款，让 RCEP 协议相关成员国从低水平保护标准到高水平保护标准有一个逐步适应和过渡的期间，[②] 更好地通过 RCEP 协议促进知识产权贸易的发展。

[①] 马忠法、王悦玥：《论 RCEP 知识产权条款与中国企业的应对》，《知识产权》2021 年第 12 期。

[②] 《RCEP 框架下的知识产权协调保护》，腾讯网，https://new.qq.com/rain/a/20220720A00X4I00，访问日期：2022 年 12 月 10 日。

此外，RCEP 协议所规定的技术援助方式主要有以下三点：(1) 建构知识产权制度、组织和数据库；(2) 提供培训和专家帮助；(3) 协同打击犯罪等。这些内容设置体现了 RCEP 协议对 TRIPs 协议的继承与优化。

从创新角度分析，RCEP 协议的创新条款包括三类。第一类是创设传统知识保护条款，其中包括：(1) RCEP 协议第 53 条规定传统知识为客体，并配套了细化的实施保护规定；(2) RCEP 协议增加了对遗传资源的来源和起源的披露要求；(3) RCEP 协议规定了"促进与传统知识相关专利的质量审查"的条款；(4) RCEP 协议鼓励构建和使用与遗传资源相关的传统知识数据库或数字图书馆；(5) RCEP 协议允许每一缔约方在遵循国际义务的前提下制定适当的措施来保护遗传资源、传统知识和民间文学艺术。第二类是创设数字知识产权执法条款，其中包括：(1) RCEP 协议规定与数字环境中的技术保护和执法措施有关的规定；(2) 当事人应当给予充分的保护，采取有效的制裁措施，以应对干扰著作权人、相关权人行使权利的有效技术措施，防止出现超越其权利的行为、许可和法律；(3) 关于数字环境的执法问题，RCEP 协议主张在这种环境下对侵犯版权或其他相关权利和商标的行为，也应同样适用民事和刑事补救措施；(4) RCEP 协议第 4 款规定了非法复制版权作品和进口、买卖假冒商品的刑事诉讼程序和处罚的要求。第三类是创设机会均等条款，这主要体现在以下几点：(1) RCEP 协议缔约方会据不同的经济发展水平和各国法律制度的差异来设计条款；(2) RCEP 协议设置了更多明确的、具有可操作性的技术援助和技术转让条款，致使上述科技落后的国家真正有能力在日后从知识产权的低层次保护向高层次保护迈进，最终旨在实现知识产权协调保护的可及性；(3) RCEP 协议条款设计在创新者权益保护与公共利益保护之间保持平衡。

四 增强发展中国家参与知识产权贸易的维权能力

在全球知识产权贸易法治中，考虑到发展中国家的知识产权核心资源在遭到损害和盗取后往往难以维权。作为回应，发展中国家不仅需要通过合规体系的建设来减少风险，同时也应当构建综合的法治维权机制。下面主要以中国实践来进行分析。

一方面，构建全面的企业合规体系。近年来，中国企业在海外频繁被调查和处罚，数中兴事件最为典型。① 为此，我国需要着重构建合规体系来提升知识产权贸易风险抵御能力，这主要有三点：（1）出台综合性合规指引。2018 年 7 月 5 日，发改委发布《企业海外经营合规管理指引》；2018 年 11 月 2 日，国资委又发布了《中央企业合规管理指引》，要求央企加快建立健全合规管理体系；2018 年 12 月 26 日，国家发展改革委、外交部、商务部、中国人民银行、国资委、外汇局（外汇管理部）和全国工商联联合发布《企业境外经营合规管理指引》等。（2）设置专门性合规指引。在未来，国家市场监督管理总局可以出台反垄断合规指引；国家金融部门可以出台反洗钱的合规指引；商务部可以出台出口管制指引。（3）形成合规本地化战略。我国的企业出海需要按照国别思路形成有针对性的企业合规建设方案。总之，合规体系的建设既有助于解决企业"走出去"的风险合规问题，也要有助于解决"投资本地化的风险"。

另一方面，构建综合的法治维权机制，这主要包含以下三点。（1）强化行政保护机制。以中医药老字号保护为例，我国的传统中医药老字号在国际市场上存在严重的混淆行为，同时也面临着被国外企业进行专利化应用的风险。为了保护中华老字号，我国的《关于外国投资者并购境内企业的规定》第十二条对驰名商标或中华老字号在境内企业实际控制权转移的行为进行了限制，要求必须向商务部进行申请，并对未履行申报义务的行为予以禁止交易。（2）出台反制裁措施。当前发展中国家需要重点研究美欧等国家的专利布局，并熟悉美欧国家相关的制裁制度，如美国的 337 行政调查规则等，并适时出台反制措施以应对。例如，我国在 2020 年 10 月颁布的《中华人民共和国出口管制法》对美国的单边制裁措施进行了反击。此外，我国同样也需要设置国家贸

---

① 回顾中兴事件，2016 年 3 月，美国商务部 BIS 裁定中兴通讯和中兴康讯违反美国《出口管制条例》，这最终导致的结果是中兴被罚款 11.9 亿美元，同时中兴领导层"大换血"成立合规委员会，并由美国律师担任首席出口合规官；2018 年 6 月，美国政府宣布与中兴达成和解协议。在该合规协议中，中兴需要支付 10 亿美元罚款，另加 4 亿美元第三方托管保证金，中兴领导层"大换血"，美国政府派驻合规监督员。

易调查制度，负责对知识产权不公平贸易行为和对外贸易中涉及国家安全利益的事项进行调查，这样能更好地维护我国的知识产权权益。①

(3) 主动进行诉讼维权。发展中国家可以利用在国际知识产权贸易中已有的"在先权和优先权"等概念来对自己拥有的传统知识资源进行主动诉讼维权。同样，发展中国家也可利用国际游戏规则和所在地法律来加大诉讼维权力度。

---

① 吴汉东：《试论"民法典时代"的中国知识产权基本法》，《知识产权》2021年第4期。

结　　语

数字知识经济越发达，所带来的全球不公正也越大。鉴于此，全球数字知识产权立法应有以下共识。

第一，数字知识产权立法中的主权利益至上。比起欧盟的基本权利保护和美国商业利益至上，中国强调以数据安全和国家利益为中心的立法价值取向，倡导保护本国数据，对数据跨境流动持保守前进的态度。中国的个人信息保护体系呈现出三大特征：一是属地管辖原则体现的国家利益至上和网络主权原则，对域外收集分析涉及国内重大利益的数据持反对态度；二是中国数据流动法规以追求国家安全利益为标尺，建立了国家为中心的政府管理模式，建立健全集中统一、高效权威的数据安全风险评估、报告、信息共享、监测预警机制，有别于美国自下而上的多群体利益相关者主义分散治理模式;[①] 三是中国的跨境数据限制流动措施以防范网络领域的主权干预及保障关键数据的安全性为核心目标。对关系国家安全、国民经济命脉、重要民生、重大公共利益的数据实行更加严格的管理制度，对影响或可能影响国家安全的数据处理活动实施国家安全审查。[②] 三种数据保护的立法模式涉及国家、地区各种重大利益和公共安全。数据统一市场的建立指日可待，在选择法律体系时，我们要在不稳定当中寻求最合适的方案，为数据的收集和流动储存提供安全方案，促进我国更全面深入多元地对外开放，促进中国和第三世界国家经济发展，构建高水平数据

---

① 丁晓东：《个人信息保护：原理与实践》，法律出版社2021年版，第17页。
② 《数据安全法》第21、22、24条。

流通体制，造福世界经济。

第二，兼顾知识产权激励和南北发展平衡的目标。数字知识产权立法需要同时确保创新者能够得到应有的回报，并且应该有助于为全球可持续创新提供有效的利益平衡方案。例如，中国将国内知识产权的发展与全球知识产权的发展紧密地联系在一起，作为国家战略的一部分。数据显示，中国知识产权国际化有力支撑共建"一带一路"建设，2022 年向境外转让或许可过专利的中国企业当中，有 37.9% 向共建"一带一路"国家或地区许可或转让过专利。在国家战略层面，2021 年中共中央、国务院印发的《知识产权强国建设纲要（2021—2035 年）》也指出要坚持人类命运共同体理念，以国际视野谋划和推动知识产权改革发展，推动构建开放包容、平衡普惠的知识产权国际规则让创新创造更多惠及各国人民。[①] 我国也高度重视参与全球的知识产权贸易治理。又如，我国于 2021 年 10 月 28 日发布的《"十四五"国家知识产权保护和运用规划》指出要主动参与知识产权全球治理，积极参与完善知识产权国际规则体系，并参与数字领域等新领域新业态知识产权国际规则和标准的制定。[②] 与此同时，中国积极与贸易伙伴签订高标准的数字知识产权规则的区域贸易协定。在推动数字内容贸易发展过程中，重视保护数字版权和商标权，加强数字版权治理和国际合作。在国内法律法规建设方面，完善数字知识产权保护相关法律，界定数字平台第三方侵权责任，适应新型数字内容业态的规则。同时提高数字知识产权执法监管水平，特别是打击数字内容领域的侵权盗版行为，为参与全球高标准数字知识产权规则制定奠定基础。[③] 上述举措表明中国兼顾了知识产权激励和南北发展平衡的目标立场。

第三，实现数字知识产权制度、非知识产权制度以及技术治理之间

[①] 外交部：《中国加强知识产权保护、坚持走创新发展之路取得实实在在成效》，每经网，https://www.nbd.com.cn/articles/2022-12-30/2615092.html，访问日期：2023 年 9 月 10 日。

[②] 金海军：《美国最高法院 2020 年度知识产权判例解析》，《知识产权》2021 年第 12 期。

[③] 周念利、王达、吴希贤：《RTAs 框架下的数字知识产权规则能否促进数字内容贸易？》，《世界经济研究》2023 年第 10 期。

的有效衔接。一方面，处理好数字知识产权立法中"现代性和非现代性之间的矛盾"①。例如，为加强传统文化和生物资源等保护，各国除了需要有知识产权制度的保障之外，也需要注重建立"知识产权以外的非现代性知识保护制度"②，进一步实现传统知识资源的数字知识产权化。实质上，数字知识产权立法就跟一些非知识产权制度挂钩，例如，除了从立法上承诺技术非强制技术转移和网络中介责任豁免条款之外，在设置关键基础社会例外的前提下保护源代码。③ 另一方面，也需要在非知识产权制度的软法层面解决发展中国家普遍的技术供给需要，促进发展中国家的创新能力，在共同促进全球技术创新的同时，也需要保障发展中国家的主权利益。例如，数字知识产权保护是数字贸易谈判的重要议题，在各类区域贸易协定谈判中最大的分歧就是源代码或者算法保护。为提高数字知识产权保护水平，DEPA 和 CPTPP 协定都对"源代码"相关条款进行了相应的规定。虽然这些规定给中国带来了一些挑战，但是作为一个正在成长中的数字贸易与知识产权大国，中国与协定成员国在数字知识产权保护领域存在越来越多的利益诉求的重合。中国应秉持"求同存异""坚守底线""合理对接"的原则，积极参与 DEPA 协定中的知识产权条款谈判。首先，在政府机构或政府控制的相关实体安装和使用许可软件以及商业秘密保护议题方面，尽可能争取达成一致的标准。其次，针对涉及数字知识产权保护核心利益的与"源代码保护"有关的条款，中国应坚守国家网络主权和安全的底线，继续坚持对基础网络设施和关键设备源代码进行审查，以防止可能对网络安全造成的威胁。再次，我国还应完善国内知识产权保护法制，承诺他国企业向审查机构披露的源代码不会被泄露或转移给其竞争对手，以消除对方的疑虑。最后，合理对接 DEPA 协定中的合理要素，加大对网络盗版的执法力度，保护知识产权人的合法利益，提高数字知识产权保护水平，以平等、互利、诚信的态度参与全球数字知识产权治理，不断推动向创新型

---

① 吴汉东：《试论中国自主的知识产权知识体系》，《知识产权》2023 年第 1 期。
② 吴汉东：《中国知识产权制度现代化的实践与发展》，《中国法学》2022 年第 5 期。
③ 陈寰琦：《国际数字贸易规则博弈背景下的融合趋向——基于中国、美国和欧盟的视角》，《国际商务研究》2022 年第 3 期。

国家转变。①

第四，促进东西方数字知识产权基础规则的融合。数字贸易规则就是数字知识产权立法的基础规则，例如，"印太经济框架"（IPEF）是美国对外扩展美式数字贸易规则的重要平台。从扩展广度来看，日本、新加坡和澳大利亚已在代表性协定中广泛纳入"美式模板"议题；印度仅部分涉及"数据流通和获取"及"数字产品非歧视性待遇"，未承诺"数字知识产权保护"。从扩展深度来看，日本、新加坡和澳大利亚等缔约方在原则性条款"数据流通和获取""数字知识产权保护"及"数字产品非歧视性待遇"中的承诺可对标"美式模板"第2阶段或第3阶段的雄心水平，但受制于"一般例外"或"负面清单"，综合约束力与这些"美式模板"标准存在差距；印度则对"美式模板"核心议题的承诺水平较低，接近于"美式模板"第1阶段。IPEF国家将基于此扩展情况调整数字贸易规则发展策略。中国可着眼上述协定的大部分内容对接高标准数字贸易规则，推动"一带一路"数字贸易规则共建，以应对IPEF带来的挑战。②

第五，促进东西方数字知识产权文明的有效对话。在理念上，数字知识产权立法需要突破原有西方知识制度构建的洛克论和效益主义的局限。在此，中国传统文化提供了一个出口。与西方"因为智力成果，所以拥有财产权"的思维相比，中国文化不仅极其尊重人的创造力，更从人文主义的高度赋予了数字知识产权制度本体论意义上的哲学高度。③因此，传统知识等资源也可以纳入数字知识产权立法保护框架之中。英国法学家威廉·特文宁（William Twining）说，全球化不能是西方的一言堂，他进一步指出："全球化并不意味着构建集体化、同一化、西方化的全球规则，而应当邀请各种文化、国家和地区平等参与。"另外，

---

① 李佳倩、叶前林、刘雨辰等：《DEPA关键数字贸易规则对中国的挑战与应对——基于RCEP、CPTPP的差异比较》，《国际贸易》2022年第12期。
② 李佳倩、叶前林、刘雨辰等：《DEPA关键数字贸易规则对中国的挑战与应对——基于RCEP、CPTPP的差异比较》，《国际贸易》2022年第12期。
③ 邵则宪：《昭隆传统之大美：中国文化如何成为全球治理的建构者》，清华大学出版社2019年版。

在全球数字知识产权立法中，各国应该重视东方文明和原住民文化对全球知识产权文明繁荣的价值。此外，面对各国知识产权发展的需求差异，需要重塑"知识产权的价值链"①。特别是促进发展中国家与发展中国家之间的小多边合作机制的形成，在实践中的成功典型就是 RECP 协定的形成。

综上所述，各国在推进数字知识产权立法时，应该秉持"各美其美，美人之美，美美与共，天下大同"的全球文明观②来铸牢知识产权文明领域的人类命运共同体。

---

① 易继明：《中美关系背景下的国家知识产权战略》，《知识产权》2020 年第 9 期。
② 费孝通：《"美美与共"和人类文明（下）》，《群言》2005 年第 2 期。

参考文献

一 专著

丁晓东：《个人信息保护：原理与实践》，法律出版社2021年版。

冯晓青：《知识产权法哲学》，中国人民公安大学出版社2003年版。

高志宏主编：《知识产权》，东南大学出版社2016年版。

郭志鹏：《公平与效率新论》，解放军出版社2001年版。

胡波：《专利法的伦理基础》，华中科技大学出版社2011年版。

廖盖隆、孙连成、陈有进等主编：《马克思主义百科要览·上卷》，人民日报出版社1993年版。

刘春田主编：《知识产权法》（第三版），高等教育出版社、北京大学出版社2000年版。

龙文懋：《知识产权法哲学初论》，人民出版社2003年版。

宁立志主编：《专利的竞争法规制研究》，中国人民大学出版社2021年版。

邵则宪：《昭隆传统之大美：中国文化如何成为全球治理的建构者》，清华大学出版社2019年版。

王海明：《新伦理学》，商务印书馆2006年版。

王迁：《知识产权法教程》（第七版），中国人民大学出版社2021年版。

吴汉东：《无形财产权基本问题研究》（第四版），中国人民大学出版社2020年版。

吴汉东主编：《知识产权法学》，北京大学出版社2000年版。

吴汉东主编：《知识产权总论》，中国人民大学出版社2020年版。

吴汉东主编：《知识产权总论》，中国人民大学出版社2013年版。

习近平：《习近平谈治国理政》（第三卷），外文出版社2020年版。

许崇德主编：《中华法学大辞典·宪法学卷》，中国检察出版社1995年版。

杨宇光主编：《联合国辞典》，黑龙江人民出版社1998年版。

张保生主编：《证据科学论纲要》，经济科学出版社2019年版。

张立主编，张凤杰、张从龙副主编：《数字版权保护技术研发工程专利检索与分析》，中国书籍出版社2016年版。

张文俊、倪受春、许春明：《数字新媒体版权管理》，复旦大学出版社2014年版。

张玉敏：《知识产权法教程》，西南政法大学出版社2001年版。

郑飞、马国洋主编：《人工智能法学》，中国政法大学出版社2023年版。

中共中央马克思恩格斯列宁斯大林著作编译局编译：《马克思恩格斯选集》（第三卷），人民出版社1972年版。

卓泽渊：《法的价值论》，法律出版社2006年版。

二　译著

［澳］彼得·德霍斯：《知识财产法哲学》，周林译，商务印书馆2008年版。

［德］莱万斯基编著：《原住民遗产与知识产权：遗传资源、传统知识和民间文学艺术》，卢璐等译，中国民主法制出版社2011年版。

［德］鲁道夫·冯·耶林：《为权利而斗争》，郑永流译，法律出版社2011年版。

［德］马克思：《1844年经济学—哲学手稿》，人民出版社1979年版。

［俄］尼古拉·斯瓦尼热：《大国思维：梅德韦杰夫总统访谈录》，外交学院俄罗斯研究中心译，法律出版社2010年版。

［美］安德鲁·V.爱德华：《数字法则机器人、大数据和算法如何重塑未来》，鲜于静、宋长来译，机械工业出版社2016年版。

［美］罗伯特·P.莫杰思：《知识产权正当性解释》，金海军、史兆欢、寇海侠译，商务印书馆2019年版。

［美］亚伦·普赞诺斯基、杰森·舒尔茨：《所有权的终结：数字时代

的财产保护》，赵精武译，北京大学出版社2022年版。

［美］约翰·罗尔斯：《正义论》，何怀宏等译，中国社会科学出版社1988年版。

［美］约翰·O.麦金尼斯等：《世界贸易宪法》，张保生、满运龙译，中国人民大学出版社2004年版。

［日］芦部信喜：《宪法》，林来梵译，北京大学出版社2005年版。

［英］彼得·斯坦、约翰·香德：《西方社会的法律价值》，王献平译，中国法制出版社2004年版。

［英］亚当·斯密：《国民财富的性质和原因的研究》（上卷），郭大力等译，商务印书馆1972年版。

三　期刊

薄建国：《我国产学研立法存在的问题及对策》，《河北大学成人教育学院学报》2016年第1期。

蔡立东：《确证"数字人权"概念创新人权话语体系》，《法制与社会发展》2023年第6期。

蔡晓东：《后TRIPs协议时代的贸易协定与知识产权条款》，《西南政法大学学报》2012年第1期。

曹鎏：《作为化解行政争议主渠道的行政复议：功能反思及路径优化》，《中国法学》2020年第2期。

曹胜亮、张晓萌：《人工智能时代数据竞争的法律规制》，《学习与实践》2019年第10期。

曹武军、韩俊玲：《政产学研协同创新的演化博弈稳定性分析》，《贵州财经大学学报》2015年第4期。

查云飞：《大数据检查的行政法构造》，《华东政法大学学报》2022年第1期。

柴会明：《图书馆信息网络传播权限制与例外研究：缘起、现状与走向》，《山东图书馆学刊》2021年第6期。

柴鹏：《法律职业伦理现状及其培育——以实证调研数据为基础》，《证据科学》2015年第2期。

陈兵：《通用人工智能创新发展带来的风险挑战及其法治应对》，《知识产权》2023 年第 8 期。

陈传夫、朱强、周德明等：《知识产权立法博弈进行时国际图联与多家图书馆协会签署〈数字时代知识发现海牙宣言〉观察》，《图书馆杂志》2015 年第 9 期。

陈寰琦：《国际数字贸易规则博弈背景下的融合趋向——基于中国，美国和欧盟的视角》，《国际商务研究》2022 年第 3 期。

陈寰琦、曾伟冯：《"印太经济框架"下美式数字贸易规则的扩展广度和深度分析》，《国际商务研究》2023 年第 3 期。

陈慧慧：《比较视角看 CCPA 的立法导向和借鉴意义》，《信息安全与通信保密》2019 年第 12 期。

陈杰：《AI 表演的知识产权问题研究》，《知识产权》2023 年第 7 期。

陈路、刘化军：《论桑德尔对罗尔斯正义理论的批判》，《马克思主义与现实》2007 年第 4 期。

陈沁瑶：《数字人权的法理基础及其保护路径》，《克拉玛依学刊》2022 年第 2 期。

陈珍妮：《欧盟〈数字服务法案〉探析及对我国的启示》，《知识产权》2022 年第 6 期。

陈征楠：《法律价值的系统论格局》，《中国法学》2022 年第 2 期。

陈志成：《上海数字经济发展策略》，《科学发展》2020 年第 7 期。

程永顺：《澳大利亚知识产权保护印象——及对我国相关问题的思考》，《电子知识产权》2003 年第 3 期。

初萌：《智能时代信息网络传播权的边界及其治理》，《知识产权》2022 年第 2 期。

崔国斌：《公开数据集合法律保护的客体要件》，《知识产权》2022 年第 4 期。

崔国斌：《知识产权法官造法批判》，《中国法学》2006 年第 1 期。

戴长征、鲍静：《数字政府治理——基于社会形态演变进程的考察》，《中国行政管理》2017 年第 9 期。

邓鹏：《数字经济时代知识产权的机遇与挑战》，《中国发明与专利》

2020年第9期。

丁雪枫：《论阿马蒂亚·森比较的正义对罗尔斯公平的正义的价值颠覆》，《理论探讨》2017年第4期。

董涛：《全球知识产权治理结构演进与变迁——后TRIPs时代国际知识产权格局的发展》，《中国软科学》2017年第12期。

董涛：《知识产权数据治理研究》，《管理世界》2022年第4期。

杜文聪：《与知识产权有关的反不正当竞争若干问题探讨》，《中州学刊》2004年第2期。

范柏乃、林哲杨：《政府治理的"法治—效能"张力及其化解》，《中国社会科学》2022年第2期。

费孝通：《"美美与共"和人类文明（下）》，《群言》2005年第2期。

丰霏：《法律激励的制度设计》，《法律方法与法律思维》2016年第1期。

冯晓青：《知识产权法与公共利益探微》，《行政法学研究》2005年第1期。

高富平：《数据经济的制度基础——数据全面开放利用模式的构想》，《广东社会科学》2019年第5期。

高景柱：《罗尔斯的代际正义论：一种融贯解释的尝试》，《学海》2020年第1期。

高岚：《数字时代知识产权保护的司法困境与应对举措》，《法学》2023年第11期。

高一飞：《数字时代的人权何以重要：论作为价值系统的数字人权》，《现代法学》2022年第3期。

龚群：《正义之首：罗尔斯的社会制度正义》，《湖北大学学报》（哲学社会科学版）2021年第6期。

龚天平：《安全价值：伦理内蕴与实现机制》，《河南社会科学》2014年第5期。

龚廷泰：《新时代中国社会治理法治化发展进程的逻辑展开》，《法学》2022年第6期。

龚向和：《社会权的概念》，《河北法学》2007年第9期。

郭春镇:《作为中国政法话语的表达权》,《法学家》2021年第5期。

国家外汇管理局国际收支分析小组:《知识产权国际合作促进互利共赢》,《中国金融》2021年第18期。

韩旭至:《数据确权的困境及破解之道》,《东方法学》2020年第1期。

韩永辉、赖嘉豪:《中国数字贸易发展面临的知识产权问题及其对策》,《电子科技大学学报》(社会科学版)2023年第4期。

韩震、李伟:《桑德尔对罗尔斯"自我"概念的批判》,《国外社会科学》1998年第2期。

郝思洋:《知识产权视角下数据财产的制度选项》,《知识产权》2019年第9期。

何颖:《数据共享背景下的金融隐私保护》,《东南大学学报》(哲学社会科学版)2017年第1期。

贺桂华:《网络知识产权保护体系存在问题及对策研究》,《理论导刊》2007年第9期。

贺杰、张润利:《技术创新与专利技术(第四讲)——利用国外专利技术的基本原则》,《工程机械》2003年第4期。

洪林、夏宏奎、汪福俊、叶美兰:《产学研协同创新的政策体系与保障机制——基于"中国制造2025"的思考》,《中国高校科技》2019年第4期。

胡鞍钢:《中国工业化道路70年:从落后者到引领者》,《中央社会主义学院学报》2019年第5期。

胡洪亮:《知识产权法律冲突问题浅析》,《重庆科技学院学报》(社会科学版)2009年第3期。

胡玉鸿:《论社会权的性质》,《浙江社会科学》2021年第4期。

贾长森:《刑罚效率价值的理论建构及执行优化》,《法律科学》(西北政法大学学报)2020年第2期。

姜明安:《软法的兴起与软法之治》,《中国法学》2006年第2期。

蒋学跃:《人格与人格权的源流——兼论宪法与民法的互动关系》,《法学杂志》2007年第5期。

金海军:《美国最高法院2020年度知识产权判例解析》,《知识产权》

2021 年第 2 期。

金磊夫：《知识产权及〈与贸易有关的知识产权协议〉——WTO 系列谈（四）》，《冶金管理》2000 年第 8 期。

孔祥俊：《商业数据权：数字时代的新型工业产权——工业产权的归入与权属界定三原则》，《比较法研究》2022 年第 1 期。

来有为、宋芳秀：《数字贸易国际规则制定：现状与建议》，《国际贸易》2018 年第 12 期。

黎华献：《知识财产利益权利化路径之反思》，《现代法学》2020 年第 3 期。

黎晓露：《个人信息权引入刑事诉讼的理论证成与体系化建构》，《河北法学》2021 年第 12 期。

李爱君：《数据权利属性与法律特征》，《金融创新法律评论》2018 年第 3 期。

李诚、方芸：《SaaS 模式下软件出租权问题研究》，《现代物业》（中旬刊）2012 年第 2 期。

李春林：《构建人类命运共同体与发展权的功能定位》，《武大国际法评论》2018 年第 5 期。

李东方、李耕坤：《数字经济时代个人金融信息的经济法分析与对策——从"立法碎片化"到〈个人金融信息保护法〉》，《中国政法大学学报》2023 年第 1 期。

李钢、张琦：《对我国发展数字贸易的思考》，《国际经济合作》2020 年第 1 期。

李恒：《产学研结合创新的立法研究》，《科技与法律》2010 年第 1 期。

李佳倩、叶前林、刘雨辰等：《DEPA 关键数字贸易规则对中国的挑战与应对——基于 RCEP、CPTPP 的差异比较》，《国际贸易》2022 年第 12 期。

李建昌：《澳大利亚、新西兰交流考察知识产权工作的经验与启示》，《云南科技管理》2013 年第 1 期。

李建忠：《从〈俄罗斯联邦民法典〉看我国知识产权法如何入典》，《法制与经济》2017 年第 3 期。

李猛：《海南自由贸易港知识产权法治保障体系构建：国际经验借鉴与路径探索》，《国际贸易》2023年第5期。

李欣洋：《欧盟作者、表演者公平报酬制度研究——从"畅销条款"到〈数字化单一市场版权指令〉》，《东南大学学报》2021年第2期。

李扬：《知识产权法定主义及其适用——兼与梁慧星、易继明教授商榷》，《法学研究》2006年第2期。

李扬：《重塑以民法为核心的整体性知识产权法》，《法商研究》2006年第6期。

李一丁：《RCEP传统知识数据库条款：析解、例证与应对》，《知识产权》2022年第6期。

李永明、吕益林：《论知识产权之公权性质——对"知识产权属于私权"的补充》，《浙江大学学报》（人文社会科学版）2004年第4期。

李玉红、徐飞：《知识产权制度的负面影响及其完善化》，《科学技术与辩证法》2001年第2期。

李圆圆：《信息安全价值研究》，《档案学通讯》2013年第4期。

梁鸿飞：《论习近平法治思想的理论品格》，《求是学刊》2021年第6期。

廖志钢：《中国的法医学教育向何处去——刑诉法第120条的负面效应》，《法律与医学杂志》1997年第2期。

林秀芹：《论数字经济反垄断的范式转变——以欧盟〈数字市场法〉为镜鉴》，《知识产权》2022年第7期。

林燕：《基于效率违约理论赋予违约方解除权之质疑》，《经营与管理》2022年第12期。

林远：《弥合"数字鸿沟"有待各方共同努力》，《经济参考》2019年第9期。

凌霞：《安全价值优先：大数据时代个人信息保护的法律路径》，《湖南社会科学》2021年第6期。

刘碧琦：《美欧〈隐私盾协议〉评析》，《国际法研究》2016年第6期。

刘昌乾、吴晨圆、陈鹏：《效率与公平——"双一流"政策价值导向的思考》，《中国人民大学教育学刊》2021年第1期。

刘佳奥:《WTO 规则下数字产品的法律属性研究》,《国际法学刊》2022 年第 1 期。

刘威、翟青:《关于权利冲突的理论思考》,《黑龙江省政法管理干部学院学报》2005 年第 2 期。

刘向妹、袁立志:《俄罗斯知识产权制度的变革和现状》,《法律法规》2005 年第 1 期。

刘小平:《哈耶克:自由的两条理路和两种法律观的混淆——对〈自由秩序原理〉一书的文本分析》,《河北法学》2007 年第 8 期。

刘亚军、邵思蒙:《FTA 中数字知识产权规则研究》,《北方法学》2020 年第 2 期。

刘艺工、刘利卫:《加拿大版权法合理使用制度探析》,《西部法学评论》2008 年第 1 期。

刘影:《世界贸易组织改革进程中数据跨境流动的规制与完善》,《知识产权》2023 年第 4 期。

刘赞英、康圆圆、王岚:《文化耦合视角下"官产学研资"一体化的创新模式研究》,《河北师范大学学报》(哲学社会科学版) 2010 年第 5 期。

刘作翔:《权利冲突的几个理论问题》,《中国法学》2002 年第 2 期。

柳建龙:《论基本权利冲突》,《中外法学》2021 年第 6 期。

柳建明:《巴西药品专利知识产权制度探析》,《河北经贸大学学报》2011 年第 4 期。

龙卫球:《中国〈民法典〉的立法价值》,《探索与争鸣》2020 年第 5 期。

卢慧生:《印度知识产权相关法律浅析》,《中国发明与专利》2007 年第 10 期。

路广通:《解析数字税:美欧博弈的新战场》,《信息通信技术与政策》2020 年第 1 期。

吕炳斌:《数字时代版权保护理念的重构——从以复制权为中心到以传播权为中心》,《北方法学》2007 年第 6 期。

吕炳斌:《知识产权的权利属性新探》,《行政与法》2009 年第 2 期。

罗冠男：《我国继承制度中的价值取向和利益平衡》，《法学杂志》2019年第10期。

马长山：《数字时代的人权保护境遇及其应对》，《求是》2020年第4期。

马长山：《智慧社会背景下的"第四代人权"及其保障》，《中国法学》2019年第5期。

马驰升：《数字环境下首次销售原则适用的困境与突破》，《知识产权》2016年第3期。

马伟阳：《俄罗斯商标法评析——兼析〈中国商标法〉的修改》，《中华商标》2010年第8期。

马忠法、王悦玥：《论RCEP知识产权条款与中国企业的应对》，《知识产权》2021年第12期。

米新丽：《我国驰名商标亟待加强保护》，《中国改革》1997年第6期。

欧洋：《以桑德尔为代表的社群主义国家认同研究》，《人民论坛》2014年第1期。

齐爱民、盘佳：《数据权、数据主权的确立与大数据保护的基本原则》，《苏州大学学报》（哲学社会科学版）2015年第1期。

綦书纬：《新西兰著作权（侵权性文件共享）修正法案》，《科技与法律》2011年第3期。

钱子瑜：《数据财产权存续期限的设置问题》，《知识产权》2022年第11期。

秦乐、李红阳：《美欧数字经济知识产权治理趋势研究》，《信息通信技术与政策》2022年第6期。

秦子忠：《以可行能力看待不正义：论阿马蒂亚·森的正义理论》，《上海交通大学学报》（哲学社会科学版）2016年第3期。

邱斌、张群、孙少勤：《RCEP框架下的新型全球价值链治理》，《上海对外经贸大学学报》2022年第4期。

邱昭继：《从先验正义到具体正义——阿马蒂亚·森的正义理念及其启示》，《国外理论动态》2015年第11期。

曲三强：《论人工智能与知识产权》，《知识产权》2023年第8期。

渠滢：《不动产被征收人参与权的价值定位与制度重构》，《中国法学》2018 年第 1 期。

任颖：《数字时代隐私权保护的法理构造与规则重塑》，《东方法学》2022 年第 2 期。

阮开欣：《论知识产权的地域性和域外效力》，《河北法学》2018 年第 3 期。

尚妍：《〈反假冒贸易协定〉的几个基本问题》，《暨南学报》（哲学社会科学版）2014 年第 12 期。

尚妍：《数字知识产权保护的新发展——从〈反假冒贸易协定〉到〈跨太平洋伙伴关系协定〉》，《暨南学报》（哲学社会科学版）2015 年第 6 期。

邵国松：《个人数据保护全球融合的趋势与挑战》，《上海交通大学学报》2021 年第 4 期。

沈健：《"教授授权"政策适用性研究》，《科学学研究》2022 年第 1 期。

宋方青：《习近平法治思想中的立法原则》，《东方法学》2021 年第 2 期。

宋慧献：《利益分配的工具：版权制度的价值论分析》，《知识产权》2009 年第 3 期。

宋慧献、周艳敏：《冲突与平衡：知识产权的人权视野》，《知识产权》2004 年第 2 期。

宋志勇：《RCEP 生效后中国面临的机遇、挑战及对策建议》，《东北亚经济研究》2022 年第 3 期。

苏力：《〈秋菊打官司〉案、邱氏鼠药案和言论自由》，《法学研究》1996 年第 3 期。

孙权、沙泽阳、曦等：《个人信息保护法案对比研究及对我国的启示》，《上海保险》2020 年第 11 期。

孙山：《数字作品 NFT 交易的著作权风险治理》，《知识产权》2023 年第 6 期。

孙山：《虚拟偶像"表演"著作权法规制的困境及其破解》，《知识产权》2022 年第 6 期。

孙小玲：《论罗尔斯正义理论中权利平等与道德卓越的内在关联》，《复旦学报》（社会科学版）2017 年第 4 期。

孙忆：《CPTPP、RCEP 与亚太区域经济一体化的前景》，《东北亚论坛》2022 年第 4 期。

孙智贤：《RCEP 推动山东自贸试验区数字贸易发展研究》，《商展经济》2023 年第 6 期。

谭培文：《罗尔斯〈正义论〉的西方批判的批判》，《社会科学家》2018 年第 1 期。

滕锐、崔萌洁：《疫情防控中的中西方人权价值观比较——"全球疫情防控与人权保障"系列国际研讨会第四场会议学术综述》，《人权》2020 年第 4 期。

滕锐、温婷：《科技进步与人权发展——"2022·中欧人权研讨会"综述》，《人权》2022 年第 4 期。

滕锐、周鸿焕：《工业 4.0 时代专利外生性风险的政府管理》，《知识产权》2019 年第 1 期。

田晓萍：《国际投资协定中知识产权保护的路径及法律效果——以"礼来药企案"为视角》，《政法论丛》2016 年第 2 期。

万勇：《公共健康危机的知识产权法应对》，《中国法学》2022 年第 5 期。

汪习根：《发展权法理探析》，《法学研究》1999 年第 4 期。

汪习根：《习近平法治思想的人权价值》，《东方法学》2021 年第 1 期。

汪毅霖：《阿玛蒂亚·森的正义观——对罗尔斯的批判及其公共政策含义》，《学术月刊》2011 年第 6 期。

王德夫：《论人工智能算法的知识产权保护》，《知识产权》2021 年第 11 期。

王凡：《高校科技成果转化中"政产学研金服用"模式探讨》，《中国高校科技》2021 年第 6 期。

王利明：《数据共享与个人信息保护》，《现代法学》2019 年第 1 期。

王林、李凡：《权利冲突逻辑结构的理论思辨——以权利冲突界定的

"靶式结构"为视角》,《时代法学》2008 年第 3 期。

王禄生:《司法大数据应用的法理冲突与价值平衡——从法国司法大数据禁令展开》,《比较法研究》2020 年第 2 期。

王迁:《〈信息网络传播权保护条例〉中"避风港"规则的效力》,《法学》2010 年第 6 期。

王迁:《再论人工智能生成的内容在著作权法中的定性》,《政法论坛》2023 年第 4 期。

王维晓:《国际会展业的知识产权保护》,《消费导刊》2009 年第 1 期。

王卫国:《现代财产法的理论建构》,《中国社会科学》2012 年第 1 期。

王雪、石巍:《数据立法域外管辖的全球化及中国的应对》,《知识产权》2022 年第 4 期。

王燕:《跨境数据流动治理的国别模式及其反思》,《国际经贸探索》2022 年第 1 期。

王渊、宋柏慧:《新的权利冲突:知识产权与人权》,《兰州大学学报》(社会科学版) 2012 年第 6 期。

魏峰:《教育政策效率低下的原因分析及其提升策略》,《教育发展研究》2013 年第 3 期。

魏书音:《从 CCPA 和 GDPR 比对看美国个人信息保护立法趋势及路径》,《网络空间安全》2019 年第 4 期。

温旭:《对数字资本主义的马克思劳动价值论辨析》,《思想理论教育》2022 年第 6 期。

文基梅:《〈安娜女王法〉出台前的传媒产业发展状况分析》,《传播力研究》2019 年第 3 期。

文希凯:《知识产权许可合同与防止知识产权滥用》,《知识产权》2012 年第 10 期。

吴汉东:《后 TRIPs 时代知识产权制度的变革与中国的应对方略》,《法商研究》2005 年第 5 期。

吴汉东:《科技、经济、法律协调机制中的知识产权法》,《法学研究》2001 年第 6 期。

吴汉东:《试论"民法典时代"的中国知识产权基本法》,《知识产权》

2021年第4期。

吴汉东：《试论中国自主的知识产权知识体系》，《知识产权》2023年第1期。

吴汉东：《政府公共政策与知识产权制度》，《光明日报法制论坛》2006年第10期。

吴汉东：《知识产权法价值的中国语境解读》，《中国法学》2013年第4期。

吴汉东：《知识产权国际保护制度的变革与发展》，《法学研究》2005年第3期。

吴汉东：《中国知识产权制度现代化的实践与发展》，《中国法学》2022年第5期。

吴伟光：《大数据技术下个人数据信息私权保护论批判》，《政治与法律》2016年第7期。

习近平：《全面加强知识产权保护工作激发创新活力推动构建新发展格局》，《当代党员》2021年第4期。

熊鸿儒、马源、陈红娜等：《数字贸易规则：关键议题、现实挑战与构建策略》，《改革》2021年第1期。

熊琦：《中国著作权法立法论与解释论》，《知识产权》2019年第4期。

徐聪颖：《论数字音乐版权独家交易的法律规制》，《知识产权》2021年第7期。

徐实：《数字经济背景下知识产权保护比较研究与展望》，《北京航空航天大学学报》（社会科学版）2021年第5期。

徐同远：《边沁的功利主义理论与分析法学思想》，《比较法研究》2008年第6期。

薛荣久：《八十年代以来国际贸易发展的重大趋势》，《对外经济贸易大学学报》1991年第2期。

闫鸿斐、袁少恺：《历史唯物主义视域下的数字知识产权保护》，《品位·经典》2023年第12期。

严永和：《"信息封建主义"说的主要贡献、不足与完善——与彼得·达沃豪斯及约翰·布雷斯韦特教授商榷》，《暨南学报》（哲学社会科学版）2013 年第 1 期。

羊守森：《河南省产学研协同创新保障机制研究》，《中国高校科技》2017 年第 3 期。

杨帆：《后"Schrems Ⅱ案"时期欧盟数据跨境流动法律监管的演进及我国的因应》，《环球法律评论》2022 年第 1 期。

杨国华：《世贸组织对成员法律制度的影响》，《律师世界》2001 年第 11 期。

杨立新：《侵权责任：徘徊在债与责任之间的立法价值》，《现代法学》2021 年第 4 期。

杨立新：《衍生数据是数据专有权的客体》，《中国社会科学报》2016 年第 5 期。

杨涛：《知识产权专有性特质的理论阐释》，《法制与社会发展》2020 年第 3 期。

杨望远：《生物产业：微生物及基因的专利法保护分析》，《江苏科技信息》2004 年第 4 期。

杨心伟：《企业知识产权战略建立的动因浅析》，《技术与市场》2017 年第 6 期。

杨阳、王穗东、郁秋亚：《政产学研用融合创新与高校创新能力提升的路径突破——基于苏州纳米科技协同创新中心的案例研究》，《中国高校科技》2020 年第 Z1 期。

杨忠、巫强、宋孟璐、孙佳怡：《美国〈芯片与科学法案〉对我国半导体产业发展的影响及对策研究：基于创新链理论的视角》，《南开管理评论》2023 年第 1 期。

姚瑞卿、袁小群：《基于区块链技术的数字出版知识产权管理——以知识服务应用为例》，《出版广角》2019 年第 17 期。

姚新超：《世贸组织与贸易有关的知识产权协议在医药专利保护方面面临的问题》，《国际贸易问题》2005 年第 7 期。

叶传星：《发展权概念辨析：在政治与法律之间》，《东岳论丛》2019 年第 12 期。

叶会成：《超越工具论：民主立法的内在价值》，《法学家》2022 年第

2 期。

易继明、初萌：《后 TRIPs 时代知识产权国际保护的新发展及我国的应对》，《知识产权》2020 年第 2 期。

易继明：《改革开放 40 年中美互动与中国知识产权制度演进》，《江西社会科学》2019 年第 6 期。

易继明：《知识社会中法律的回应性特征》，《法商研究（中南政法学院学报）》2001 年第 4 期。

易继明：《中美关系背景下的国家知识产权战略》，《知识产权》2020 年第 9 期。

易军：《无因管理制度设计中的利益平衡与价值调和》，《清华法学》2021 年第 1 期。

殷敏：《公平原则在 RCEP 特殊与差别待遇中的运用》，《法律科学（西北政法大学学报）》2023 年第 5 期。

于钧泓：《促进高校产学研合作的法律对策》，《中国高校科技》2016 年第 4 期。

俞风雷、张阁：《大数据知识产权法保护路径研究——以商业秘密为视角》，《广西社会科学》2020 年第 1 期。

袁发强：《论商事冲突法的价值选择与规范表现》，《法学评论》2016 年第 5 期。

袁锋：《新技术环境下信息存储空间服务提供商"避风港规则"完善研究——兼论〈信息网络传播权保护条例〉第二十二条的修订》，《中国出版》2022 年第 5 期。

臧雷振：《治理研究的多重价值和多维实践——知识发展脉络中的冲突与平衡》，《政治学研究》2021 年第 2 期。

翟中玉：《法治中国视阈下税权平衡的概念及其价值》，《河北法学》2018 年第 6 期。

张冬：《传统文化知识产权专有性认定的几个基本问题》，《知识产权》2013 年第 3 期。

张国昀：《论重商主义》，《西北师大学报》（社会科学版）2004 年第 5 期。

张浩然：《数字时代商业秘密制度理论基础的再检视》，《知识产权》2023 年第 9 期。

张洪波：《以安全为中心的法律价值冲突及关系架构》，《南京社会科学》2014 年第 9 期。

张华：《澳大利亚的专利体系》，《全球科技经济瞭望》2002 年第 1 期。

张惠彬：《后 TRIPs 时代国际知识产权保护新趋势——以〈反假冒贸易协定〉为考察中心》，《国际商务（对外经济贸易大学学报）》2013 年第 6 期。

张建邦：《"TRIPs-递增"协定的发展与后 TRIPs 时代的知识产权国际保护秩序》，《西南政法大学学报》2008 年第 2 期。

张建文：《俄罗斯知识产权立法完全法典化的进程与特点》，《科技与法律》2009 年第 1 期。

张建文、时诚：《〈个人信息保护法〉视野下隐私权与个人信息权益的相互关系——以私密信息的法律适用为中心》，《苏州大学学报》2022 年第 2 期。

张俊娥、董晓红：《从 USMCA 看中美数字贸易规则领域的分歧及中国应对策略》，《对外经贸实践》2021 年第 2 期。

张礼洪：《人格权的民法保护及其理论的历史发展——兼议我国的立法模式选择》，《中国政法大学学报》2018 年第 4 期。

张林锋、修红义：《印度知识产权制度浅析及启示》，《中国发明与专利》2011 年第 1 期。

张明锋、宋伟：《数字时代加拿大版权法的改革探析》，《科技与出版》2011 年第 5 期。

张鹏、赵炜楠：《〈知识产权基本法〉立法目的与基本原则研究》，《知识产权》2018 年第 12 期。

张素华、宁园：《论情势变更原则中的再交涉权利》，《清华法学》2019 年第 3 期。

张网成：《知识产权或成西方备战中西文明冲突的工具？》，《中国软科学》2010 年第 3 期。

张卫明：《论罗尔斯纯粹程序正义的方法论意义及其启示》，《西北大学学报》（哲学社会科学版）2010 年第 6 期。

张文显：《无数字，不人权》，《网络信息法学研究》2020 年第 1 期。

张晓丽：《论亚当·斯密对"重商主义"的分析》，《社科纵横》2017 年第 4 期。

张新宝：《从隐私到个人信息：利益再衡量的理论与制度安排》，《中国法学》2015 年第 3 期。

张忆然：《大数据时代"个人信息"的权利变迁与刑法保护的教义学限缩——以"数据财产权"与"信息自决权"的二分为视角》，《政治与法律》2020 年第 6 期。

张蕴洁、冯莉媛、李铮：《中美欧国际数字治理格局比较研究及建议》，《中国科学院院刊》2022 年第 10 期。

郑磊、郑扬洋：《区块链赋能实体经济的路径——区块链 Token 经济生态初探》，《东北财经大学学报》2020 年第 1 期。

郑胜利、袁泳：《从知识产权到信息产权——知识经济时代财产性信息的保护》，《知识产权》1999 年第 4 期。

郑曦：《人工智能技术在司法裁判中的运用及规制》，《中外法学》2020 年第 3 期。

郑友德：《从英国和新西兰版权法看数字照片的知识产权归属》，《电子知识产权》2004 年第 5 期。

郑悦迪：《人工智能相关发明所属领域技术人员认定研究》，《知识产权》2023 年第 3 期。

周念利、李玉昊：《RTAs 框架下数字知识产权规则的数字贸易效应测度及异质性分析》，《国际经贸探索》2021 年第 5 期。

周念利、李玉昊：《数字知识产权保护问题上中美的矛盾分歧、升级趋向及应对策略》，《理论学刊》2019 年第 7 期。

周念利、孟克：《美国拜登政府的数字贸易治理政策趋向及我国应对策略》，《太平洋学报》2021 年第 10 期。

周念利、吴希贤：《美式数字贸易规则的发展演进研究——基于〈美日数字贸易协定〉的视角》，《亚太经济》2020 年第 2 期。

朱鹏举、郭铭鹤：《美国大学科研成果转化中的中介参与及其界面管理》,《中国高校科技》2021 年第 7 期。

朱琦:《区块链赋能的政产学研金合作机制——基于结构方程模型(SEM)的研究》,《安阳工学院学报》2022 年第 1 期。

朱永新、汪敏:《"新教育实验"价值系统的特征与实现路径》,《教育科学》2020 年第 1 期。

邹琳:《论专利权的权利属性》,《湘潭大学学报》2011 年第 5 期。